TALUS 운동역학

Talus 편저

박문각

Contents
차 례

CHAPTER 01 운동 역학의 개요
1. 운동 역학의 정의 ··· 6
2. 운동 역학의 목적(필요성)과 내용 ·· 7

CHAPTER 02 운동 역학의 이해
1. 해부학적 기초 ··· 10
2. 운동의 종류 ··· 17

CHAPTER 03 인체 역학
1. 인체의 물리적 특성 ··· 22
2. 인체 평형과 안정성 ··· 25
3. 인체의 구조적 특성 ··· 28

CHAPTER 04 운동학의 스포츠 적용
1. 선운동의 운동학적 분석 ··· 38
2. 투사체운동의 운동학적 분석 ··· 49
3. 각운동의 운동학적 분석 ··· 54
4. 선운동과 각운동과의 관계 ··· 56

CHAPTER 05　운동 역학의 스포츠 적용

1. 선운동의 운동 역학적 분석 ·· 62
2. 각운동의 운동 역학적 분석 ·· 100

CHAPTER 06　일과 에너지

1. 일과 일률 ··· 122
2. 에너지 ··· 129

<부록 1> 적용예제 42 ·· 140

적용예제 42 풀이

<부록 2> 1997~2024 기출문제 ·· 174

운동 역학의 공식 정리 ··· 254

참고문헌

Chapter_
01

운동 역학의 개요

1. 운동 역학의 정의
2. 운동 역학의 목적(필요성)과 내용

TALUS
운동 역학

01 운동 역학의 개요

① 운동 역학의 정의

운동 역학(sports biomechanics)과 혼용되고 있는 생체 역학(biomechanics)이라는 용어는 1970년대 후반부터 언급되기 시작하였다. 우리말로는 두 용어 사이의 구분이 명확하지 않으나, 운동 역학의 원어를 보면 생체 역학 앞에 스포츠가 더 붙어 있음을 알 수 있다. 생체 역학이란 모든 생물체의 운동에 물리학(physics)을 적용해 연구하는 분야로서, 생물체를 뜻하는 'Bio'와 힘과 운동을 다루는 물리학의 한 분야인 'Mechanics'가 혼합된 용어이다. 즉 생체 역학은 모든 생물체의 운동과 그 운동을 일으키는 힘을 다루는 학문 분야라고 할 수 있다. 이처럼 생체 역학에서 다룰 수 있는 대상이 너무 광범위하므로 인체의 운동, 그중에서도 스포츠와 관련된 움직임을 전문적으로 다루는 분야를 한정하기 위하여 운동 역학이라고 구분하고 있다. 따라서 운동 역학은 스포츠 현장에서 나타나는 인체운동을 관찰하여 그 움직임을 설명하고, 그 원인을 규명하는 학문이다.

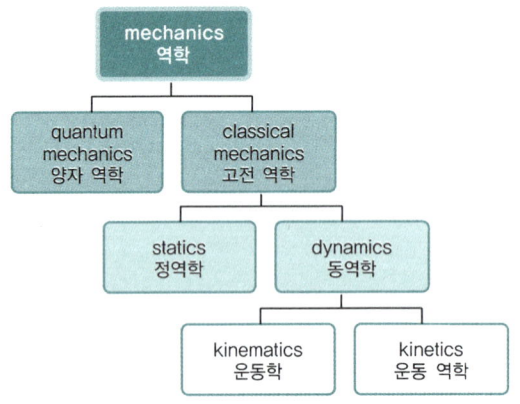

[그림 1-1. 역학의 체계]

(1) **정역학**(statics)

정역학은 작용하는 힘들 사이에 존재하는 평형 관계를 주요 분석 대상으로 하는 역학의 한 분야이다. 정지해 있거나 운동하고 있는 물체에 어떤 변화도 유발하지 않고 그 물체에 작용하는 평형된 힘을 다룬다. 따라서 정역학에서는 정지해 있거나 가속도 없이 등속도운동을 수행하는 물체를 그 분석의 대상으로 삼고 있다.

정역학의 기본 원리는 정지 또는 평형 상태에 있는 물체를 대상으로 하여 그 물체에 가해진 합력(resultant force)과 모멘트(moment)의 합은 모두 '0'인 상태로 존재한다는 것이다. 따라서 어떤 물체가 평형을 이루고 있다면, 다음의 평형 방정식(equilibrium equation)이 성립한다.

$$\sum F = 0, \quad \sum M = 0$$

(2) **동역학**(dynamics)

동역학은 운동하는 물체에 일어나는 변화를 다루는 역학의 한 분야로서 근력, 지면반력, 토크(torque), 마찰력, 양력, 충격량 등과 같이 운동을 유발하는 비평형적 힘의 질적 효과를 다루는 운동 역학(kinetics)과 힘과는 관계없이 운동과 관련된 시간적·공간적 요인인 방향, 변위, 거리, 속력, 속도, 가속도, 등의 양적 변화를 다루는 운동학(kinematics)으로 구분된다.

운동학은 운동이 일어난 현상을 그대로 기술하는 학문 분야로서 운동 기술학이라고도 한다. 주요 관심 대상은 변위, 속도, 가속도, 각변위, 각속도, 각가속도 등이다. 반면 운동 역학은 운동을 유발하거나 변화시키는 원인인 '힘'에 관해서 연구하는 학문 분야이다. 이를 위해서는 우선 작용하는 힘들 사이의 관계를 도식으로 나타낸 자유물체도(free body diagram)를 그려야 한다. 그다음에 뉴턴의 제2운동 법칙(가속도의 법칙), 운동량과 충격량, 그리고 일과 에너지 등의 관계를 이용해서 운동방정식을 세우고, 궁극적으로 알아보고자 하는 힘에 대해서 분석한다.

◆ **운동학과 운동 역학의 차이점**

운동학	운동 역학
움직임의 원인은 고려하지 않고 운동체의 (각)위치, (각)속도, (각)가속도 등을 연구하여 운동 상태를 기술하는 것	물체의 운동을 발생시키는 원인을 규명하는 학문으로, 마찰력, 근력, 지면반력, 회전력 등을 연구하는 것

② 운동 역학의 목적(필요성)과 내용

운동 역학의 연구 목적은 크게 동작의 효율적 수행을 통한 운동기술의 향상, 동작 수행 시 상해의 원인 규명 및 예방을 통한 안전성 향상, 그리고 위의 두 가지를 고려한 과학적인 스포츠 장비 개발에 있다고 할 수 있다. 이와 같은 연구의 목적을 달성하기 위한 구체적인 연구 내용은 다음과 같다.

목적 및 필요성	내용
• 운동기술 분석 및 향상 • 안전성 향상(상해 예방) • 운동용 기구 개발 • 동작 분석 기기 개발	• 운동 동작 분석 • 인체 측정 • 힘 측정

Chapter_

02

운동 역학의 이해

---

1. 해부학적 기초
2. 운동의 종류

TALUS
운동 역학

02 운동 역학의 이해

① 해부학적 기초

(1) **인체의 근골격계**(musculoskeletal system)

- ❶ 인체의 뼈는 약 70%의 무기질(인산칼슘, 탄산칼슘)과 약 30% 유기질로 구성
- ❷ 인체의 뼈는 형태에 따라 긴 뼈(장골), 짧은 뼈(단골), 납작 뼈(편평골), 불규칙 뼈, 종자뼈(종자골)로 구분
- ❸ 머리부는 29개의 뼈로 구성
- ❹ 척추는 경추 7개, 흉추 12개, 요추 5개, 천추 1개, 미추 1개로 총 26개로 구성
- ❺ 뼈의 표면에 가까운 조직은 치밀골이며, 그 내부는 골수를 저장하는 골수 공간으로 이루어진 해면골로 구분
- ❻ 인체의 뼈는 총 206개로 구성
- ❼ 관절, 인대, 건 : 관절은 뼈와 뼈가 만나는 지점, 인대는 뼈와 뼈를 연결, 건은 뼈와 근육을 연결
- ❽ 인체의 관절에는 구와관절, 차축관절, 경첩관절, 안장관절, 평면관절, 타원관절이 있음
- ❾ 뼈의 역할 : 인체의 형태와 구조를 만들고 유지, 중요 기관 보호, 칼슘과 무기질 저장, 조혈 기능, 인체의 지렛대 역할 수행
- ❿ 주동근(agonist) : 어떤 운동을 수행할 때 근육이 수축하는 방향으로 인체 부위가 움직이는 근육
- ⓫ 길항근(antagonist) : 주동근의 반대 역할을 지닌 근육
- ⓬ 협력근(synergist) : 주동근의 작용을 돕는 근육

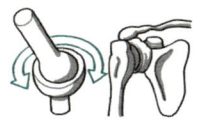

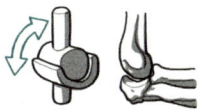

구와관절　　　　　　차축관절　　　　　　경첩관절

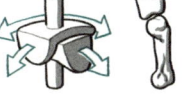
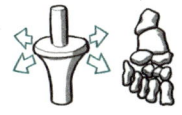

안장관절　　　　　　평면관절　　　　　　타원관절

[그림 2-1. 관절의 형태]

(2) 해부학적 자세와 방향 용어

❶ 해부학적 자세(anatomical position)

인체의 위치, 자세, 움직임 또는 구조를 쉽게 기술하고 설명할 때 필요한 기준 자세이다. 이 자세는 시선을 정면에 두고 인체를 곧게 세운 상태에서 양팔을 몸통의 양옆으로 늘어뜨린 채 손바닥을 펴서 전방을 향한 직립 자세를 말한다.

❷ 방향에 대한 용어

[그림 2-2. 해부학적 자세]

용어	정의
전(anterior)	인체의 앞면에 더 가까운 쪽
후(posterior)	인체의 뒷면에 더 가까운 쪽
상(superior)	머리에 더 가까운 쪽
하(inferior)	머리로부터 더 아래에 있는 쪽
내측(medial)	인체의 중심선에 더 가까운 쪽
외측(lateral)	인체의 중심선에 더 먼 쪽
근위(proximal)	몸통 부위에 더 가까운 쪽
원위(distal)	몸통 부위에 더 먼 쪽
표층(superficial)	인체의 표면이나 표면에 가까운 쪽
심층(deep)	인체의 표면으로부터 안쪽
기점(origin)	근수축 시 움직이지 않고 있는 쪽의 끝 부위
착점(insertion)	근수축 시 움직이는 쪽, 즉 끌려오는 쪽의 끝 부위

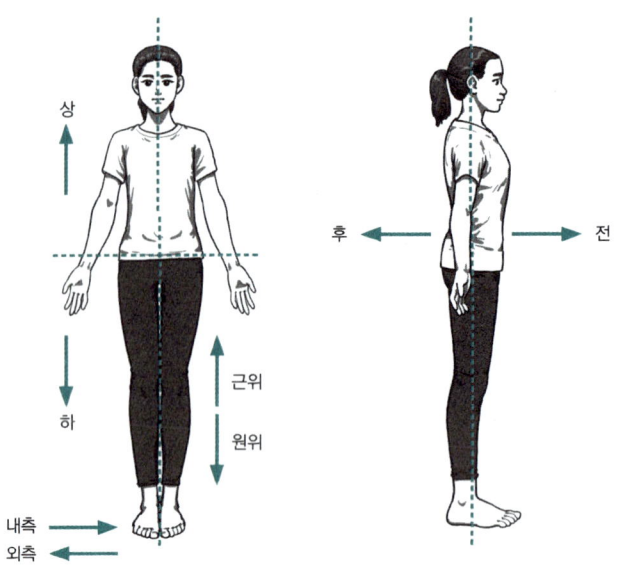

[그림 2-3. 인체의 방향]

(3) **인체의 면(plane)과 축(axis)**

시상면(sagittal plane, 전후면)	좌우축
관상면(coronal plane, 좌우면)	전후축
수평면(horizontal plane, transverse plane)	장축

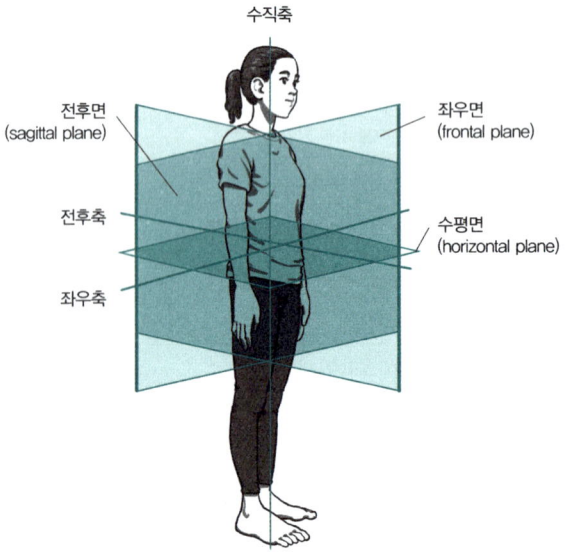

[그림 2-4. 인체의 면과 축]

❶ 시상면(전후면)의 운동(움직임)

걷기, 달리기, 앞뒤 구르기, 허리 굽히기

❷ 관상면(좌우면)의 운동(움직임)

손 짚고 옆 돌기, 사이드 스텝, 허리 옆으로 굽히기, 다리 옆으로 벌리기

❸ 수평면의 운동(움직임)

상완골의 내회전, 상완골의 외회전, 좌우로 머리 돌리기, 원반던지기

(4) 관절 운동

❶ 좌우축을 중심으로 시상면(전후면)상에서의 운동

굴곡(flexion)	관절을 형성하는 두 분절 사이의 각이 감소하는 동작
신전(extension)	관절을 형성하는 두 분절 사이의 각이 증가하는 동작
과신전(hyperextension)	과도하게 신전되는 동작
배측굴곡(dorsi-flexion)	발등을 위쪽으로 굽히는 동작
족저굴곡(plantar-flexion)	발바닥을 아래쪽으로 굽히는 동작

[그림 2-5. 굴곡, 신전, 과신전]

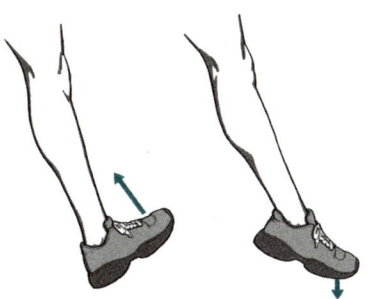

[그림 2-6. 배측굴곡과 족저굴곡]

❷ 전후축을 중심으로 관상면(좌우면)상에서의 운동

외전(abduction)	중심선으로부터 인체 분절이 멀어지는 동작
내전(adduction)	인체 분절이 중심선에 가까워지는 동작
내번(inversion)	발의 장축을 축으로 발바닥을 내측으로 돌리는 동작
외번(eversion)	발의 장축을 축으로 발바닥을 외측으로 돌리는 동작
거상(elevation)	견갑대를 위로 들어 올리는 동작
하강(depression)	견갑대를 아래로 내리는 동작
척측굴곡(ulnar flexion)	해부학적 자세에서 손을 새끼손가락 쪽으로 굽히는 동작
요측굴곡(radial flexion)	해부학적 자세에서 손을 엄지손가락 쪽으로 굽히는 동작
외측굴곡(lateral flexion)	척추가 좌우면상에서 측면으로 굽히는 동작
내측굴곡(medial flexion)	외측 굴곡으로부터 반대로 돌아오는 동작

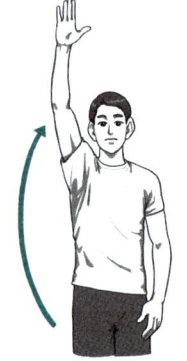

[그림 2-7. 외전과 내전]

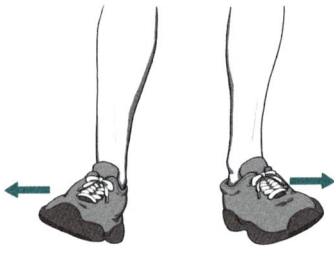

[그림 2-8. 외번과 내번]

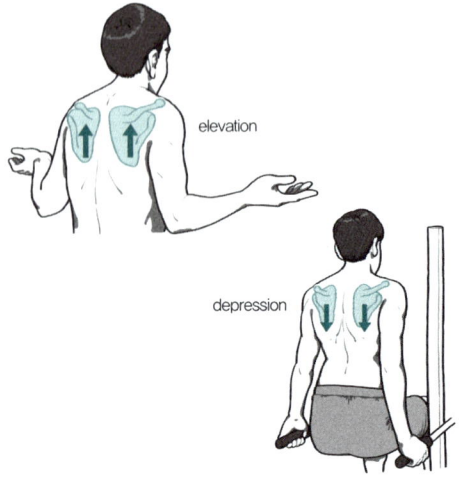

[그림 2-9. 거상과 하강]

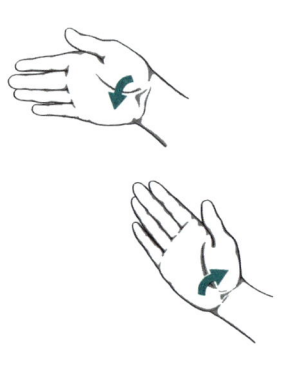

[그림 2-10. 척측굴곡과 요측굴곡]

❸ 장축을 중심으로 횡단면상에서의 운동

회전(rotation)	인체 분절의 장축을 중심으로 분절 내에서 모든 점이 같은 각거리로 이동하는 동작
내측회전(internal rotation)	몸의 중심선으로의 회전
외측회전(external rotation)	몸의 중심선으로부터 바깥쪽으로 하는 회전
수평외전(horizontal abduction)	좌우면이 아닌 수평면에서 이루어지는 외전
수평내전(horizontal adduction)	좌우면이 아닌 수평면에서 이루어지는 내전
회내(pronation)	전완이 내측 회전하는 동작
회외(supination)	전완이 외측 회전하는 동작

[그림 2-11. 회전, 내회전, 외회전]

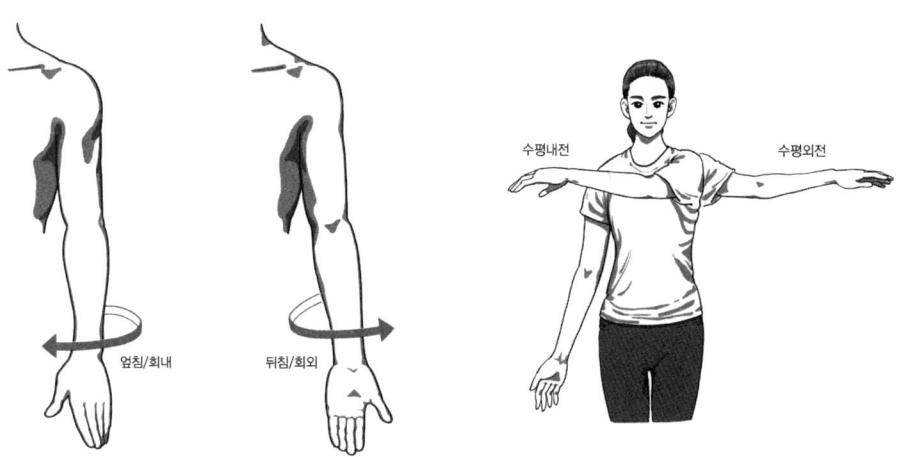

[그림 2-12. 회내와 회외]   [그림 2-13. 수평내전과 수평외전]

❹ 복합면상에서의 운동

회선(circumduction)은 회전운동의 특수한 형태로 인체 분절의 운동궤적이 원뿔을 형성하는 관절운동이다. 또한, 회선은 2개 이상의 평면들에서 발생하는 움직임이다. 어깨의 휘돌림, 손가락의 휘돌림 등이 회선의 대표적인 예이다.

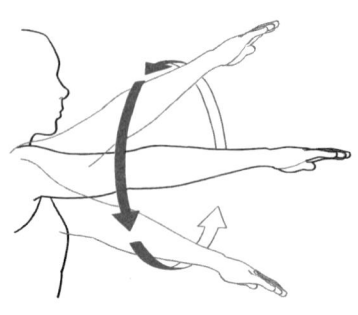 

[그림 2-14. 회선]

② 운동의 종류

(1) 운동의 정의와 원인

❶ 운동의 정의

역학적인 측면에서 운동은 '시간의 경과와 함께 공간상에 존재하는 물체의 위치나 자세가 변하는 것'이다. 이러한 운동의 내용에는 운동의 대상·원인·결과 등이 포함된다. 인체운동의 정의는 인체의 분절이나 전신이 시간의 흐름에 따라 위치가 변하는 것이다.

❷ 운동의 원인(힘)

힘은 어떤 물체를 특정한 방향으로 밀거나 당길 때 작용하는 물리량으로 물체의 운동, 즉 운동 상태의 변화를 유발하는 원인이다. 힘은 운동체 내부에서 발생한 내력(internal force)과 외부에서 작용한 외력(external force)으로 구분할 수 있다.

내력은 물체나 인체의 운동에 영향을 주지 않으나, 외력을 유발할 수 있다. 인체 내부에서 발현되는 힘(내력)으로는 근육의 수축력에 의해 생성된 근력, 관절과 관절 사이에 작용하는 반작용력, 관절 내부에 작용하는 마찰력 등이 있으며, 외력으로는 중력, 지면반력, 부력, 양력 등이 있다. 인체의 움직임을 유발하는 힘은 골격근 수축에 의한 근수축력(근력)이다. 이러한 힘(내력)에 의해 각 분절의 운동이 시작된다. 인체의 내력으로는 인체 분절의 운동을 일으킬 수 있으나 전체적 인체운동으로 전환하기는 어렵다. 따라서 전신운동을 위해서는 반드시 지면반력, 중력 등의 외력이 필요하다.

(2) 운동의 형태

운동의 형태는 선운동(병진운동), 각운동(회전운동), 복합운동으로 구분된다.

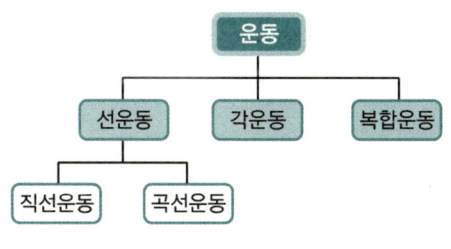

[그림 2-15. 운동의 형태]

❶ 선운동(linear motion, 병진운동)
물체를 구성하는 모든 부분(질점)이 일정한 시간 동안 같은 거리와 방향으로 평행하게 움직이는 운동이다.

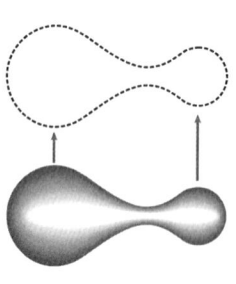

[그림 2-16. 직선운동]

[그림 2-17. 곡선운동]

❷ 각운동(angular motion, 회전운동)
물체의 모든 점이 고정된 축을 중심으로 일정 시간 동안 같은 각도로 회전하는 운동이다.
ⓐ 등속원운동(uniform circular motion) : 방향은 변하나 속력은 변하지 않는 회전운동(구심가속도만 발생)
ⓑ 비등속원운동(non-uniform circular motion) : 속력과 방향이 변하는 회전운동(구심가속도, 접선 가속도 발생)

❸ 복합운동

선운동과 각운동이 혼합된 운동 형태로 대부분의 스포츠 현장에서 나타난다. 자전거 타기의 경우, 타이어는 회전하면서 앞으로 나아간다. 따라서 타이어의 운동은 선운동과 회전운동이 동시에 나타나는 복합운동이다.

[그림 2-18. 복합운동의 예(자전거 타기)]

Chapter_

03

인체 역학

---
1. 인체의 물리적 특성
2. 인체 평형과 안정성
3. 인체의 구조적 특성

**TALUS
운동 역학**

03 인체 역학

① 인체의 물리적 특성

(I) 질량과 무게

❶ 질량(mass)

질량은 장소에 따라 변하지 않는 물체의 고유한 물리량이다. 이런 질량의 개념을 정확하게 정립한 사람은 뉴턴이다. 뉴턴은 '제2운동 법칙(가속도의 법칙, $F=ma$)'을 이용하여, 질량이란 '물체가 운동의 변화에 대하여 얼마만큼 저항하느냐에 따라 달라지는 값'이라고 정의하였다.

질량의 단위는 일반적으로 킬로그램(kg)을 주로 사용하며 측정은 양팔 저울을 이용한다. 또한, 질량은 물체의 고유한 양이기 때문에 중력이 다른 곳에서 측정하더라도 변하지 않는다. 예를 들어 몸무게가 60kg인 사람이 양팔 저울의 한쪽에 올라갔을 때, 이것을 측정하거나 양팔 저울의 평형을 맞추려면 다른 쪽에도 같은 양인 60kg의 물체를 올려야 한다. 이 같은 측정은 지구에서 실시하든 중력이 지구의 1/6인 달에서 실시하든 결과가 변하지 않는다.

❷ 무게(weight)

무게는 물체에 작용하는 중력이다. 무게의 단위로는 일반적으로 뉴턴(N)을 주로 사용하며 측정은 용수철 저울을 이용한다. 무게는 물체에 작용하는 중력이기 때문에 물체에 작용하는 중력의 크기(주로 장소)에 따라 달라질 수 있다. 예를 들어, 달에서 무게를 재면 지구에서의 무게의 1/6로 줄어들게 된다.

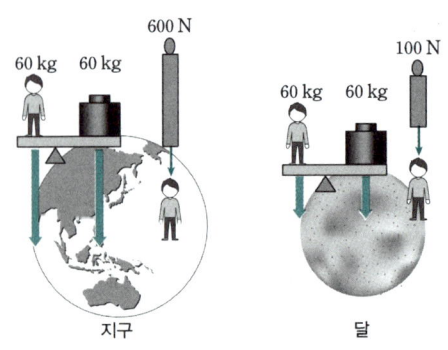

[그림 3-1. 지구와 달에서 측정한 질량과 무게]

	질량(mass)	무게(weight)
정의	물체에 존재하는 고유의 물리량(스칼라)	지구 중력에 의해 당겨지는 힘(벡터)
단위	g, kg	N(뉴턴), kgm/s^2, kg중
특성	일정함(불변)	장소에 따라 변함

(2) **인체의 무게중심**(center of gravity, COG)

무게중심은 물체의 무게가 한곳에 집중된 가상의 지점이며, 이 지점을 중심으로 물체는 완전한 균형을 이루게 된다. 따라서 인체나 인체의 분절은 반드시 무게중심을 가지고 있으며, 무게중심의 위치도 찾아낼 수 있다. 그러나 인체는 유연성이라는 부드러움을 가지고 있을 뿐만 아니라 내부에 유체(fluid)가 존재하여 정확한 무게중심을 찾아내기란 사실상 불가능하다. 또한, 인체의 무게중심은 순간적으로 정지된 자세에서 결정되는 반면 운동 시에는 지속적인 자세의 변화가 발생하기 때문에 무게중심의 위치는 계속 변한다.

인체는 크게 머리, 몸통, 대퇴, 하퇴, 발, 상완, 전완, 손으로 구성되어 있으며, 이들 각 분절이 갖는 중력이 한 점에 대해 회전력의 합이 '0(zero)'인 지점을 무게중심이라 한다. 인체의 무게중심은 남성은 지면으로부터 신장의 약 55%, 여성은 약 53%의 지점에 있으며, 여성의 골반이 남성의 골반보다 크기 때문에 여성의 무게중심이 남성의 무게중심보다 낮게 위치한다. 인체의 무게중심은 자세에 따라 변하며, 인체의 자세와 움직임에 따라 인체의 외부에 존재할 수도 있다. 간혹 질량중심(center of mass, COM)이라는 표현을 쓰기도 하는데, 질량중심은 물체의 전체 질량이 집중되어 있다고 가정하는 점이다. 따라서 질량중심은 그 물체의 중심점이 되고 이 지점으로 중력이 집중적으로 작용하므로 질량중심을 무게중심이라고도 한다. 결과적으로 질량중심과 무게중심은 같은 표현이다. 일반적으로 운동 역학에서는 질량중심보다는 무게중심이라는 표현을 더 자주 사용한다.

Talus Biomechanics

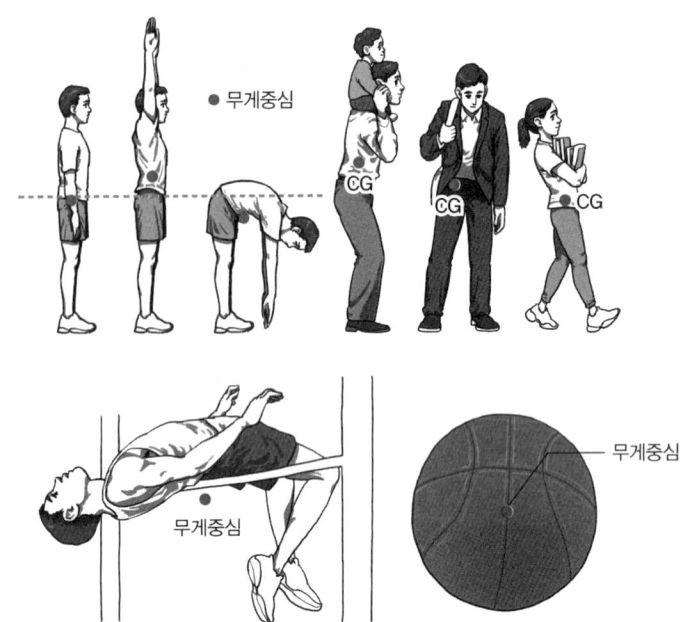

[그림 3-2. 자세와 움직임에 따른 인체의 무게중심 변화와 물체의 무게중심]

② 인체 평형과 안정성

(1) **평형**(equilibrium)

평형은 속도가 변하지 않은 상태, 즉 가속되지 않는 상태를 의미한다. 평형에는 정적 평형과 동적 평형이 있다.

❶ 정적 평형(static equilibrium)

사람이나 물체가 정지해 있는 상태에서의 평형, 즉 외부에서 작용하는 힘과 회전력의 합이 '0'이 되어야 한다.

❷ 동적 평형(dynamic equilibrium)

일정한 속도로 운동하는 상태에서의 평형으로 선 평형과 회전 평형이 있다. 인체 활동은 복합운동 상태로 선속도나 각속도가 변하게 되어 선 평형이나 회전 평형 상태를 유지하기 어렵다.

(2) **인체의 안정성에 영향을 주는 요인**

❶ 기저면(base of support, BOS)의 면적

기저면은 물체의 접촉 때문에 형성된 경계선에 포함된 전체 면적을 일컫는다. 기저면의 넓이가 넓을수록 안정성은 커지고, 좁을수록 안정성은 작아진다. 한 발로 서 있는 경우 두 발로 서 있는 경우보다 기저면이 작아져서 균형을 유지하기가 어렵다. 유도나 레슬링에서 수비 시 다리를 벌려 기저면을 넓히면 안정성이 증가한다. 스케이트나 스키를 처음 배우는 사람들은 넘어지지 않기 위해 다리를 넓게 벌리는데, 이것은 기저면을 넓혀 안정성을 확보하려는 행동이다.

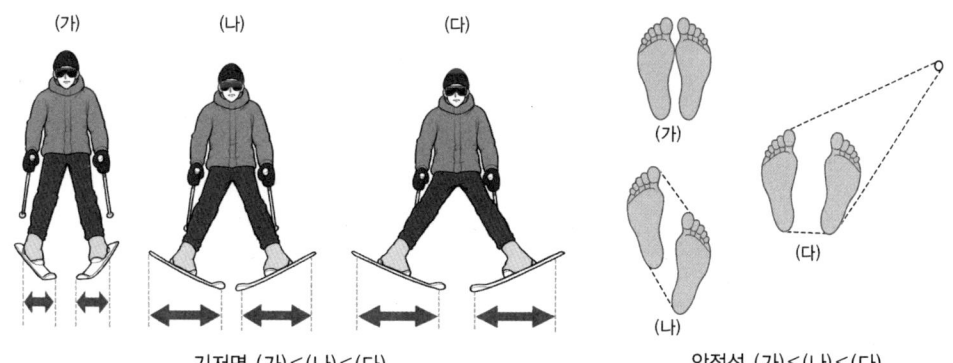

[그림 3-3. 기저면과 안정성]

❷ 무게중심의 높이

물체의 안정성은 그 물체의 무게중심 높이와 반비례한다. 즉 무게중심의 높이가 낮을수록 안정적이고, 높을수록 불안정하다. [그림 3-4]를 보면, 같은 외력(F)이 두 물체에 작용하고 있다. 이때 무게중심이 높은 물체는 지면과 무게중심의 직선거리인 모멘트팔(암, arm)이 커지기 때문에 물체에 작용하는 토크(회전력)가 크게 발생한다. 이로 인해 무게중심이 높은 물체는 무게중심이 낮은 물체에 비해 안정성이 떨어지게 된다.

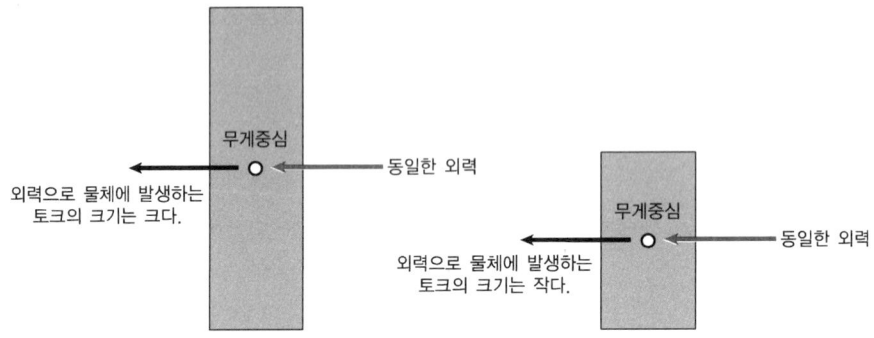

[그림 3-4. 무게중심의 높이와 안정성]

❸ 무게중심선과 기저면의 관계

무게중심선의 위치와 기저면의 관계에 따라 안정성이 달라진다. 무게중심선이 기저면의 한계점에 가까우면 안정성이 낮아지고, 멀수록 안정성이 높아진다.

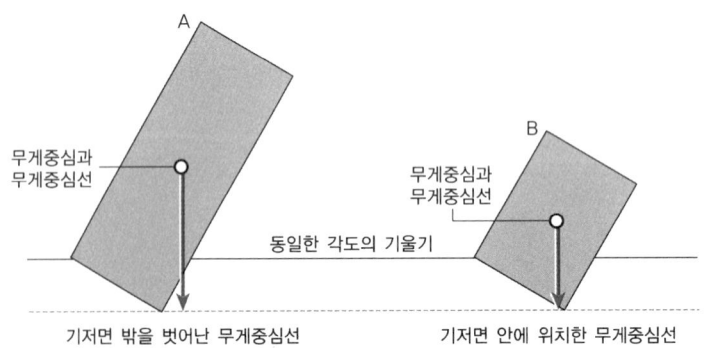

[그림 3-5. 무게중심과 무게중심선]

❹ 질량과 마찰력

질량과 마찰력이 크면 안정성이 높고 작으면 안정성이 낮아진다(체중을 늘리면 안정성이 높아진다).

❺ 힘의 방향과 기저면의 넓이

힘이 가해지는 방향으로 기저면을 넓히면 안정성이 증가한다.

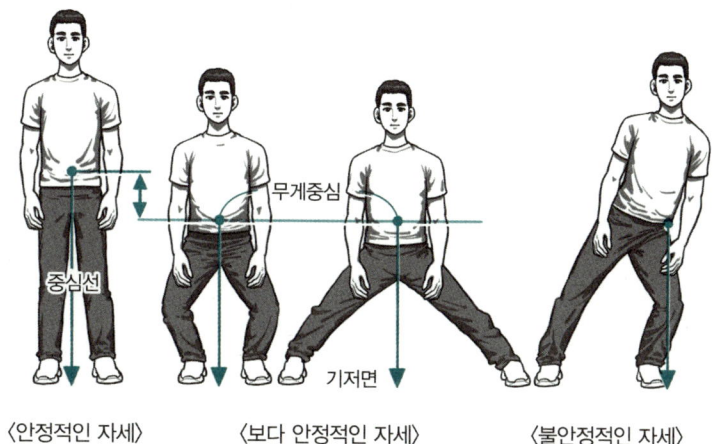

[그림 3-6. 인체의 안정성]

(3) 선 안정성과 회전 안정성

❶ 선 안정성(linear stability)

인체나 물체가 지면이나 마루 등의 접촉면에서 미끄러지지 않고 본래의 상태를 유지하는 것을 의미한다. 선 안정성에 영향을 주는 요소는 마찰력이다.

❷ 회전 안정성(rotary stability)

회전 안정성은 정지해 있는 선수나 물체를 기울이거나, 뒤집거나, 엎어지게 하거나, 또는 원 주위를 회전시킬 때, 이에 대항하는 선수나 물체의 저항을 의미한다. 정지하고 있는 물체의 정적 회전 안정성에 영향을 주는 요인은 기저면, 무게중심의 높이, 무게중심선의 위치, 질량, 마찰력 등이 있다. 그리고 회전운동을 하는 물체의 동적 회전 안정성에 영향을 주는 요인은 각운동량이다.

회전 안정성에 영향을 주는 요인 (정적 상태)	기저면, 무게중심의 높이, 무게중심선의 위치, 질량, 마찰력, 시각 정보 (사람인 경우)
회전 안정성에 영향을 주는 요인 (동적 상태)	각운동량[질량, 회전반경(질량분포), 각속도]

③ 인체의 구조적 특성

(1) 인체 분절모형

운동 역학에서는 인체를 분석하고 관찰할 때 기계화된 모형으로 간주한다. 기계화된 모형은 14개의 분절이 각 관절의 중앙에서 점으로 연결된 체계로서 머리, 몸통, 상완, 전완, 손, 대퇴, 하퇴, 발로 이루어진다.

이 중에서 몸통 분절이 질량과 부피가 가장 크고, 몸 끝으로 갈수록 질량과 부피가 점점 작아진다. 이러한 인체의 분절 구조로 인해 신체 중심에서 멀어질수록 동작이 커지고, 회전운동 시 신체 말단의 회전속도가 빨라진다. 물체를 던지거나 치는 동작 등이 마치 채찍질을 하는 것과 비슷한 특성을 보이는 것은 인체가 분절 형태로 연결되어 있기 때문이다.

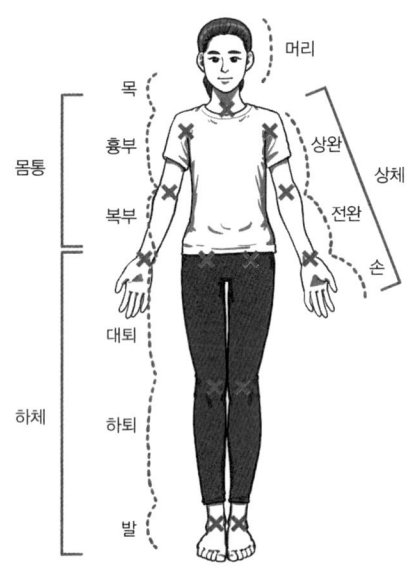

[그림 3-7. 인체 분절모형]

(2) 자유물체도(free body diagram)

자유물체도는 시스템(system)에 작용하는 모든 힘과 모멘트(토크)를 도식적으로 표현한 것이다. 일반적으로 자유물체도를 작성하는 이유는 시스템에 작용하는 힘을 찾고, 그 힘들을 간결하게 표시하기 위해서이다. [그림 3-8]은 인체의 움직임을 이해하기 위해 인체에 작용하는 모든 힘의 자유물체도를 작성한 예이다.

[그림 3-8]에서 유도선수들의 움직임에 영향을 주는 힘들은 공격자의 체중(무게), 공격자의 힘, 방어자의 힘, 밭다리의 토크, 지면반력 등이 있으며, 이런 힘들의 변화에 따라 신체의 움직임은 바뀔 수 있다. 일반적으로 자유물체도에 제시되는 힘의 종류에는 중력, 지면반력, 접촉면 사이의 외력(external force), 물이나 공기 등의 유체에 의한 힘(fluid force) 등이 있다.

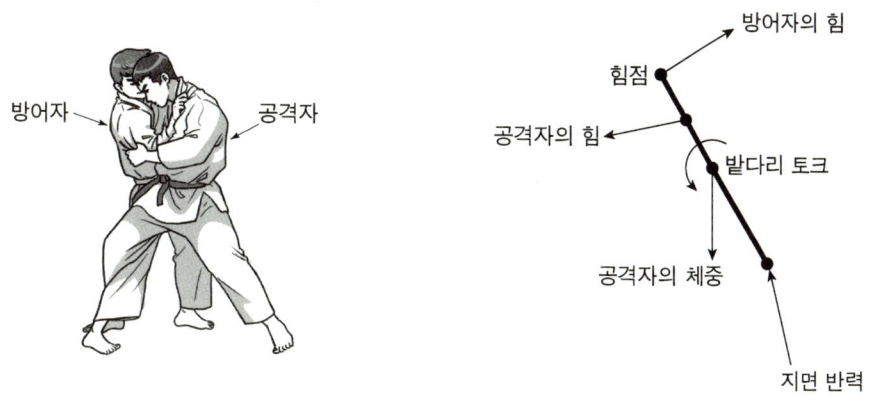

[그림 3-8. 인체의 움직임과 자유물체도]

(3) 지레의 종류

❶ 지렛대(lever)

지렛대는 받침점(축)을 중심으로 회전하는 강체(rigid body)로 정의할 수 있다. 일반적으로 지렛대에는 받침점(A), 힘점(F), 저항점(작용점, R)의 3가지 요소가 있다. 저항점은 여러 가지 요인들로 이루어질 수 있으며, 힘점은 저항 때문에 생성된 저항 토크에 대항하는 추진 토크를 만들기 위한 것이다. 받침점에서 저항점까지의 길이를 저항팔 또는 저항 모멘트팔(d_r)이라 하고, 받침점에서 힘점까지의 길이를 힘팔 또는 힘 모멘트팔(d_f)이라 한다.

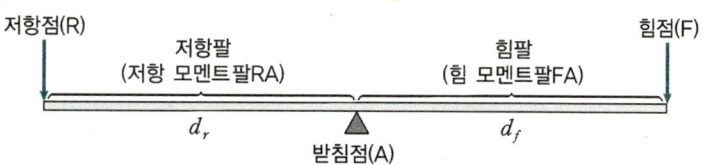

[그림 3-9. 지렛대의 구성 요소]

만약, [그림 3-9]와 같이 지렛대에서 저항점과 힘점이 균형을 이루고 있다면, 평형 상태가 되고 이 평형 상태는 아래와 같은 식으로 나타낼 수 있다.

$$d_r R = d_f F$$

지레는 힘점, 저항점, 받침점의 위치에 따라 1종 지레, 2종 지레, 3종 지레의 3가지 형태로 구분할 수 있다. 각 지레의 힘점, 저항점, 받침점의 상대적 위치는 [그림 3-10]과 같다.

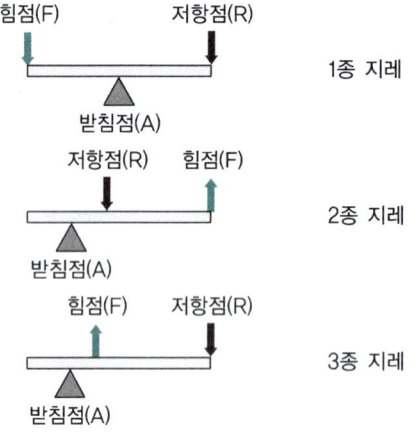

[그림 3-10. 지렛대의 분류]

인체의 지레도 크게 1종, 2종, 3종으로 분류된다. 인체 지레의 경우에는 뼈가 지렛대의 역할을 수행하며, 뼈를 움직이는 근육의 착점(insertion)은 힘점이 된다. 그리고 해당 분절의 무게중심 위치 또는 그 분절에 가해진 부하의 무게중심 위치에 저항점이 존재하며, 해당 관절이 받침점(축)이 된다.

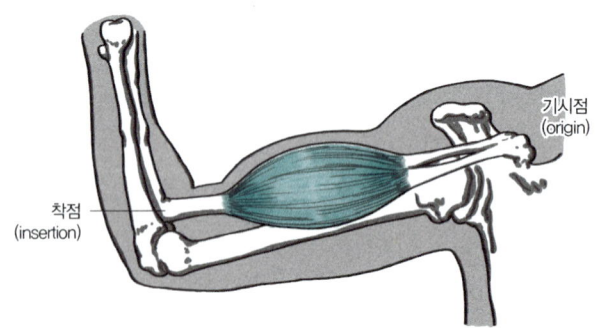

[그림 3-11. 인체 지레의 구성 요소]

인체 지레의 3요소
- 힘점 : 힘이 작용하는 지점[근육 부착점, 착점(insertion)]
- 작용점(저항점) : 작용이 집중되는 지점
- 받침점(축) : 움직임의 받침대가 되는 지점(관절)

지렛대에서 저항에 효율적으로 대항하는지를 수치상으로 나타낸 것을 기계적 확대율(mechanical advantage)이라고 하며, 이는 힘 모멘트팔의 길이를 저항 모멘트팔의 길이로 나눈 것이다.

$$기계적\ 확대율 = \frac{힘\ 모멘트팔의\ 길이}{저항\ 모멘트팔의\ 길이}$$

❷ 1종 지레(1st class lever)

가장 일반적인 지레 종류이며, 받침점이 가운데 있고 작용점과 힘점이 각각 양 끝에 위치한다. 축의 위치에 따라 역학적 이득(기계적 확대율)이 1보다 클 수도 있고, 작을 수도 있다.

예 시소, 상완 삼두근의 신전, 목의 신전 등

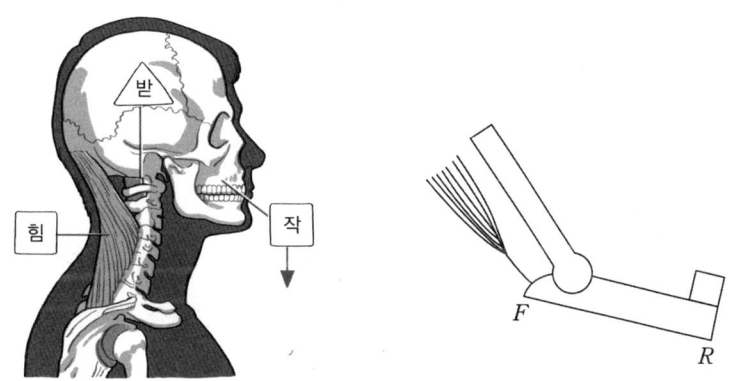

[그림 3-12. 1종 지레의 예]

❸ 2종 지레(2nd class lever)

2종 지레는 받침점과 힘점 사이에 작용점이 위치한다. 따라서 역학적 이득(기계적 확대율)이 항상 1보다 크다.

예 병따개, 발뒤꿈치 들기, 팔굽혀펴기 등

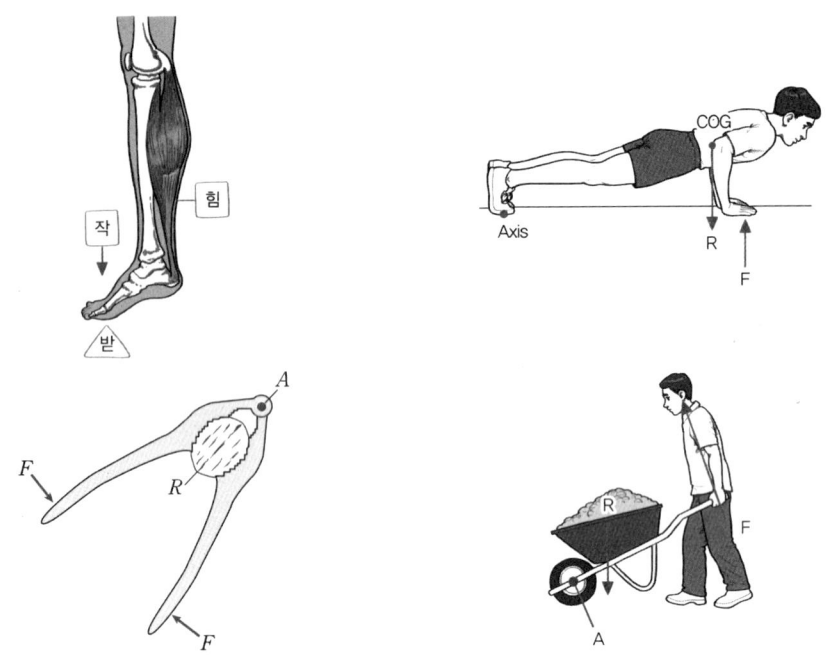

[그림 3-13. 2종 지레의 예]

❹ 3종 지레(3rd class lever)

받침점과 작용점이 양 끝에 있고 힘점이 가운데 위치한다. 역학적 이점(기계적 확대율)이 항상 1보다 작다. 3종 지레는 힘으로 움직이는 범위보다 저항이 항상 더 큰 동작 범위로 움직인다. 따라서 힘점에 작용한 힘은 항상 저항보다 크다.

예 암 컬, 테니스 서브, 스파이크, 삽질하는 동작, 윗몸 일으키기 등

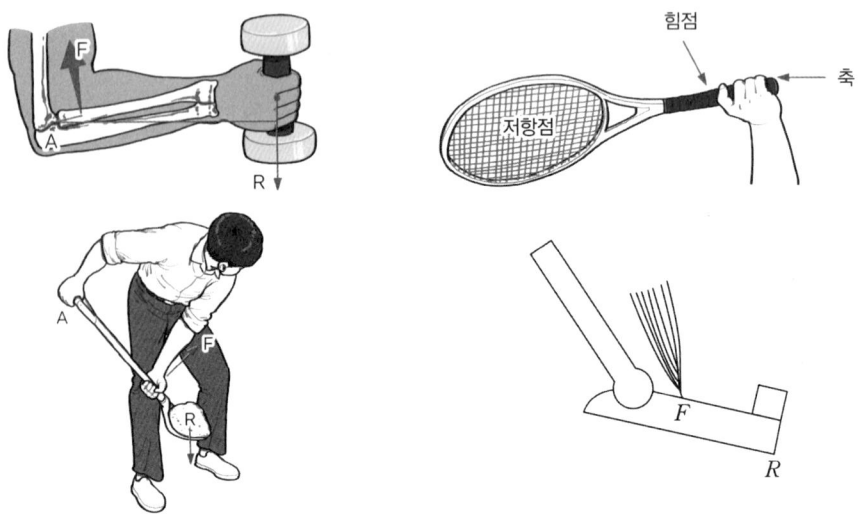

[그림 3-14. 3종 지레의 예]

구분	지레 요소의 배열	힘팔과 저항팔의 길이	이득	손해
1종 지레	$\dfrac{F \quad A \quad R}{\triangle}$	$FA > RA$	힘	속도
		$FA = RA$	없음	없음
		$FA < RA$	속도	힘
2종 지레	$\dfrac{A \quad R \quad F}{\triangle}$	$FA > RA$	힘	속도
3종 지레	$\dfrac{A \quad F \quad R}{\triangle}$	$FA < RA$	속도	힘

(4) 바퀴

바퀴(wheel)와 축(axis) 시스템은 자전거 기어, 자동차 핸들 등과 같이 회전을 목적으로 축에 붙어 있는 둥근 형태의 물체를 말한다. 이러한 바퀴와 축은 제1형 바퀴와 제2형 바퀴로 구분된다. 제1형 바퀴는 바퀴에 힘을 가하여 축에서 더욱 큰 힘을 얻고자 할 때 사용하며, 제2종 지레와 마찬가지로 운동속도와 운동 범위에는 손해를 보지만 힘은 이득을 보게 된다. 반면, 제2형 바퀴는 축에 힘을 가하여 바퀴에서 빠른 회전속도를 얻고자 할 때 사용된다. 이는 제3종 지레의 원리와 유사하며, 힘의 이득은 없으나 회전속도나 운동 범위에 이득을 볼 수 있다.

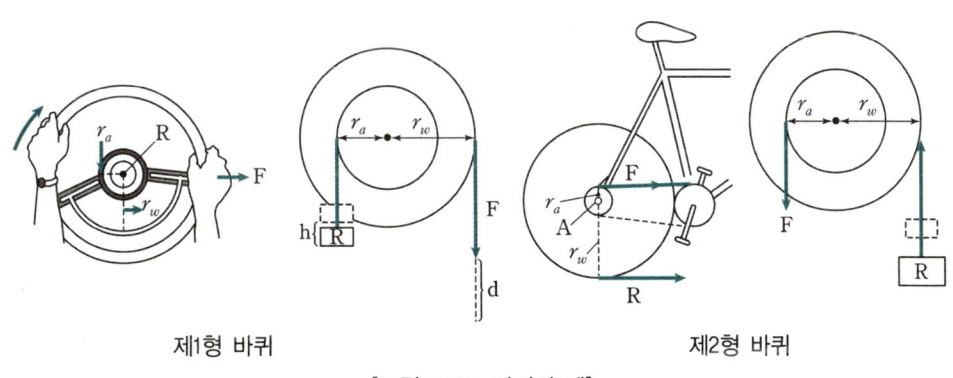

제1형 바퀴   제2형 바퀴

[그림 3-15. 바퀴의 예]

(5) 인체 도르래

도르래(pulley)는 바퀴에 줄이나 체인을 걸고 물건을 들어 올리거나 잡아당기는 데 사용하는 기구로써, 물리적으로 힘의 작용 방향을 바꾸어 주거나 물체를 적은 힘으로 들어 올리거나 이동하기 위해 고안한 장치이다. 도르래는 고정 도르래와 움직 도르래가 있는데, 인체 내에서는 고정 도르래만 존재한다. 고정 도르래는 [그림 3-16]과 같이 힘팔과 저항팔의 길이가 같은 제1종 지레와 유사하다. 고정 도르래는 힘의 이득은 없고, 힘의 방향만 바꾸어 주는 작용을 한다. 인체의 고정 도르래는 [그림 3-17]과 같이 무릎 관절에서 나타난다.

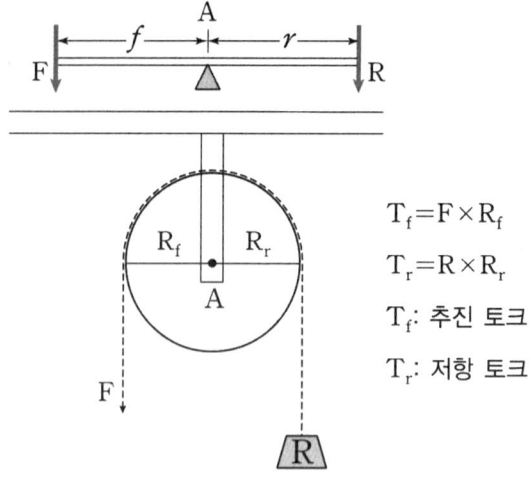

[그림 3-16. 고정 도르래]

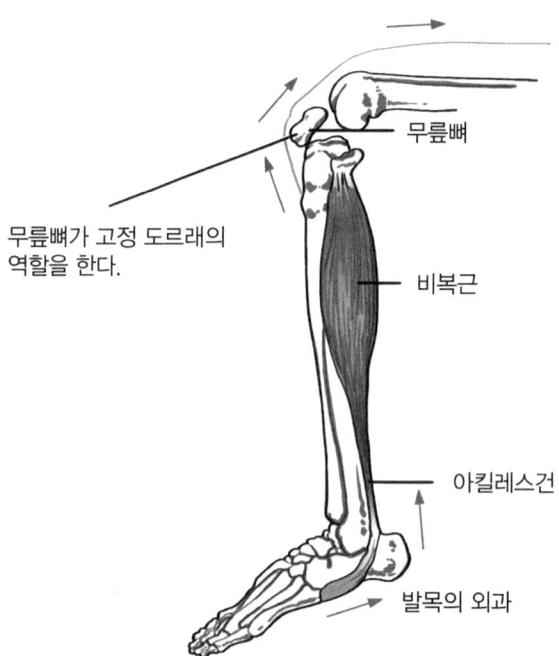

[그림 3-17. 인체의 고정 도르래]

MEMO

Chapter_

04

운동학의 스포츠 적용

---

1. 선운동의 운동학적 분석
2. 투사체운동의 운동학적 분석
3. 각운동의 운동학적 분석
4. 선운동과 각운동과의 관계

TALUS
운동 역학

04 운동학의 스포츠 적용

① 선운동의 운동학적 분석

(I) 스칼라와 벡터

❶ 스칼라(scalar)

스칼라는 방향을 가지고 있지 않고 크기만 가지고 있는 물리량을 뜻한다. 물리량의 크기를 나타낸 수에 단위를 붙여 그대로 사용하며, 질량, 거리, 속력, 시간, 온도, 일, 일률, 에너지 등이 이에 속한다. 따라서 스칼라의 연산은 일반적인 대수법칙을 따른다.

❷ 벡터(vector)

벡터는 크기와 방향을 가진 물리량으로 무게, 변위, 속도, 가속도, 힘, 토크, 운동량, 충격량 등이 있다. 벡터는 스칼라와 달리 방향을 가지고 있으므로 단순히 그 크기만을 실수로 취급하여 일반적인 대수법칙을 적용하는 것은 불가능하며, 방향을 고려한 특별한 연산 법칙을 적용하여 계산한다.

[그림 4-1. 스칼라와 벡터]

❸ 벡터의 표시

벡터는 $\vec{5}$나 $\vec{A}$ 같이 크기를 나타내는 숫자 또는 문자 위에 화살표를 붙여서 벡터라는 것을 알 수 있도록 표시한다. [그림 4-2]와 같이 점을 찍어 작용점의 위치를 표현하고, 벡터의 방향을 화살표를 그려서 나타낸다. 화살표의 길이는 벡터의 크기를 표현하기 때문에 벡터의 크기에 비례하게 그려야 한다. 벡터의 크기를 나타낼 때는 $|A|$ 또는 A 등의 방법으로 표기한다.

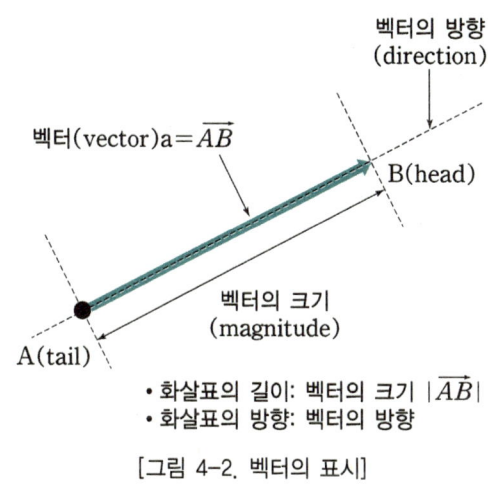

[그림 4-2. 벡터의 표시]

❹ 역벡터(음벡터)

$\vec{A}$에 더했을 때 결과가 영벡터(크기가 0인 벡터)가 되는 벡터를 $\vec{A}$의 역벡터 또는 음벡터라고 정의하고, $-\vec{A}$로 표시한다. 즉 역벡터 $-\vec{A}$는 $\vec{A}$와 크기는 같으나 방향이 정반대인 벡터이다. 그러므로 다음과 같이 나타낼 수 있다.

$$\vec{A}+(-\vec{A})=\vec{A}-\vec{A}=0$$

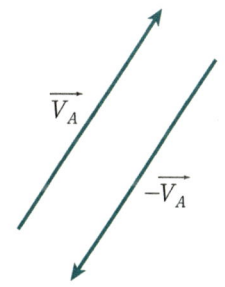

[그림 4-3. 벡터와 역벡터]

즉, 역벡터를 먼저 정의함으로써 벡터의 뺄셈은 덧셈으로도 정의할 수 있다.

(2) 스칼라와 벡터의 연산

❶ 스칼라는 사칙연산이 가능하며 사칙연산 후에도 스칼라로 나타난다.
  ⓐ 스칼라 ± 스칼라 = 스칼라
  ⓑ 스칼라 × 스칼라 = 스칼라
  ⓒ 스칼라 ÷ 스칼라 = 스칼라

❷ 벡터의 연산
  ⓐ 상등 : 두 벡터의 크기와 방향이 같을 때 동등한 벡터이다. 즉 $\vec{A}$와 $\vec{B}$가 같다고 한다면 $\vec{A}$와 $\vec{B}$는 크기와 방향이 같은 벡터이다. 이런 경우를 벡터의 상등이라고 한다. 크기와 방향이 같은 벡터는 무수히 많이 존재한다.

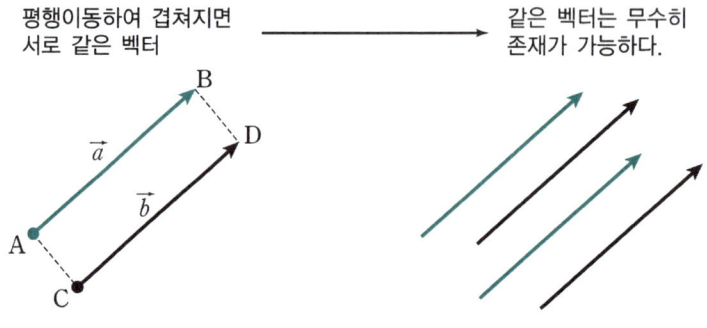

[그림 4-4. 벡터의 상등]

  ⓑ 스칼라와 벡터의 곱(벡터의 실수배) : 스칼라와 벡터의 곱은 벡터가 된다. 2라는 스칼라 값과 $\vec{a}$ 벡터를 곱하면 크기는 $2|\vec{a}|$가 되고 방향은 $\vec{a}$와 같은 방향의 $2\vec{a}$가 생성된다. 따라서 스칼라 × 벡터 = 벡터이다.

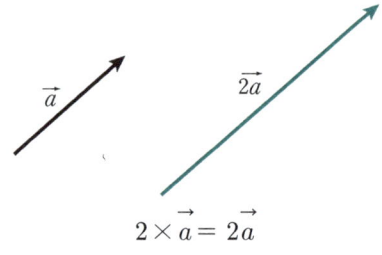

[그림 4-5. 벡터의 실수배]

ⓒ 벡터의 덧셈: 벡터의 덧셈은 기하학적으로 삼각형법과 평행사변형법으로 설명할 수 있다. 삼각형법은 [그림 4-6]에서 $\vec{a}$의 머리와 $\vec{b}$의 꼬리를 연결하고 $\vec{a}$의 꼬리에서부터 $\vec{b}$의 머리까지 연결한 벡터를 그린다면 $\vec{a}+\vec{b}$가 된다.

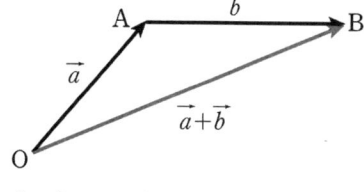

[그림 4-6. 삼각형법(벡터의 덧셈)]

[그림 4-7]에서 $\vec{a}$와 $\vec{b}$의 덧셈은 각 벡터를 두 변으로 하는 평행사변형의 대각선이 합벡터 $\vec{a}+\vec{b}$가 된다. 합벡터 $\vec{a}+\vec{b}$ 의 크기는 대각선의 길이이고 방향은 대각선의 방향이 된다.

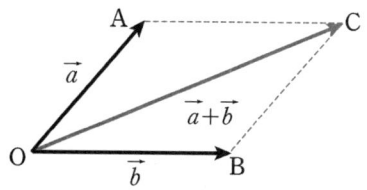

[그림 4-7. 평행사변형법(벡터의 덧셈)]

> 벡터 덧셈에 대해 성립되는 법칙
> ① 교환법칙: A+B = B+A
> ② 결합법칙: (A+B)+C = A+(B+C)

ⓓ 벡터의 뺄셈: 벡터의 뺄셈 역시 벡터의 덧셈과 마찬가지로, 기하학적 방법으로 삼각형의 법칙과 평행사변형의 법칙이 있다. 적용하는 방법은 덧셈과 같으나 차이는 빼고자 하는 벡터의 방향이 [그림 4-8]처럼 반대가 된다는 것이다.

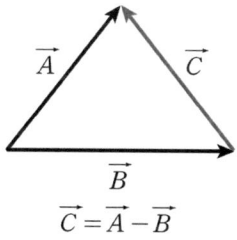 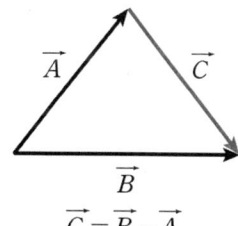

[그림 4-8. 삼각형법을 이용한 벡터의 뺄셈]

$\vec{B}-\vec{A}$는 $\vec{B}+(-\vec{A})$와 같으므로 $\vec{B}$와 $-\vec{A}$를 두 변으로 하는 평행사변형의 대각선이 $\vec{B}-\vec{A}$의 결과이다. 평행사변형법을 적용하여 벡터의 뺄셈은 역벡터를 사용한 벡터의 덧셈으로 구할 수 있다. 따라서 $\vec{A}$와 $-\vec{A}$의 개념에 대해 명확하게 이해하고 있어야 한다.

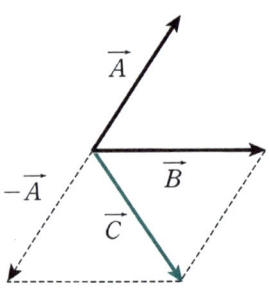

[그림 4-9. 평행사변형법을 이용한 벡터의 뺄셈]

ⓔ 벡터의 내적(dot product, inner product, 스칼라 곱) : 벡터의 곱셈은 두 가지가 있는데, 벡터의 내적과 벡터의 외적이다. 벡터의 내적은 $\vec{A} \cdot \vec{B}$로 표기하며, 그 결과 값은 두 벡터의 크기 $|\vec{A}|$, $|\vec{B}|$와 두 벡터의 사이각(θ)의 코사인(cosine) 값을 곱해 구할 수 있다. 벡터의 내적은 '스칼라' 값으로 방향이 없다. 일(work)은 힘 벡터와 변위 벡터의 내적으로 생성되며, 벡터의 내적이므로 크기만 있고 방향은 없다.

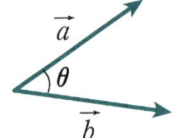

$$A \cdot B = |\vec{A}||\vec{B}|\cos\theta$$

[그림 4-10. 벡터의 내적]

※ 내적의 예)

일 = 힘 × 변위($W = |\vec{F}||\vec{d}|\cos\theta$)

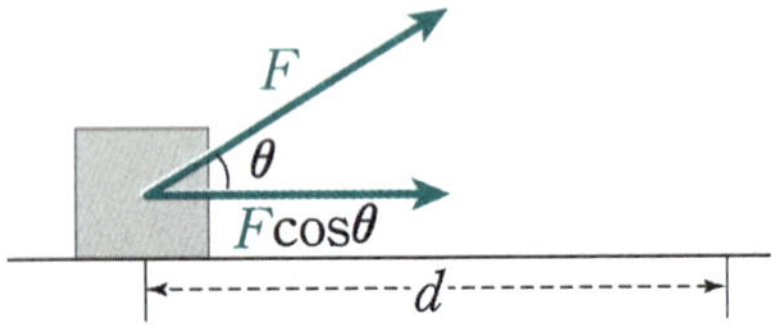

[그림 4-11. 일(벡터의 내적)]

ⓕ 벡터의 외적(cross product, outer product, 벡터 곱) : 벡터의 곱셈 중 벡터의 외적은 $\vec{A} \times \vec{B}$로 표기하며 그 결과 값은 두 벡터의 크기 $|\vec{A}|$, $|\vec{B}|$와 두 벡터의 사이각(θ)의 사인(sine) 값을 곱해 구할 수 있다. 그리고 벡터의 외적은 벡터 값이 생성되므로 벡터의 크기($|\vec{A}||\vec{B}|$)와 방향($\vec{U_n}$)이 존재한다.

[그림 4-12]와 같이 $\vec{A}$와 $\vec{B}$를 외적하면 크기는 $|\vec{A}||\vec{B}|$이며, 방향은 엄지손가락 방향($\vec{U_n}$)이 되는 새로운 벡터 $|\vec{A}||\vec{B}|\sin\theta \vec{U_n}$ 이 형성된다. 여기서 $\vec{U_n}$은 단위벡터로 크기는 1이고 방향만 나타내는 벡터이다. 벡터의 외적을 통해 형성된 새로운 벡터의 방향은 오른손 법칙을 따른다. 벡터는 교환법칙이 성립하지 않는다. $\vec{A} \times \vec{B}$와 $\vec{B} \times \vec{A}$는 크기는 같지만, 방향이 서로 다른 벡터가 된다.

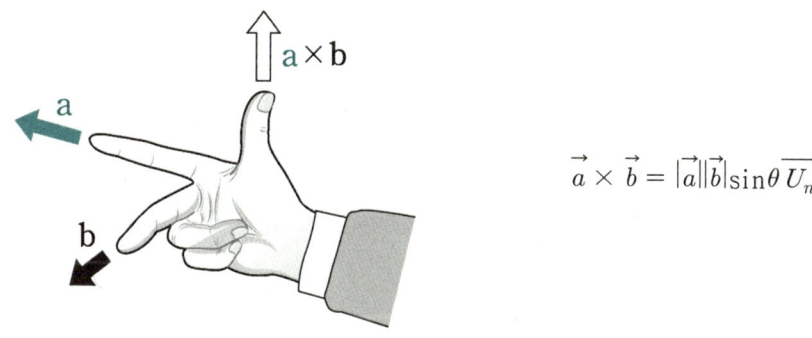

$$\vec{a} \times \vec{b} = |\vec{a}||\vec{b}|\sin\theta \vec{U_n}$$

[그림 4-12. 오른손 법칙과 벡터의 외적]

※ 벡터의 예) 토크(회전력)

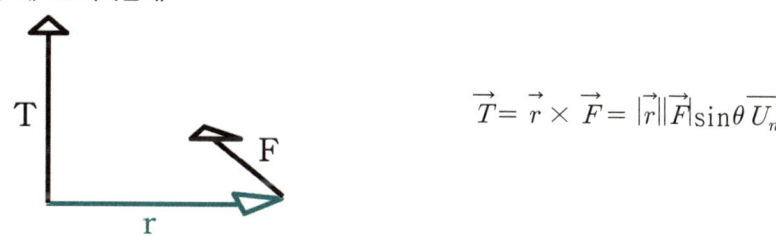

$$\vec{T} = \vec{r} \times \vec{F} = |\vec{r}||\vec{F}|\sin\theta \vec{U_n}$$

[그림 4-13. 벡터 외적의 예(토크)]

(3) 거리와 변위

　❶ 거리(distance)

　거리는 물체의 처음 위치부터 마지막 위치까지의 운동 경로에 따른 길이의 측정치를 뜻하며 항상 양의 값을 갖는 스칼라이다. [그림 4-14]와 같이 출발점에서 도착점까지 실제 물체가 이동한 경로의 총합이 거리이다.

　❷ 변위(displacement)

　처음 위치부터 마지막 위치로의 방향과 직선거리를 나타내는 벡터이다. 일직선상에서 수행된 운동은 거리의 크기와 변위의 크기가 같지만, [그림 4-15]처럼 트랙 경기 등과 같이 비직선적인 운동에서는 거리의 크기와 변위의 크기가 같지 않다.

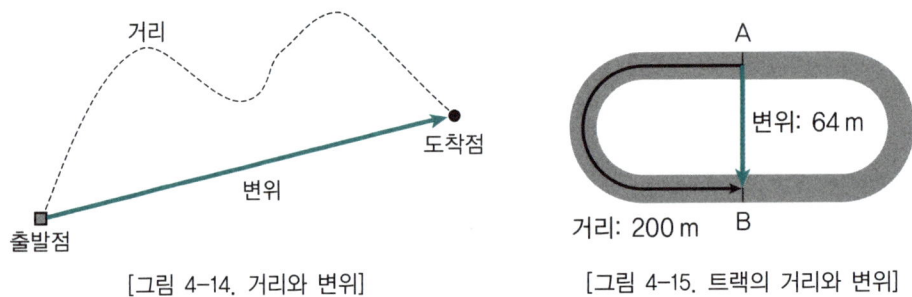

[그림 4-14. 거리와 변위]　　[그림 4-15. 트랙의 거리와 변위]

[그림 4-15]와 같이 A에서 B까지 트랙을 따라 200m 이동했을 때 거리는 200m가 된다. 그러나 변위는 처음 위치에서 마지막 위치의 직선거리가 돼야 하므로 변위의 크기는 64m이다. 그리고 트랙을 따라 400m 한 바퀴를 돌아 처음 위치로 되돌아오면 거리는 400m, 변위는 '0'이 된다.

(4) 속력과 속도

　❶ 속력(speed)

　속력은 단위시간 동안 물체가 움직인 거리를 나타내는 스칼라로 단순히 물체가 얼마나 빠르게 이동한 것인지를 표현한다.

$$s = \frac{d}{t} \quad s: 속력, \ d: 거리, \ t: 시간 \quad [단위: m/s]$$

❷ 속도(velocity)

단위시간에 움직인 변위를 나타내는 벡터로 항상 크기와 방향을 가지고 있다. 속도의 크기를 속력이라 할 수 있다.

$$v = \frac{d}{t} \quad v: 속도, \; d: 변위, \; t: 시간 \quad [단위: m/s]$$

❸ 처음속도(초속도, initial velocity, original velocity)

처음속도는 시간을 측정하기 시작한 순간의 속도이다. 기호로는 v_i 또는 v_o로 표시하며, 정지 상태의 물체가 운동을 시작한다면 처음속도 v_o는 0이다.

❹ 나중속도(종속도, final velocity)

나중속도는 일정한 변위 또는 측정의 종료 시점에서의 속도를 의미한다. 즉 동작의 완료 또는 구간의 마지막 지점이나 결승점에 도달했을 때의 속도를 뜻하며, 기호로는 v_f로 표시한다. 물체가 10m 높이에서 낙하하여 바닥에 닿기 직전의 속도가 −10m/s였다고 한다면, 처음 속도 v_o는 '0'이고 나중속도 v_f는 −10m/s가 된다.

❺ 순간속도(instantaneous velocity)와 평균속도(average velocity)

물체가 일정한 속도로 이동한다면, 이는 등속도운동이다. 그러나 이런 등속도운동은 실제 스포츠 상황에서는 거의 발생하지 않는다. 대부분의 스포츠 상황에서는 속도의 변화가 존재하는데, 순간마다 발생하는 속도를 순간속도라 한다. 이러한 순간순간의 속도변화는 무시하고 특정 변위를 이동하는 데 소요된 시간으로 나눈 것을 평균속도라 한다.

$$평균속도 = \frac{변위의 \; 변화(\Delta x)}{시간의 \; 변화(\Delta t)} = \frac{d_2 - d_1}{t_2 - t_1}$$

$$평균속도 = \frac{처음속도 + 나중속도}{2} = \frac{v_o + v_f}{2}$$

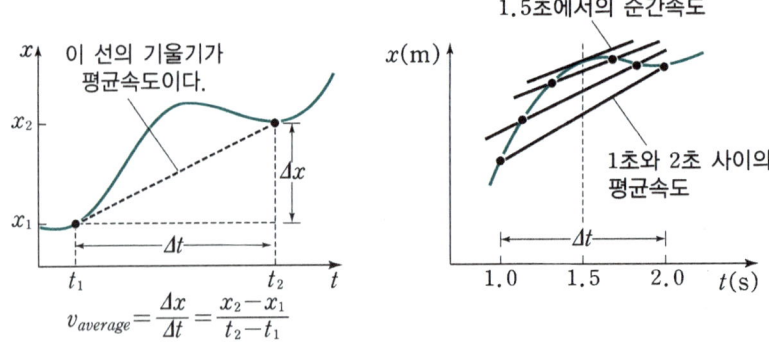

[그림 4-16. 순간속도와 평균속도]

예를 들어, 축구공이 처음 위치 3m 지점에서 4초 동안 이동하여 나중위치가 7m가 되었다면, 이 축구공의 평균속도는 (7-3)/(4-0) = 1m/s가 된다. 또한, 자동차의 처음속도가 10m/s이고 나중속도가 30m/s였다면 이 자동차의 평균속도는 (10+30)/2 = 20m/s가 된다.

❻ 상대속도(relative velocity)

운동에는 상대성이 존재한다. 예를 들어, 반대 방향으로 가는 두 전철이 역에 정차해 서로 마주 보고 있다고 가정해 보자. 이때 한 전철이 움직인다면 양쪽 전철에 타고 있는 사람들은 어느 전철이 움직이는지 구별하지 못할 수도 있다. 심지어 반대쪽 전철이 움직이는 것을 보고 자신이 탄 전철이 움직인다고 착각하게 된다. 이런 경우 정지해 있는 전철이 어떤 것인지를 확인해야 비로소 움직인 전철이 무엇인지 알 수 있게 된다. 결국, 상대속도는 관찰자가 관찰하는 대상의 속도를 말한다. 다시 말해, 관찰자의 속도를 '0'으로 두고 움직이는 대상의 속도를 나타내면 그것이 곧 상대속도이다.

물체 A와 B가 운동을 하고 있을 때, A에서 본 B의 속도를 A에 대한 B의 상대속도라고 한다. 상대속도를 나타내는 공식은 아래와 같다.

$$\vec{V_{AB}} = \vec{V_B} - \vec{V_A}$$

$\vec{V_{AB}}$: A에 대한 B의 상대속도(A에서 관찰한 B의 속도)

$\vec{V_A}$: A의 속도, $\vec{V_B}$: B의 속도

상대속도도 크기와 방향을 가지고 있는 벡터이다. 상대속도는 벡터식으로 표현하면 벡터의 차가 된다. 상대속도를 벡터식으로 표현할 때는 반드시 주의해야 할 사항이 있다. 특히 일직선 위에서 운동하는 물체의 상대속도라면 특히 부호(+, −)의 의미에 대해 유의해야 한다. 운동 역학에서 부호는 수학적인 의미와는 다른 '방향'의 의미이다. 방향이란 것도 상대적이라 어떤 방향을 임의로 양(+)이라 한다면 그 반대 방향은 음(−)이 되는 것이다. 따라서 운동을 다룰 때 그 운동 방향이 다르다면 반드시 부호를 다르게 표현해야 하며 사용하는 부호는 일관성 있게 제시해야 한다.

일반적으로 수평선상에서 방향을 표시할 때는 오른쪽을 양(+), 왼쪽을 음(−)으로 표시하고, 수직선상에서 방향을 표시할 때는 위쪽을 양(+), 아래쪽을 음(−)으로 표시한다. [그림 4-17]에서 같은 방향으로 운동하는 물체의 경우, 상대속도 $\vec{V_{AB}}$는 감소한다. 반면 서로 반대 방향으로 운동하는 물체의 경우, 상대속도 $-\vec{V_{AB}}$는 증가한다는 것을 확인할 수 있다.

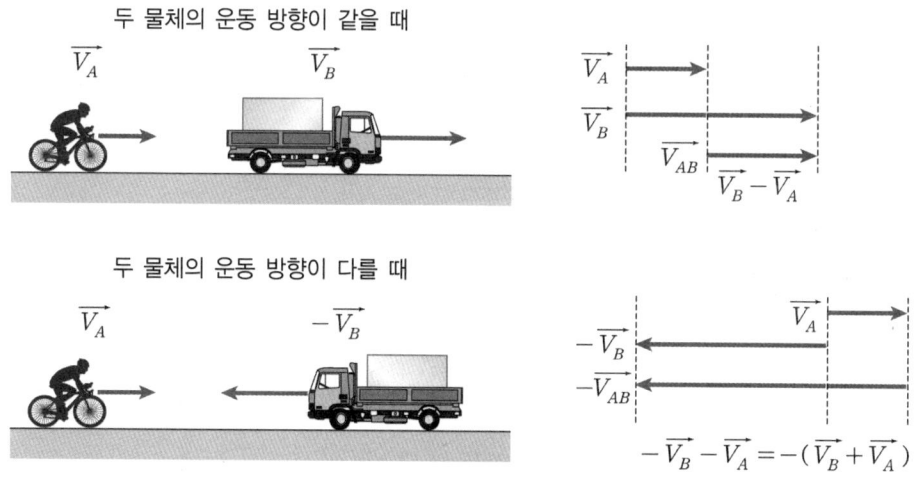

[그림 4-17. 방향에 따른 상대속도]

(5) 가속도

❶ 가속도(acceleration)

가속도는 단위 시간당 변화한 속도를 의미한다. 속도가 증가할 때는 가속도를 양(+)으로 표시하고, 속도가 감소할 때는 음(−)으로 표시한다. 가속도의 방향은 힘의 방향과 일치한다. 가속도는 벡터로 크기와 방향을 가지고 있다. 예를 들어, 중력가속도(g)는 $-9.8m/s^2$이다. 크기는 $9.8m/s^2$이고 방향은 −방향, 즉 지구 중심 방향이다. 중력가속도의 방향에 대해서 위치에너지, 투사체운동 등에서 혼돈하지 않도록 주의해야 한다.

$$a = \frac{v_f - v_o}{t} \quad [\text{단위}: m/s^2]$$

a: 가속도, v_f: 나중속도, v_o: 처음속도, t: 시간

❷ 등속도운동(uniform motion)

속도가 변하지 않고 항상 일정한 운동으로, 힘이 작용하지 않는 운동이다.

❸ 가속도운동(accelerated motion)

움직이는 속도가 변하는 운동으로, 반드시 힘이 작용하는 운동이다.

❹ 등가속도운동(uniformly accelerated motion)

단위시간에 변한 속도가 일정한 운동이다. 자유낙하(free fall)운동은 항상 일정한 중력가속도를 가지고 낙하하기 때문에 등가속도운동이다. 그리고 등가속도운동에서는 등가속도운동의 등식이 아래와 같이 성립한다.

① $v_f = v_o + at$ ② $d = v_o t + \frac{1}{2}at^2$ ③ $v_f^2 - v_o^2 = 2ad$

❺ 등속원운동(uniform circular motion)

속력은 변하지 않고 방향만 변하는 운동(가속도운동, 구심가속도만 발생)이다.

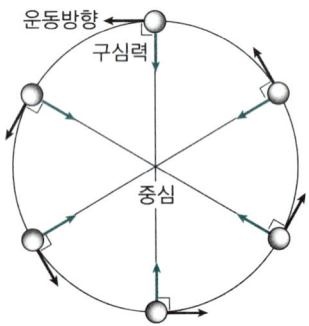

[그림 4-18. 등속원운동]

❻ 비등속원운동(non-uniform circular motion)

회전 방향과 회전 속도가 변화하는 회전운동(구심가속도, 접선가속도 발생)이다.

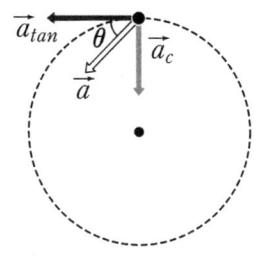

$\vec{a}$: 합성가속도
$\vec{a_c}$: 구심가속도
$\vec{a_t}$: 접선가속도

[그림 4-19. 비등속원운동]

② 투사체운동의 운동학적 분석

(1) 투사체운동의 특성

어떤 힘을 통해 공중으로 투사된 물체가 그 물체의 관성에 의해 계속되는 운동을 투사체운동 혹은 포물선운동이라 한다. 지표면에서 지면과 일정한 각도를 이루며 던져진 물체(투사체)는 지면에 수직인 방향으로만 일정한 크기를 가지는 중력의 영향을 받는다. 따라서 투사체는 수평 방향으로는 등속도운동을 하며 수직 방향으로는 등가속도 직선운동을 하게 된다. 일반적으로 투사체운동은 아래와 같은 특성이 있다.

- 투사높이와 착지높이가 같다면 좌우 대칭이다.
- 최고 높이에서의 수직속도는 $0m/s$ 이다.
- 투사높이와 착지높이가 같다면 투사 시와 착지 시 속도의 크기는 같다.
- 수평 방향은 등속도운동이고 수직 방향은 등가속도운동이다. 따라서 수평 방향과 수직 방향은 서로 독립적이다.
- 투사높이와 착지높이가 같은 경우 투사체운동은 45°로 던질 때 최대거리를 얻는다.
- 투사높이가 착지높이보다 낮은 경우 투사체운동은 45°보다 다소 높은 각도로 던져야 최대거리를 얻는다.
- 투사높이가 착지높이보다 높은 경우 투사체운동은 45°보다 다소 낮은 각도로 던져야 최대거리를 얻을 수 있다.

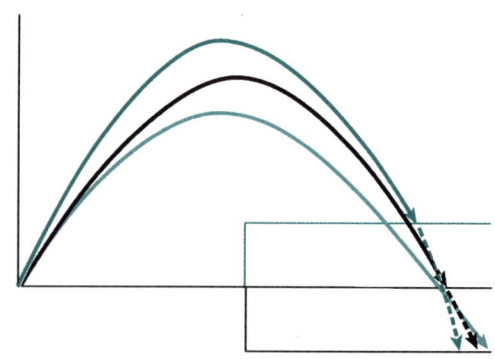

[그림 4-20. 투사각도에 따른 최대 수평 변위의 차이]

(2) 투사점과 착지점이 같은 경우의 투사체운동

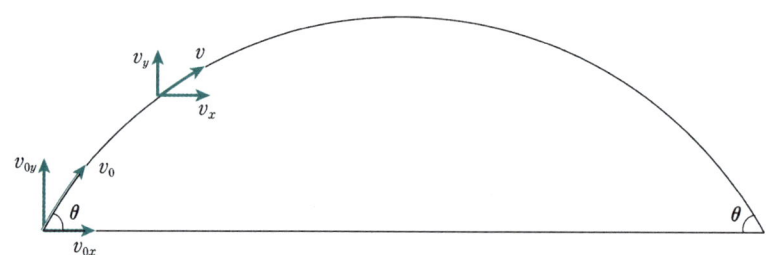

[그림 4-21. 원점에서 투사되는 투사체운동]

투사체 각도를 θ라 할 때 처음속도 v_o는 수평속도 v_x와 수직속도 v_y로 나누어진다.

$$v_x = v_o \cos\theta$$
$$v_y = v_o \sin\theta$$

수평속도 v_x는 투사체가 투사된 이후 공기의 저항을 무시한다면 어떠한 외력도 받지 않기 때문에 등속도운동을 한다. 따라서 투사체의 수평 변위(R)는 다음과 같이 표시할 수 있다.

$$R = v_o \cos\theta \times T$$

❶ 최고 높이 도달 시간

체공 시간(T)은 투사체가 상승했다가 하강하여 지면에 도달할 때까지의 시간을 의미한다. 따라서 체공 시간은 상승 시간과 하강 시간의 합으로 나타난다.

$$T_{(체공\ 시간)} = t_{up(상승\ 시간)} + t_{down(하강\ 시간)}$$

여기서 상승 시간(t_{up})은 다음과 같이 산출할 수 있다.

$v_f = v_i + at$의 공식을 사용하여, $v_f = 0$, $v_o = v_o \sin\theta$, $a = -g$를 대입한다.

$$0 = v_o \sin\theta - gt_{up}$$

$$t_{up} = \frac{v_o \sin\theta}{g}$$

❷ 정점의 높이

하강 거리(d_{down})는 투사체가 던져진 위치와 도달 높이에 의해 결정된다. 농구의 슈팅 동작에서는 하강 거리(d_{down})가 상승 거리(d_{up})보다 짧지만, 육상의 투포환 종목에서는 하강 거리가 상승 거리보다 길다. 그러나 투사체가 던져진 위치와 낙하된 위치의 고도가 같은 경우에는 하강 거리와 상승 거리가 같으며, 정점의 고도를 중심으로 대칭이다.

정점의 높이는 $2gd = v_f^2 - v_i^2$의 공식에 $v_f = 0, v_i = v_o \sin\theta, a = -g, d = d_{up}$으로 대치하여 구한다.

$$0 - (v_o \sin\theta)^2 = -2gd_{up}$$

$$d_{up} = h_{(정점의\ 높이)} = \frac{(v_o \sin\theta)^2}{2g}$$

❸ 체공 시간

투사체의 체공 시간(T)은 정점 도달 시간의 두 배에 해당하므로

$$T = t_{up} + t_{down} = 2 \times t_{up}$$

$$T = \frac{2v_o \sin\theta}{g} \text{ 이다.}$$

❹ 최대 수평 변위

투사점으로부터 착지점까지의 최대 수평 변위(R)는

$$R = v_o \cos\theta \times T$$

$$= v_o \cos\theta \times \frac{2v_o \sin\theta}{g}$$

$$= \frac{v_o^2 2\sin\theta\cos\theta}{g}$$

$$= \frac{v_o^2 \sin2\theta}{g} \text{ 이다.}$$

결국, 최대 수평 변위는 처음속도(v_o)와 투사각도(θ)의 관계인데 속도가 일정하다고 가정하면 $\sin 2\theta$의 값이 최대일 때 수평 변위(R)도 최대치를 갖는다. 따라서 $\sin 2\theta$가 1일 때 최대가 되며, 그때의 $\theta = 45°$가 된다. 즉 45° 각도로 투사한 투사체가 가장 멀리 비행한다.

(3) **투사점이 착지점보다 높은 경우의 투사체운동**

[그림 4-22. 투사점이 착지점보다 높은 곳에서 투사되는 투사체운동]

투사점과 착지점의 높이가 같은 경우에는 비교적 간단한 공식 유도가 가능했다. 그러나 실제 스포츠 현장에서는 대부분은 투사점과 착지점의 고도가 서로 다르다. 특히 육상의 투척 종목은 투사체를 던지는 지점의 위치가 착지점(지면)보다 높으므로 하강 거리가 상승 거리보다 더 길게 나온다.

❶ 정점의 높이

$d = d_{down} = d_{up} + h$ 이므로

$$= \frac{(v_o \sin\theta)^2}{2g} + h$$

❷ 정점 도달 시간과 하강 시간

투사높이와 착지높이가 다른 경우는 상승 시간과 하강 시간이 다르다.

즉 $t_{down} = \sqrt{\dfrac{2d_{down}}{g}}$

$= \sqrt{\dfrac{2\left\{\dfrac{(v_o\sin\theta)^2}{2g} + h\right\}}{g}}$

$= \dfrac{\sqrt{(v_o\sin\theta)^2 + 2gh}}{g}$ 가 된다.

따라서 $t_{up} = \dfrac{v_o \sin\theta}{g}$, $t_{down} = \dfrac{\sqrt{(v_o\sin\theta)^2 + 2gh}}{g}$

❸ 체공 시간

$$T = t_{up} + t_{down}$$

$$T = \frac{v_o \sin\theta}{g} + \frac{\sqrt{(v_o \sin\theta)^2 + 2gh}}{g}$$

$$= \frac{v_o \sin\theta + \sqrt{(v_o \sin\theta)^2 + 2gh}}{g}$$

❹ 최대 수평 변위

최대 수평 변위는 $R = v_o \cos\theta \times T$

$$= v_o \cos\theta \times \left\{ \frac{v_o \sin\theta + \sqrt{(v_o \sin\theta)^2 + 2gh}}{g} \right\}$$

$$= \frac{v_o^2 \sin\theta \cos\theta + v_o \cos\theta \sqrt{(v_o \sin\theta)^2 + 2gh}}{g}$$

따라서 최대 수평 변위(투사궤도)에 영향을 미치는 요인은 투사속도, 투사각도, 투사높이이다.

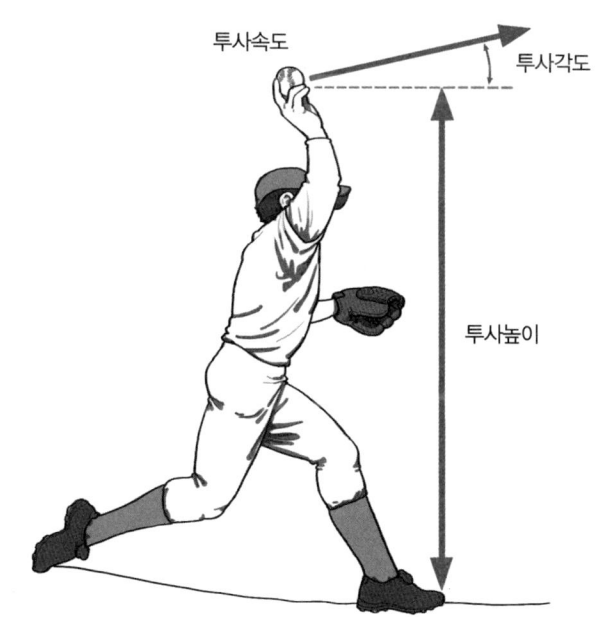

[그림 4-23. 야구공의 투사궤적(최대 수평 변위)에 영향을 주는 요인]

③ 각운동의 운동학적 분석

(1) 각거리와 각변위

❶ 각거리(angular distance)

물체가 움직인 전체의 각거리로서 스칼라이며, 항상 양의 값이다. 즉 회전운동하는 물체가 이동한 각도의 총합이다. [그림 4-24]와 같이 진자가 A에서 C까지 움직였다면, 각거리는 진자가 이동한 각도의 총합이므로 A에서 B까지 60° 움직였고, B에서 C까지는 20°를 더 움직였으므로, 60°+20°가 되어 각거리는 80°가 된다.

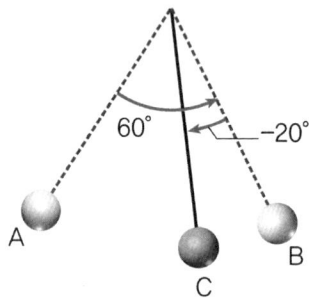

[그림 4-24. 각거리와 각변위]

❷ 각변위(angular displacement)

물체가 회전한 궤적의 처음과 마지막 각위치의 변화로서 벡터이다. 시계 방향은 음(−)의 값으로, 반시계 방향은 양(+)의 값으로 표시한다. [그림 4-24]와 같이 진자가 A~C까지 움직였다면 각거리는 80°였다. 그렇다면 각변위는 처음 각위치와 나중 각위치의 변화량이므로 +40°가 된다.

(2) 각속력과 각속도

❶ 각속력(angular speed)

단위시간 동안 각의 전체 변화량으로 크기만 가지는 스칼라이며 항상 양(+)의 값을 가진다.

❷ 각속도(angular velocity)

단위시간에 변화한 각변위이며, 문자로 표기할 때는 ω(오메가)를 사용한다. 각도는 벡터이므로, 크기와 방향을 가지고 있다. 일반적으로 시계방향을 음($-$)으로, 반시계방향을 양($+$)으로 표시한다.

$$\omega = \theta/t \quad \omega : 각속도, \ \theta : 각변위, \ t : 시간 \quad [단위 : rad/s]$$

(3) **각가속도**(angular acceleration)

각가속도는 회전하는 물체의 각속도가 빨라지거나 느려질 때 발생한다. [그림 4-25]와 같이 기계체조 선수는 중력의 영향을 받기 때문에, 대차돌기를 할 때 일정한 각속도로 회전하지 않는다. 철봉의 대차돌기에서 위로 올라갈 때 각속도는 점점 느려지고, 반대로 내려올 때 점점 빨라진다. 이런 각속도의 변화를 각가속도라 한다.

[그림 4-25. 대차돌기]

각가속도는 단위시간에 변한 각속도이며, 문자로 표기할 때에는 α(알파)를 사용한다.

$$\alpha = \frac{\omega_f - \omega_o}{t} \quad [단위 : rad/s^2]$$
α : 각가속도, ω_f : 나중 각속도, ω_o : 처음 각속도, t : 시간

④ 선운동과 각운동과의 관계

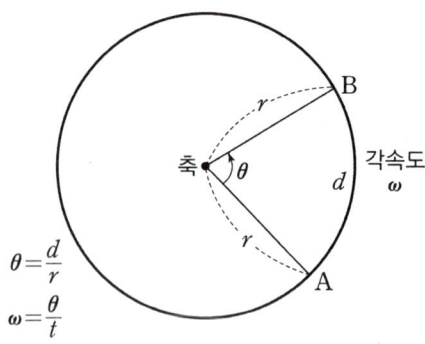

[그림 4-26. 선운동과 각운동의 관계]

라디안(radian)은 원의 중심에서 반지름의 길이와 같은 호(arc)의 길이가 이루는 각도를 말한다. 따라서 라디안은 아래와 같이 표현된다.

$$\text{라디안 각도}(\theta) = \frac{\text{호의 길이}(d)}{\text{반지름}(r)} \quad \text{※ 단위 없음}$$

따라서 $d = r\theta$ 양변을 시간(t)으로 나누면
$d/t = r \cdot \theta/t$ 가 되고 이것은 $v = r\omega$ 가 된다.
$v = r\omega$ 를 한 번 더 시간(t)으로 나누면
$v/t = r \cdot \omega/t$ 가 되고 이것은 $a = r\alpha$ 가 된다.

선변위와 각변위의 관계	$d = r\theta$
선속도와 각속도의 관계	$v = rw$
선가속도와 각가속도의 관계	$a = r\alpha$

(1) **선속도와 각속도**

해머던지기 경기에서 해머를 휘돌리다 던지게 되면 해머는 회전운동을 계속하지 않고 선운동을 하며 날아간다. 이때 해머가 날아가는 방향은 [그림 4-27]과 같이 해머가 회전하는 경로의 접선 방향으로 날아간다. 이처럼 스포츠 경기에서는 회전운동 중인 물체가 선운동으로 전환되는 경우가 많다. 각운동에서 선운동으로 전환될 때 물체의 선속도는 던지는 순간의 각속도와 회전반경의 곱으로 나타난다.

$$v = rw$$
v: 선속도, r: 반지름, ω: 각속도

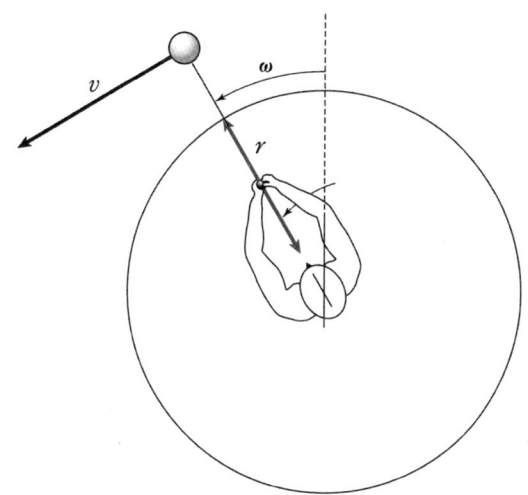

[그림 4-27. 해머의 선속도와 각속도]

선속도와 각속도의 전환에 대한 예는 여러 가지 스포츠 종목에서 확인할 수 있다. 야구 경기에서 타자가 배트를 휘둘러 야구공을 타격할 때, 야구공의 선속도를 크게 증가시키려면 타격(임팩트) 순간 배트와 팔의 길이를 최대한 늘려야 한다. 또한, 해머던지기 선수가 해머를 멀리 던지려면, 서클 안에서 해머를 점점 빨리 휘돌려 회전속도를 최대로 증가시킨 후 던질 때 팔을 최대한 펴야 한다. 투수도 빠른 공을 던지려면, 어깨를 빠르게 회전시켜 충분히 빠른 각속도를 만들고, 공을 던지는 순간에 팔을 펴야 한다.

◆ 선운동과 각운동에서 사용되는 물리량

물리량	선운동	각운동
거리	(선)거리	각거리
변위	(선)변위	각변위
속도	$v = \dfrac{d}{t}$	$\omega = \dfrac{\theta}{t}$
가속도	$a = \dfrac{v_f - v_o}{t}$	$\alpha = \dfrac{\omega_f - \omega_o}{t}$
운동공식	$F = ma$	$T = I\alpha$
운동량	$p = mv$	$H = I\omega$
충격량	$I = Ft$	$A \cdot I = Tt$

(2) **선속도와 각속도의 적용**

인체운동은 분절의 각운동에 의해 수행된 결과로서 아래의 두 가지 원리를 항상 유의하여야 한다.

첫째, 회전하는 물체의 각속도가 일정하다면, 그 물체의 선속도는 회전반경의 길이에 비례한다 ($v = r\omega$).

둘째, 회전하는 물체의 선속도가 일정하다면, 그 물체의 각속도는 회전반경의 길이에 반비례한다 ($\omega = \dfrac{v}{r}$).

❶ 회전반경이 길수록 유리한 경우

축구의 킥 동작, 테니스의 스트로크(서브), 배구의 스파이크(서브), 야구의 배팅(피칭), 골프의 스윙 등

❷ 회전반경이 짧을수록 유리한 경우

트램펄린 또는 다이빙 보드의 공중돌기(summersault), 체조의 도마 경기 등

MEMO

Chapter_

05

운동 역학의 스포츠 적용

1. 선운동의 운동 역학적 분석
2. 각운동의 운동 역학적 분석

TALUS
운동 역학

05 운동 역학의 스포츠 적용

① 선운동의 운동 역학적 분석

(1) 힘의 정의와 단위

❶ 힘의 정의

힘이란 두 물체 사이의 상호작용, 또는 한 물체와 주위 환경 사이의 상호작용으로서 물체의 운동 상태를 변화시키는 원인을 말한다. 다시 말해, 힘은 물체의 운동을 일으키거나 운동을 변화시키는 요인이다. 물체의 관성보다 큰 힘이 작용하면 물체는 운동을 시작한다. 또한, 물체에 작용하는 힘은 물체를 변형시키거나 물체의 운동 상태를 변화시킬 수 있다.

❷ 힘의 단위

N(뉴턴), kgf(킬로그램 힘), kg중 등을 사용하며 질량이 1kg인 물체에 작용하는 중력의 크기, 즉 무게를 힘의 단위로 한다. 1kg의 물체에 1N(뉴턴)의 힘이 작용했다면 이 물체에는 $1m/s^2$의 가속도가 발생하게 되는데, 이것이 힘 1N의 의미이다.

$$F = ma \text{ (1N은 1kg인 물체에 작용하여 } 1m/s^2 \text{의 가속도를 유발한다.)}$$

무게도 힘과 같은 개념으로, 무게는 질량과 중력가속도의 곱으로 표현된다($W = mg$). 예를 들어 질량이 70kg인 사람의 무게는 질량과 중력가속도($-9.81m/s^2$)의 곱이 되므로 $-686.7N$이다. 여기서 $-$(음)의 부호는 사람에게 작용하는 힘의 방향이 지구 중심 방향이라는 것을 의미한다.

(2) 힘의 벡터적 특성

힘은 크기와 방향을 갖는 벡터로서 합산하거나 분해할 수 있다. 또한, 물체에 작용하는 힘은 크기와 방향 및 작용점을 함께 나타내어야 하며, 이를 힘의 3요소라 한다. 즉 힘의 3요소에는 힘의 크기, 힘의 방향, 힘의 작용점이 있다.

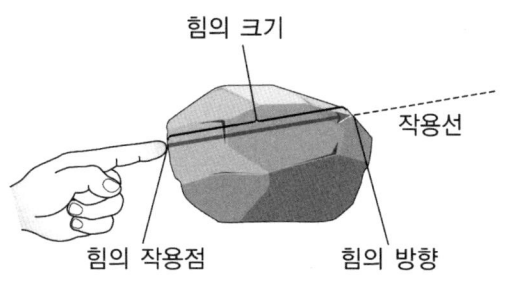

[그림 5-1. 힘의 표시]

- **힘의 크기**: 화살표의 길이로 나타낸다.
- **힘의 방향**: 화살표의 방향과 일치한다.
- **힘의 작용점**: 화살표의 출발점을 표시한다.

힘 $\vec{F}$를 X축과 Y축으로 분해하여 $\vec{F_X}$와 $\vec{F_Y}$로 분해할 수 있다. 그리고 $\vec{F_X}$와 $\vec{F_Y}$의 힘을 합성하면 $\vec{F}$가 된다. [그림 5-2]에서와 같이 $\vec{F_X}$와 $\vec{F_Y}$의 힘을 더한 합력을 알짜힘(net force)이라고 한다. 알짜힘이란 물체에 작용하고 있는 모든 힘의 벡터를 합하여 계산하는데, 이렇게 계산된 알짜힘은 실제 물체에 작용하는 힘의 크기와 방향을 나타낸다. 물체에 작용하는 힘들 전체를 나타내고 알짜힘을 구하기 위해 자유물체도(Free body diagram)가 사용되기도 한다.

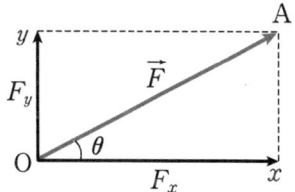

[그림 5-2. 힘의 합성과 분해]

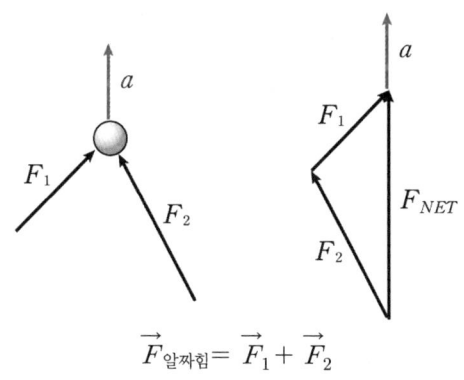

$\vec{F}_{알짜힘} = \vec{F_1} + \vec{F_2}$

[그림 5-3. 자유물체도와 알짜힘]

(3) 힘의 종류

❶ 근력(muscular strength)

근력은 근육이 수축하면서 발휘되는 힘 또는 인체의 내부에서 발생하는 힘이다. 근육의 수축은 근육의 길이가 늘어나는 수축(신장성 수축)과 길이가 짧아지는 수축(단축성 수축)으로 나뉜다. 신장성 수축은 원심성 수축이라고 하며, 단축성 수축은 구심성 수축이라고 한다. 예를 들어, 덤벨 컬 동작에서 상완 이두근을 주동근으로 팔을 굽힐 때는 단축성 수축이고, 팔을 펼 때는 신장성 수축이다. 팔굽혀펴기 동작에서 상완 삼두근을 주동근으로 할 때, 팔을 펴는 동작은 단축성 수축이 되고, 팔을 굽히는 동작은 신장성 수축이 된다. 이렇게 관절의 수축과 굴곡을 담당하는 주동근이 달라지면, 근수축의 종류도 변하게 된다.

근력과 중요한 관계를 맺고 있는 것은 근육의 수축 속도이다. 근력과 근육 수축 속도의 관계는 [그림 5-4]에서 확인할 수 있다. 그런데 여기서 유의할 것은 용어의 선택이다. [그림 5-4]는 근력과 근육 수축 속도의 관계를 보여주고 있지만, 역학적 용어로 정확하게 표현하자면, 힘과 속도의 관계이다. 간혹 운동생리학에서 근수축력, 근육 수축 속도 등의 용어를 사용하지만, 정확한 물리 용어는 힘과 속도가 된다는 것을 반드시 명심해야 한다.

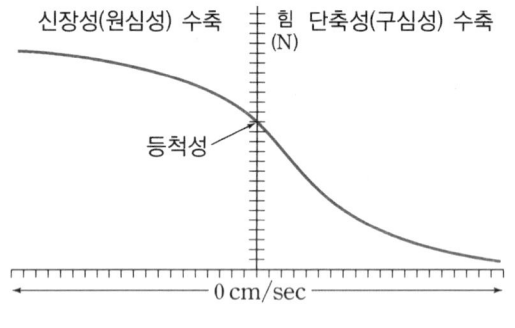

[그림 5-4. 근육의 힘과 속도와의 관계]

[그림 5-4]의 그래프를 통해, 근력은 근육의 수축 형태와 수축 속도에 의해 달라진다는 것을 알 수 있다. 가장 큰 힘을 발휘하는 경우는 신장성(원심성) 수축에서 아주 빠른 속도로 근육의 길이가 늘어날 때이다. 즉 근육 파열이 발생하기 직전에 가장 큰 힘이 발생한다. 따라서 근력 강화 훈련을 위해 무거운 무게로 빠른 신장성 수축을 하게 되면 부상의 위험이 존재한다. 반면 구심성(단축성) 수축은 인체 활동에서 가장 빈번하게 활용되지만, 큰 힘을 발현하기에는 어려움이 있다. 구심성 수축에서 속도가 빠르면 빠를수록 힘은 적어진다.

> **내력(internal force)과 외력(external force)**
> 근육의 수축 때문에 생성된 근력이나 관절과 관절 사이에 작용하는 힘, 또는 관절 내부에 작용하는 마찰력 등은 내력에 속한다. 이에 반해 중력, 공기 저항, 지면반력, 부력, 압력, 양력, 구심력, 원심력 등은 외력에 속한다.

❷ 중력(gravity)

모든 지구상의 물체는 지구 중심의 방향(수직 하방)으로 $9.8m/s^2$의 가속도를 가진 힘의 영향을 받는데, 이를 중력이라 한다. 지구에 존재하는 모든 물체는 중력의 영향을 받으며, 인체는 운동 시 항상 중력의 영향을 받는다. 또한, 공중으로 투사된 물체도 중력의 영향을 받아 지면으로 떨어진다.

물체에 작용한 중력을 무게라고 하며, 무게는 장소에 따라 중력이 변하기 때문에 달라지는 성질이 있다. 지구상에서 60kg중의 무게는 달에 가면 1/6로 줄어 10kg중이 된다.

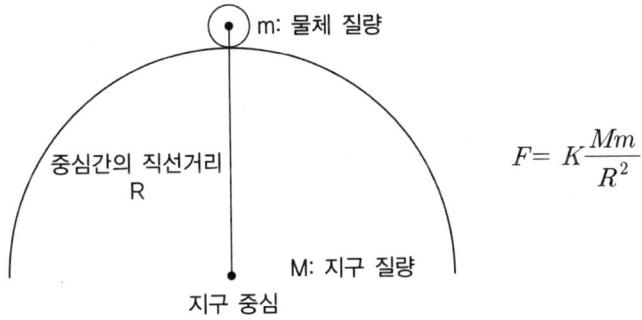

[그림 5-5. 지구와 물체 사이에 발생하는 중력]

중력은 두 물체의 질량에 비례하고 두 물체 사이에 떨어진 직선거리의 제곱에 반비례한다. 즉 지구와 물체 사이의 직선거리가 커지면 물체에 작용하는 중력이 줄어든다는 의미이다. 중력이 물체에 작용하는 힘을 무게라고 하며, 이것을 공식으로 표현하면 아래와 같다.

$$W = mg = K\frac{Mm}{R^2} \Rightarrow g = K\frac{M}{R^2}$$

위 공식에서 지구의 질량은 변하지 않고, 만유인력 상수도 변하지 않기 때문에 지구 중심으로부터 물체의 중심까지의 직선거리가 크면 클수록 중력가속도는 작아진다. 중력가속도가 줄어들면 중력도 작아지게 된다.

지구는 자전의 영향으로 적도 부근이 약간 볼록한 타원형이다. 따라서 적도 근방의 고산지대에서 운동하면 중력가속도가 작고, 공기의 밀도도 작아 공기의 저항이 작아진다. 따라서 단거리 달리기, 멀리뛰기, 투척 경기 등은 기록이 좋게 나타난다.

❸ 지면반력(ground reaction force)

지면반력은 인체가 지면과의 접촉을 통해 힘을 가했을 때 그 힘에 대한 반작용력을 말한다. 다시 말해, 지면반력은 물체가 지구에 가한 힘의 반작용으로 발생하는 힘이다. 지면반력의 크기는 지면에 작용한 힘의 크기와 같고 방향은 지면에 작용한 힘의 반대 방향이다. 지면반력의 측정은 지면반력기(force plate)를 사용하여 측정하며, 지면반력기를 통해 지면반력의 크기, 방향, 압력중심점 등을 측정할 수 있다.

지면반력도 벡터이기 때문에 수직과 수평으로 분해할 수 있다. 지면반력의 수평 성분은 정지마찰력이 되고, 지면반력의 수직 성분은 수직항력이 된다. 지면반력의 수평 성분은 다시 전후 성분과 좌우 성분의 힘으로 분해할 수 있다. [그림 5-6]과 같이 지면반력은 지면반력기를 통해 3개의 힘인 F_x(전후 성분), F_y(좌우 성분), F_z(수직 성분)로 분해할 수 있다.

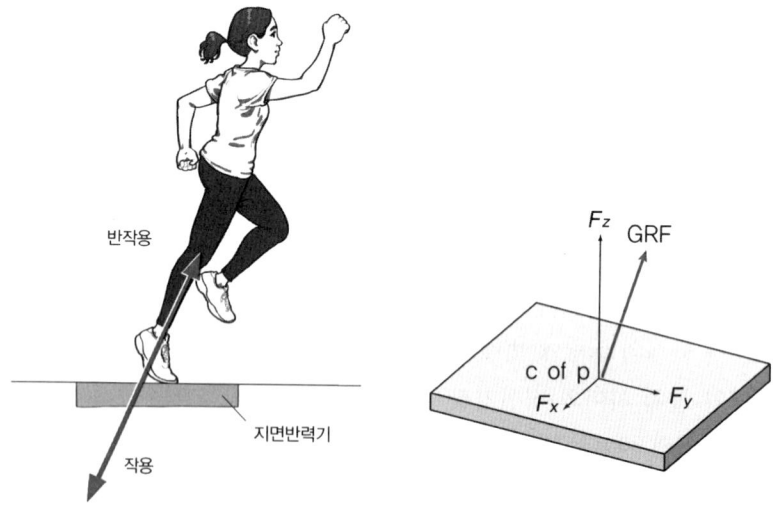

[그림 5-6. 지면반력기와 지면반력의 측정]

지면반력은 인체의 외력으로 작용하고, 그 크기와 방향은 인체의 속도에 영향을 준다. 달릴 때 지면반력이 속도에 큰 영향을 미치는데, 특히 장거리 주행 시 보폭이 큰 주법을 사용하면 지면반력의 수평 성분인 마찰력($-F_x$)을 증가시켜 속도가 줄어들게 된다. 따라서 효율적인 장거리 달리기를 위해서는 보폭을 과도하게 넓히는 것보다, 보빈도 수를 증가시키는 것이 좋다.

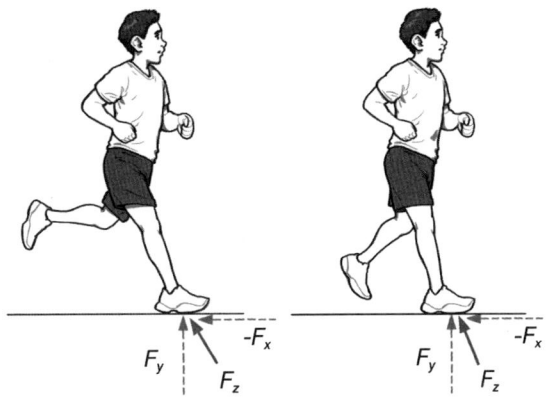

[그림 5-7. 장거리 달리기, 단거리 달리기의 지면반력]

단거리 달리기 동작에서도 상황에 따라 지면반력은 추진력으로 사용되기도 하고 저항력으로 작용할 수도 있다. [그림 5-7 (나)]와 같이 단거리 달리기를 할 때, 지면을 차고 나가는 동작에서는 지면반력의 수평 성분인 F_x의 증가를 위해 발목과 지면이 이루는 각(θ_1)을 줄인다. 반면 착지 시에는 지면반력의 수평 성분인 $-F_x$의 감소를 위해 발목과 지면이 이루는 각(θ_2)을 증가시킨다. 단거리 달리기의 속도 증가를 위해서는 보폭과 보빈도를 다 증가시켜야 한다. 그리고 보폭의 증가로 인해 발생하는 제동력을 줄이기 위해 발목의 유연성은 반드시 필요하다.

높이뛰기의 경우에는 이륙 시 수직 성분력인 수직항력(수직반력, normal reaction force)을 증가시켜야 한다. 따라서 이륙 직전에는 후경 자세를 취해 지면과 발의 접촉시간을 충분히 늘려 충격량을 증가시키고, 증가된 충격량을 수직 방향으로 사용할 수 있도록 해야 한다.

[그림 5-8. 높이뛰기와 지면반력]

[그림 5-8]과 같이 높이뛰기를 할 때, 도약 직전에 지면반력 F_z의 수평성분 $-F_x$는 제동력으로 작용하고, F_z의 수직 성분 F_y는 추진력으로 작용하여 인체가 위로 이동하도록 한다. 높이뛰기는 달리기와 다르게 지면반력의 수직 요소가 중요하다. 다시 말해, 높이뛰기에서 좋은 기록을 얻고자 한다면, 지면반력의 대부분을 수직 성분으로 전환시킬 수 있어야 한다. 따라서 지면반력은 스포츠 종목의 특성에 따라 서로 다르게 적용된다.

이번에는 수직 점프 동작에서 발생하는 지면반력의 변화에 대해 알아보자. 수직으로 점프할 때 발생하는 힘은 [그림 5-9 (가)]와 같이 중력에 의해 발생되는 무게와 지면반력이다. 사실 수직 점프의 경우 지면반력은 수평 성분은 거의 필요 없고 전부 수직으로만 작용하므로 지면반력은 모두 수직항력이 된다.

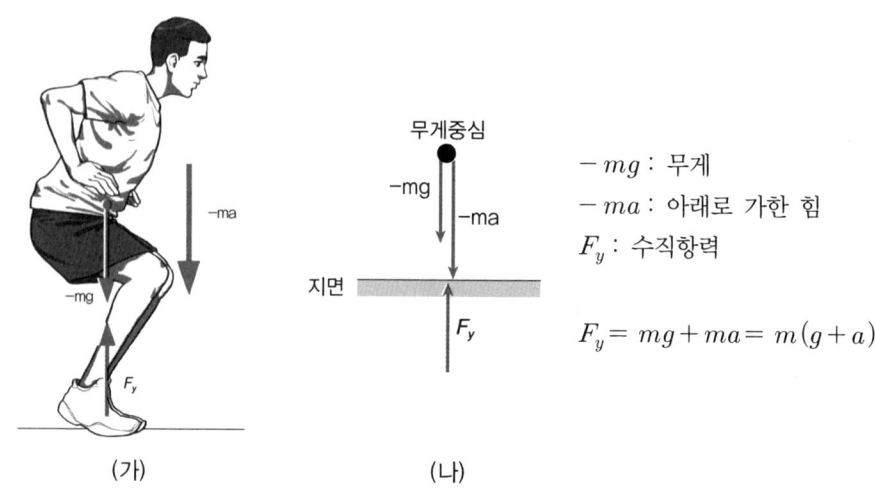

[그림 5-9. 수직 점프 시의 힘의 변화 및 자유물체도]

[그림 5-9 (나)]는 점프 시 발생하는 힘을 분석하기 위해 그린 자유물체도이다. 수직 점프를 위해 아래 방향으로 힘을 가하면 아래 방향의 합력은 $-(mg+ma)$가 된다. 다시 말해, 수직 점프를 위해서는 체중(mg)과 아래 방향으로 가한 힘(ma)이 더해진다는 의미이다. 합력에서 $-$(음)가 표시되는 이유는 지구 중심 방향으로 힘이 작용하기 때문이다. 따라서 지면반력 F_y는 $-(mg+ma)$의 반작용력이기 때문에, $mg+ma$가 된다. 수직 점프 시 점프 직전에 인체가 받는 지면반력은 $mg+ma=m(g+a)$가 된다. 따라서 점프를 높게 뛰려면 가속도(a)를 증가시켜야 한다. 가속도를 증가시키기 위해서 인체는 [그림 5-10]과 같이 아래 방향으로 무게중심을 빠르게 이동시킨 후, 다시 위로 빠르게 뛰어올라야 한다.

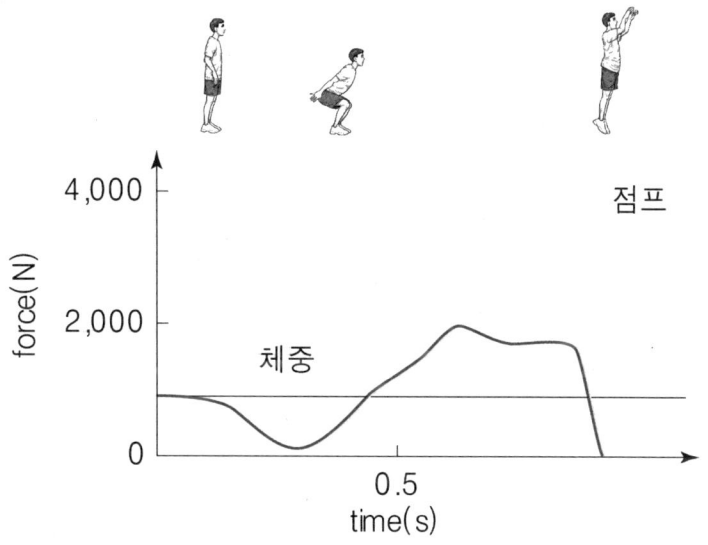

[그림 5-10. 수직 점프할 때의 지면반력의 변화]

❹ 수직항력(normal force, F_N)

수직항력이란 사람이나 물체가 접촉해 있는 면에 대해 수직 위 방향으로 작용하는 힘이다. 보통 지면반력의 수직 성분이 수직항력이 된다. [그림 5-11]과 같이 물체가 지면에 접촉해 있다면, 수직항력은 항상 존재한다. 수직항력은 F_N으로 표시하며 [그림 5-11]처럼 물체가 평면에 위치하여 있다면, 수직항력의 방향은 위 방향이다.

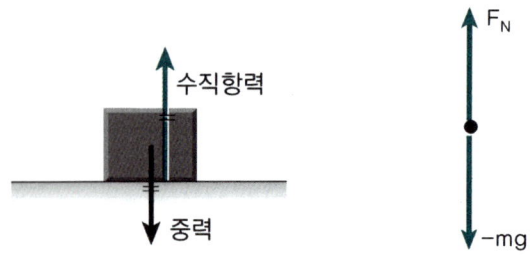

[그림 5-11. 수직항력과 자유물체도]

그리고 [그림 5-11]처럼 물체가 움직이지 않고 지면에 멈추어 있다면 가속도는 발생하지 않는다. 가속도가 발생하지 않는다면 물체에 작용하는 알짜힘은 '0'이라는 의미이다. 따라서 [그림 5-11]에서 작용하는 힘을 공식으로 표현하면 아래와 같다.

$$F_N - mg = 0$$
$$F_N = mg$$

그러므로 수평면 위에서 움직이지 않는 물체에 작용하는 수직항력의 크기는 물체의 무게와 같고 방향은 무게의 방향과 반대이다.

인체나 물체는 항상 중력의 영향으로 인해 아래 방향으로 움직여야 한다. 그러나 지면에 접촉하고 있는 경우라면 수직항력의 작용 때문에 인체나 물체에 작용하는 알짜힘은 '0'이 되어 움직이지 않고 멈추어 있을 수 있다.

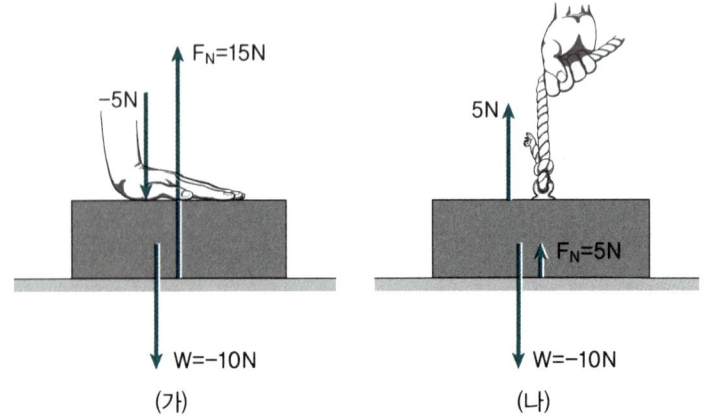

[그림 5-12. 수직항력의 증가와 감소]

[그림 5-12 (가)]에서 무게가 10N인 물체를 5N의 힘으로 누르면 수직항력은 15N이 된다. 그러나 [그림 5-12 (나)]의 경우 10N 무게인 물체를 5N의 힘으로 위로 잡아당기게 되면 수직항력은 5N이 된다. 이렇게 물체에 외력이 작용하면 그 물체의 수직항력은 변하게 된다. 수직항력의 변화는 [그림 5-13]과 같이 책상을 밀거나 잡아당길 때도 발생한다. 역학적 관점에서 볼 때, 책상을 미는 것보다 잡아당길 때 수직항력(F_N)은 감소한다. 책상을 밀 때는 미는 힘 F의 수직 성분인 F_y와 책상의 무게 mg가 합력으로 작용해 수직항력은 $mg + F_y$가 된다.

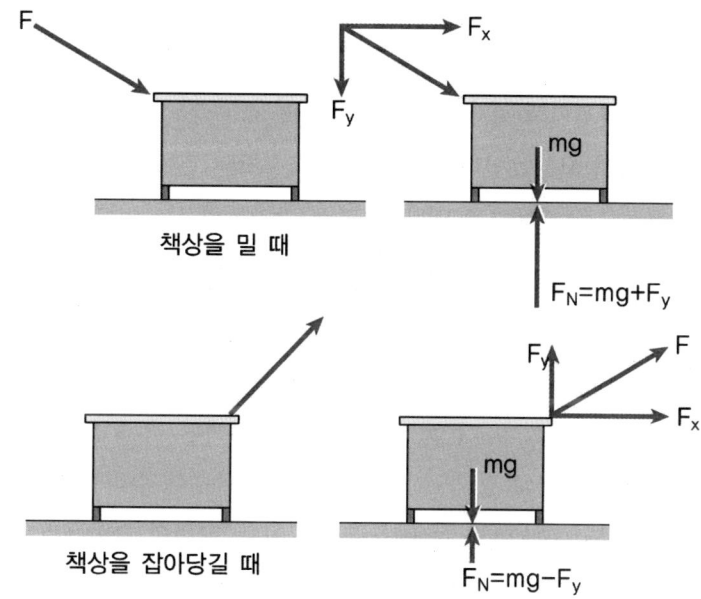

[그림 5-13. 밀 때와 당길 때의 수직항력의 변화]

반면 책상을 잡아당길 때는 잡아당기는 힘 F의 수직 성분인 F_y와 책상의 무게 mg는 작용하는 방향이 반대라서, 수직항력은 $mg - F_y$가 된다. 수직항력의 감소는 마찰력의 감소를 의미한다. 따라서 책상을 좀 더 쉽게 이동시키기 위해서는 미는 것보다 잡아당기는 것이 좋다.

수직항력은 접촉면의 수직으로 작용하지만, 항상 중력의 반대 방향으로 작용하는 것은 아니다.

> Talus Biomechanics

[그림 5-14. 경사진 면의 수직항력과 자유물체도]

[그림 5-14]는 경사진 면에서 스노우보드를 탈 때 발생하는 수직항력을 표현한 자유물체도이다. 슬로프의 경사도가 θ이기 때문에 수직항력은 중력의 반대 방향으로 작용하지 않고 접촉면의 수직으로 작용하고 있다. 따라서 수직항력은 다음과 같다.

$$F_N = mg\cos\theta$$

여기서 mg는 사람의 무게이며, θ는 수평면과 슬로프가 이루는 각도이다. 수직항력은 물체의 무게에 비례한다. 그러나 물체의 경사도가 증가하면, $\cos\theta$값이 감소하기 때문에 수직항력은 감소한다. 슬로프의 경사도가 증가하면 증가할수록 수직항력은 감소한다. 수직항력이 감소하면 마찰력도 감소하여 잘 미끄러지게 된다. 따라서 슬로프의 경사도가 높은 곳에서 스노우보드를 타면 더욱 빠른 속도로 하강하게 된다.

❺ 마찰력(frictional force, F_f)

마찰력이란 접촉하고 있는 두 물체 사이의 상대적인 움직임을 방해하는 힘을 말한다. 마찰력은 크게 표면마찰(surface friction)과 유체마찰(fluid friction)로 나누어진다. 표면마찰은 두 물체의 접촉면 사이에 발생하는 마찰이고, 유체마찰은 한 물체가 유체 속을 이동할 때 생기는 마찰을 의미한다.

표면마찰은 정지마찰과 운동마찰로 분류되는데, 운동마찰에는 미끄럼마찰과 구름마찰로 구분할 수 있다. 표면마찰력(F_f)은 마찰계수(μ)와 수직항력(N)의 곱($F_f = \mu F_N$)으로 나타낸다. 따라서 표면마찰력은 마찰계수와 수직항력의 변화에 의해 그 크기가 달라질 수 있다. 표면마찰력에 영향을 미치는 요인으로는 접촉하고 있는 물체의 표면 재질, 접촉면의 상태, 운동의 유형이나 상태, 물체의 질량 등을 들 수 있으며, 이 요인들에 의해 표면마찰력의 크기가 결정된다.

일반적으로 표면마찰력은 추진력의 반대 방향으로 작용하는 저항력으로 운동을 방해하거나 저지하는 힘이다. 그러나 표면마찰력이 항상 저항력으로 작용하지는 않고, 힘의 방향에 따라 추진력으로 작용할 수도 있다. 추진력으로 사용되는 표면마찰력의 예는 [그림 5-15]처럼 신발의 스파이크(spike)이다. 신발의 스파이크는 강력한 추진력을 얻기 위해 사용되는 장비이며, 표면마찰력을 극대화하여 추진력을 증가시키기 위해 사용한다.

[그림 5-15. 신발의 스파이크]

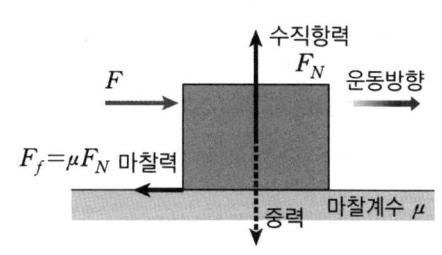
[그림 5-16. 마찰력]

ⓐ **정지마찰력**(static friction force, F_s) : [그림 5-16]과 같이 수평면 위에 놓인 물체에 수평 방향으로 힘이 작용할 때, 물체가 정지해 있다면, 물체에는 외력과 크기는 같고 방향은 반대인 마찰력이 작용한다. 이를 정지마찰력이라고 한다. 다시 말해, 물체에 외력이 가해졌는데 물체가 움직이지 않는 이유는 정지마찰력 때문이다. 그리고 물체가 움직이기 시작해서 움직이는 동안 두 물체 사이에서 발생하는 마찰력을 운동마찰력(kinetic friction force, F_k)이라 한다.

$$F_s = \mu_s F_N \text{ (정지마찰력 = 정지마찰계수} \times \text{수직항력)} \quad [\text{단위}: N]$$

정지마찰력의 크기는 외부에서 가하는 힘의 크기와 같다. 예를 들어 100N의 힘으로 물체를 밀 때, 물체가 움직이지 않았다면 정지마찰력은 -100N이 된다. 정지마찰력은 항상 외력의 반대 방향으로 작용하는 반작용력으로 발생한다.

정지해 있던 물체에 힘을 점점 증가시키며 밀어주면 어느 순간 물체는 움직이기 시작한다. 이렇게 정지해 있던 물체가 막 움직이기 시작하는 순간의 마찰력을 최대정지마찰력(maximum of static friction force)이라 한다.

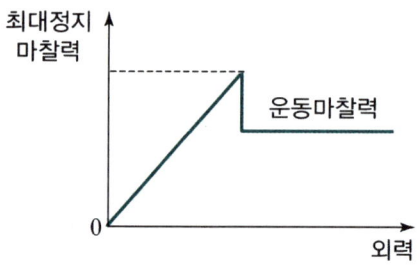

[그림 5-17. 최대정지마찰력과 운동마찰력]

예를 들면, 짐이 가득 실려 있는 수레를 정지된 상태에서 움직이게 하는 데에는 큰 힘이 필요하나 일단 움직이고 나면 쉽게 끌 수 있는 것은 최대정지마찰력이 운동마찰력보다 항상 크기 때문이다.

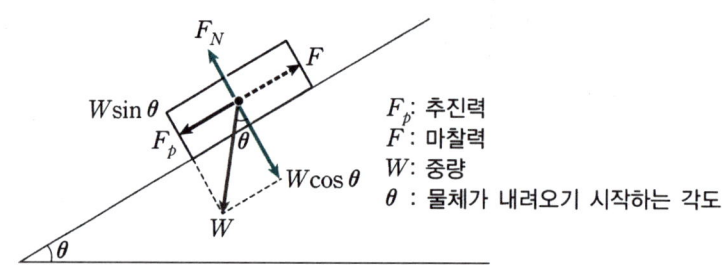

[그림 5-18. 경사면을 이용한 최대정지마찰계수 측정]

수평면 위에 물체를 올려놓은 후 수평면을 기울여 경사각을 점차 증가시켜 특정 경사각도(θ)에 이르게 되면, 물체가 경사면을 따라 미끄러지거나 굴러가게 된다. 이때 물체가 운동을 시작하게 되는 특정 경사각을 측정하여 그 물체와 경사면 간의 최대정지마찰계수를 유도해 낼 수 있다. 이때 그 물체에 작용한 힘은 물체의 무게(W), 수직항력(F_N), 마찰력의 세 가지 힘이 작용한다. 물체의 무게(W)는 수직항력($Wcos\theta$)과 추진력($Wsin\theta$)으로 분해할 수 있다. 따라서 정지마찰력은 $\mu mgcos\theta$이고 물체의 무게에 의한 수평 성분력은 $mgsin\theta$가 된다. 즉 정지마찰력과 물체의 무게에 의한 수평 성분력이 같을 때, 비로소 물체는 경사면을 따라 운동하기 시작한다.

$$mgsin\theta = \mu mgcos\theta$$
$$\therefore \mu = \frac{sin\theta}{cos\theta} = tan\theta$$

따라서 최대정지마찰계수는 $\tan\theta$가 된다. 마찰계수는 접촉면과 접촉체의 물질, 접촉 상태, 접촉 시의 상대적인 운동 및 유형 등에 영향을 받는다. 테니스화를 신고 잔디 코트에서 경기할 때와 하드 코트나 클레이 코트에서 경기할 때, 신발 밑창에서 미끄러지는 느낌이 서로 다르다는 것을 알 수 있다. 이런 현상은 테니스 코트의 재질과 물질이 서로 달라서 발생한다.

마찰계수는 일반적으로 0~1까지의 수치를 가진다. 0은 마찰력이 전혀 없는 상태를 나타내며, 1이 넘는 경우라면 마찰력 이외의 접착력이 존재한다는 것을 의미한다. 마찰계수가 작을수록 마찰력은 줄어든다. 마찰계수도 정지한 상태에서 발생하는 정지마찰계수와 운동을 시작하는 상태에서 발생하는 운동마찰계수로 나누어진다.

ⓑ **운동마찰력(kinetic frictional force)** : 물체가 움직이는 동안 접촉면에서 발생하는 마찰력을 운동마찰력이라고 하며, 미끄럼마찰력이라고도 한다. 운동마찰력은 외력에 상관없이 항상 일정한 값을 갖는다. 운동마찰력의 크기는 접촉면의 넓이와 상대속도에는 거의 무관하며 접촉면에 수직으로 작용하는 수직항력과 운동마찰계수에 의해서만 달라진다.

$$F_k = \mu_k F_N (운동마찰력 = 운동마찰계수 \times 수직항력) \quad [단위 : N]$$

> **마찰력의 특성**
> ① 두 물체가 서로에 대해 미끄러질 때, 정지마찰은 운동 초기에 저항하고 미끄럼마찰(운동마찰)은 운동이 일어났을 때 미끄럼운동에 저항한다. 정지마찰력은 미끄럼마찰력(운동마찰력)보다 항상 크다($\mu_s > \mu_k$).
> ② 정지마찰과 미끄럼마찰(운동마찰)은 접촉하는 표면을 서로 누르는 힘, 두 접촉면 간의 접촉면의 상태, 접촉하는 물체의 형태와 재질, 그리고 두 표면 사이의 상대적 운동에 영향을 받는다.
> ③ 구름마찰은 물체가 접촉면을 구를 때 발생한다. 구름마찰은 미끄럼마찰보다 훨씬 작다. 구름마찰은 접촉하는 두 면을 함께 누르는 힘(수직항력), 접촉 물질의 재질과 형태, 그리고 구르는 물체의 지름 등에 영향을 받는다.

ⓒ **구름마찰력(rolling friction force)** : 구름마찰은 한 물체가 다른 물체의 표면 위를 구를 때 어느 한쪽 또는 양쪽 물체의 형태가 접촉면에서 변형됨으로써 생기는 마찰이며, 이때 발생한 마찰력을 구름마찰력이라 한다. 이런 구름마찰의 예로는 볼링, 당구, 인라인 스케이트, 자전거, 각종 구기 등이 있다. 일반적으로 구름마찰력은 운동마찰력보다 작으므로 수레나 자동차 같은 운동수단에는 바퀴(wheel)가 장착되어 있다. 구름마찰력도 운동마찰력과 같이 두 접촉면 사이에 작용하는 수직항력에 비례한다. 따라서 구름마찰계수 μ_r일 때 구름마찰력 F_{fr}은 다음과 같다.

$$F_{fr} \propto F_N$$
$$F_{fr} = \mu_r F_N$$

구름마찰력은 물체가 구르고 있는 동안 물체에 변형이 발생하면 구름마찰력이 커진다. [그림 5-19]에서 구름마찰력은 (가)가 가장 작으며, (다)가 가장 크다. (나)의 경우는 접촉면의 변형으로 구름마찰력이 커진 경우이다.

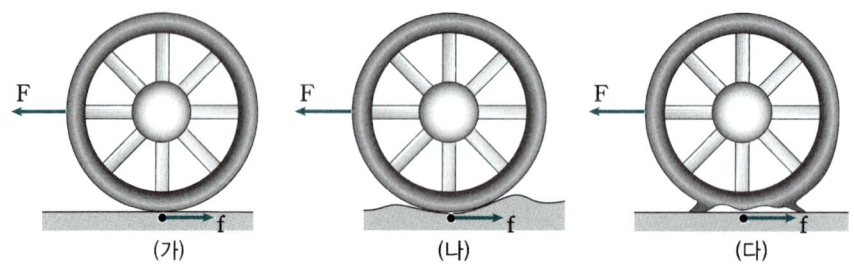

[그림 5-19. 구름마찰력의 변화]

❻ 부력(buoyancy)

물과 같은 유체에 잠겨 있는 물체에 중력의 반대 방향으로 작용하는 힘을 부력이라 한다. 부력의 크기는 '아르키메데스의 원리'에 의해 알 수 있다. 이 원리는 주어진 물체에 작용하는 부력의 크기는 물체에 의해서 환산된 유체의 중량(무게)과 같다는 것이다. 즉 부력은 물에 잠긴 부피에 해당하는 물의 무게와 같다.

$$F_B = V\rho g \quad [\text{단위}: N]$$
(F_B : 부력, V : 물체가 잠긴 부피, ρ : 액체의 밀도, g : 중력가속도)

물에 잠긴 물체는 물체의 무게와 상관없이 물체가 받는 부력의 크기는 같다. 따라서 물체의 무게가 부력보다 작으면 위로 떠오르고, 물체의 무게와 부력이 같다면 멈추어 있으며, 물체의 무게가 부력보다 크다면 가라앉게 된다.

인체가 수중에 잠겨 있을 때 인체에 가해지는 외력은 중력과 부력만 존재한다. 따라서 중력과 부력의 크기에 따라 인체가 떠오를 수도 있고, 가라앉을 수도 있으며, 수중에서 멈추어 있을 수도 있다. 즉 인체의 무게(중력)가 부력보다 작으면 물 위로 떠오르고, 인체의 무게와 부력이 같으면 움직이지 않고 멈추어 있게 된다. 인체의 무게가 부력보다 크면 수면 아래로 가라앉게 된다.

- 물체의 무게(중력) < 부력 : 떠오름
- 물체의 무게(중력) = 부력 : 움직이지 않음
- 물체의 무게(중력) > 부력 : 가라앉음

이처럼 물속에서 인체가 수면 위로 떠오르기 위해서는 부력이 중력보다 커야 한다. 일반적으로 비중이 1보다 작은 경우에는 뜨고 1보다 큰 경우에는 가라앉는다. 여기서 비중이란 물질의 고유 특성으로서 기준이 되는 물질의 밀도에 대한 상대적인 비를 나타낸다. 물의 경우 1기압 하에서 4℃ 물을 기준으로 한다.

$$비중 = \frac{물체의\ 무게}{동일부피의\ 물의\ 무게(4℃)}$$

인체를 구성하고 있는 각 기관의 비중은 체지방을 제외하면 대부분 물보다 큰 비중을 가지고 있다. 따라서 체지방의 비율에 따라 부력의 영향이 달라진다. 즉 체지방이 많은 사람이 체지방이 적은 사람보다 상대적으로 큰 부력을 받기 때문에 물에 잘 뜰 수 있다. 또한, 체중의 변화 없이 신체의 용적을 크게 하면 부력을 증가시킬 수 있다. 사람이 물에 빠졌을 경우 폐에 충분한 공기를 들이마시면, 체용적이 증가되어 부력이 증가된다. 이런 이유로 수영선수들의 체지방 비율과 폐활량은 경기력에 큰 영향을 주는 요인이 된다.

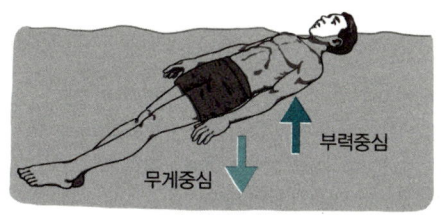

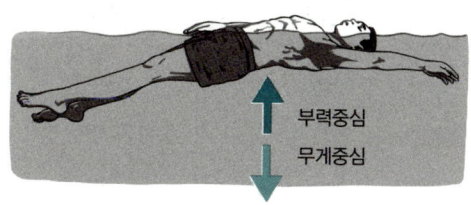

[그림 5-20. 부력과 무게중심]

인체에 작용하는 부력은 자세에 따라 달라진다. [그림 5-20]과 같이 부력중심점과 무게중심점이 일치하면 회전력이 발생하지 않아 신체가 회전하지 않고 떠 있을 수 있다. 그러나 부력중심과 무게중심의 방향이 일치하지 않게 되면, 회전력이 발생하여 인체가 가라앉게 된다.

❼ 항력(drag force)

항력은 유체 속을 움직이는 물체에 대하여 추진 방향의 반대 방향으로 작용하는 힘이다. 항력이 생기는 원인은 주위의 유체의 종류, 운동하는 물체의 형태, 크기, 속도 등에 따라 다르다.

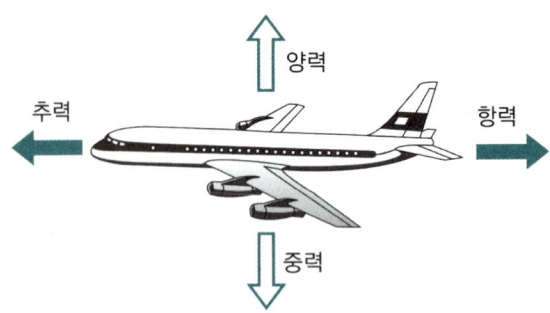

[그림 5-21. 유체 속을 움직이는 물체에 작용하는 힘]

항력은 아래의 식으로 정의할 수 있다.

$$F_D = \frac{1}{2} C_D \rho A V^2$$

F_D : 항력, C_D : 항력계수, ρ : 유체밀도, A : 단면적, V : 상대속도

여기서 C_D는 물체 형태나 표면의 상태에 의해서 결정되는 상수로 보통 이것을 항력계수(drag coefficient)라 하며, 다른 계수처럼 단위는 없다.

형태	공기저항계수	형태	공기저항계수
구체	0.47	원통형	0.62
반구체	0.42	짧은 원통형	1.15
원뿔	0.50	물방울 형상	0.04
정육면체	1.06	반쪽 물방울 현상	0.09
45도 회전시킨 정육면체	0.80		

[그림 5-22. 주요 형태들의 항력계수]

ⓐ 표면 항력(surface drag) : 표면 항력은 물체와 유체 사이에 발생하는 마찰력에 의한 것으로 마찰 항력이라고도 한다. 표면 항력의 크기는 유체의 점도 또는 점착성, 유체와 접촉하는 표면의 면적, 접촉 표면의 거침 정도, 물체와 유체와의 상대속도에 의해 결정된다. 물체의 표면이 거칠수록 표면 항력은 커지는데, 이는 거친 표면이 더욱 큰 마찰력을 유발하기 때문이다. 따라서 여러 스포츠 종목에서 속도를 빠르게 하거나 시간을 단축하기 위해서는 표면 항력이 감소되어야 한다. 선수들은 표면 항력을 줄이기 위해 스포츠 장비, 기구, 운동복 등을 이용한다.

[그림 5-23. 표면 항력을 줄이기 위해 사용되는 스포츠 장비와 의류]

ⓑ 형태 항력(form drag) : 유체 속을 움직이는 물체는 유체와 부딪치게 되고 그 유체가 다시 물체의 표면을 따라가면서 유체 흐름 방향이 바뀌게 된다. 그 결과 물체 앞면에서 발생하는 압력은 뒷면의 압력보다 커진다. 이런 압력의 차이로 인해 물체를 뒤로 당기는 효과가 발생하는데 이를 형태 항력이라 한다. 형태 항력은 모양 항력(shape drag), 단면 항력(profile drag), 압력 항력(pressure drag)으로 불리기도 한다.

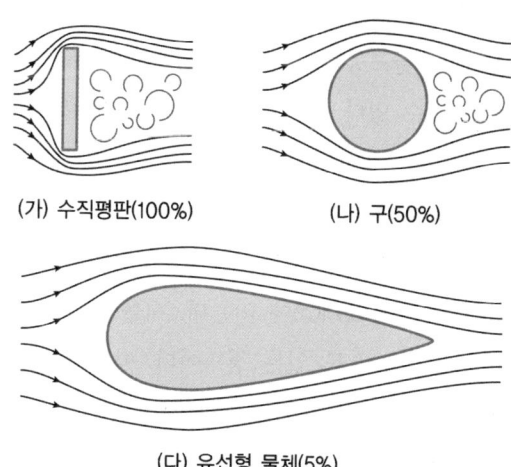

[그림 5-24. 같은 전방면적(frontal area)을 갖는 물체의 형태 항력 비교]

유체의 흐름에는 층류(laminar flow)와 난류(turbulent flow)가 있다. [그림 5-24]는 같은 전방면적에 대한 각 물체의 형태 항력을 보여준다. (가)와 (나)는 물체가 유체 속을 이동할 때 발생하는 난류를 보여주고 있으며, (다)는 유선형 물체가 유체 속을 통과할 때 발생하는 층류를 보여준다. 동일 단면적을 가진 물체라도 물체의 형태에 따라 층류와 난류가 형성된다. 다시 말해, 형태 항력은 용어대로 생긴 모양에 따라 달라지는 항력이다. 따라서 형태 항력을 줄이고자 한다면 물체는 유선형으로 만들어져야 한다. 유선형은 유체가 물체를 따라 오랫동안 흐르도록 하여 경계층 분리를 지연시킴으로써 물체 후미의 난류나 항적 지역을 감소시킨다.

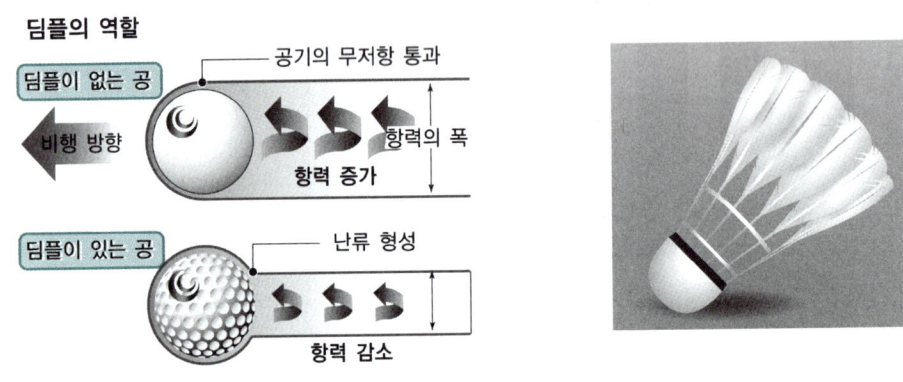

[그림 5-25. 골프공의 딤플과 셔틀콕]

형태 항력은 물체 표면의 질감에 의해서도 영향을 받는다. 일반적으로 물체의 표면이 거칠다면 매끄러운 표면보다 더 큰 난류를 발생시켜 형태 항력이 증가한다. 그러나 거친 표면이 매끄러운 표면보다 형태 항력을 줄여주는 예도 있다.

[그림 5-25]에서 보듯이 골프공의 딤플(dimple)은 거친 표면을 형성하여 표면 항력은 다소 증가할 수 있으나, 골프공의 후면에 발생하는 난류 지역을 감소시켜 결과적으로 형태 항력을 크게 줄일 수 있다. 딤플이 있는 공이 딤플이 없는 공보다 약 50% 정도 항력이 감소된다. 따라서 골프공의 딤플은 공의 비거리를 높이는 효과가 있다. 이 외에도 테니스공 표면의 잔털, 야구공의 실밥 등도 이런 효과를 나타낼 수 있다. 반대로 배드민턴용 공인 셔틀콕은 형태 항력을 증가시킨다. 배드민턴 경기에서 셔틀콕을 강하게 쳤을 때의 순간 최고 속도는 시속 320km에 이른다. 셔틀콕이 너무 빠른 속도로 진행하기 때문에 선수들이 상처를 입을 수도 있는 정도이다. 따라서 셔틀콕은 형태 항력을 증가시키는 모양으로 만들어져 이동 속도를 감소시키게 된다.

ⓒ **파동 항력(wave drag)** : 파동 항력은 유체 표면(공기와 물이 만나는 면)에서 이동할 때 파동에 의한 항력이다. 수영 선수가 물 표면에서 수영할 때는 물결의 크기가 증가하여 파도가 일면서 난류가 형성된다. 이로 인해 선수가 전진해 나가는 전방에 높은 압력이 형성되어 선수의 전진을 방해한다. 표면 항력과 형태 항력은 속도의 제곱에 비례하지만, 파동 항력은 속도의 세제곱에 비례한다. 따라서 수영 선수는 파동 항력을 줄이기 위해 가능한 오랫동안 잠영하며, 물 위로 스치듯이 활주(hydroplaning)한다. 수영장의 레인 로프는 수영장에서 발생하는 파동 항력을 줄이기 위해 만들어졌다.

[그림 5-26. 레인로프]

❽ **양력(lift force)**

유체 속의 물체가 이동할 때 수직으로 받는 힘을 양력이라 한다. 양력은 주변 유체의 압력 차이 때문에 발생하는 것으로 운동 방향에 수직으로 작용한다. 이런 양력이 발생하기 때문에 유체 속에서 움직이는 물체의 진행 방향은 바뀌게 된다. 일반적으로 양력의 방향은 위쪽을 의미하지만, 실제로 유체 흐름의 방향에 따라 위, 아래, 옆 어느 방향으로도 발생할 수 있다.

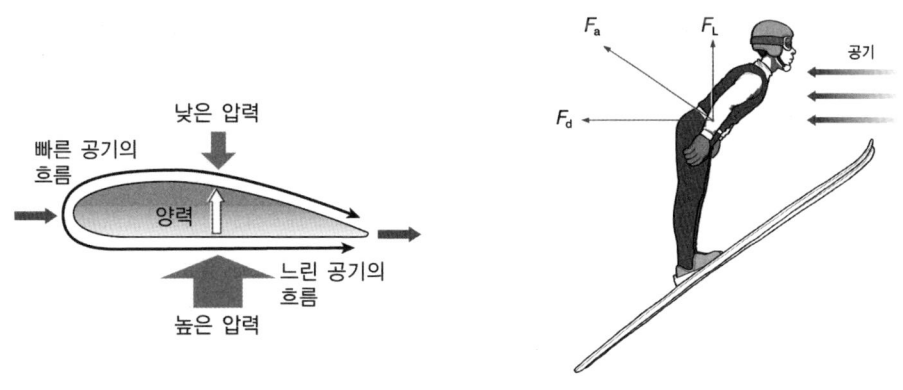

F_a : 합성력 F_L : 양력 F_d : 항력

[그림 5-27. 양력 발생 원리와 양력의 방향]

$$F_L = \frac{1}{2} C_L \rho A V^2$$

F_L: 양력, C_L: 양력계수, ρ: 유체밀도, A: 단면적, V: 상대속도

ⓐ **양력 발생을 위한 3가지 상황**: 모든 물체가 유체 속에서 양력을 받는 것은 아니며, 양력 발생을 위해서는 다음과 같은 세 가지의 상황이 필요하다.

- 유체의 흐름에 각을 세운 물체
- 비행기의 날개처럼 위아래가 비대칭적인 물체
- 유체 속에서 회전하는 물체

[그림 5-28]은 흐르는 물속에 손을 넣은 경우를 보여준다. 손의 단면적이 크면 항력이 크게 느껴질 것이고, 단면적을 작게 하면 항력이 줄어들 것이다. 그리고 손을 살짝 돌려 각도를 형성해 주면 손에 양력이 느껴질 것이다. 유속이 빠르면 빠를수록 항력과 양력이 모두 증가하는 것을 알 수 있다.

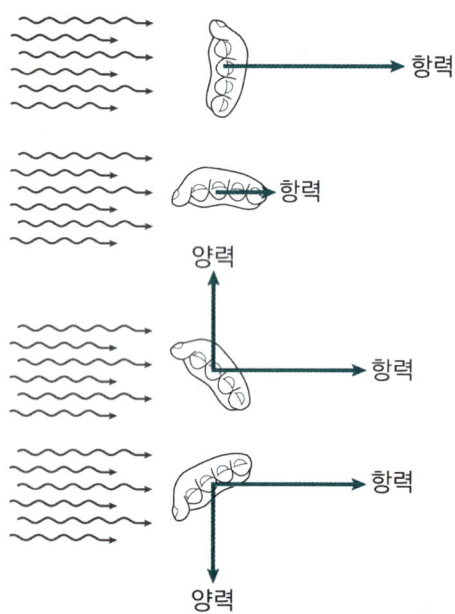

[그림 5-28. 흐르는 물속에서 손이 받는 힘]

ⓑ 양력에 영향을 주는 요인 : 물체와 유체의 상대적 운동, 유체의 흐름에 대한 물체의 각도 (공격각), 표면적의 크기, 유체의 밀도, 물체의 회전

- 공격각(angle of attack) : 물체의 주축과 유체의 흐름 방향 사이에서 형성되는 각을 말한다. 앙각, 받힘각이라고도 한다.

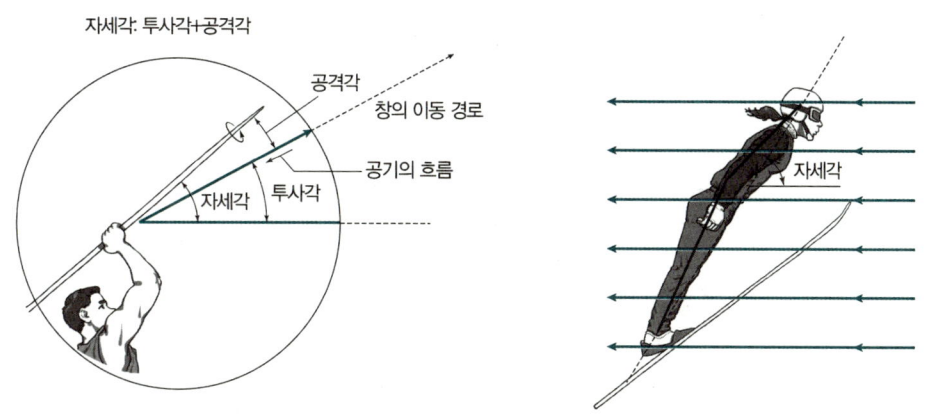

[그림 5-29. 자세각, 투사각, 공격각]

- 베르누이 원리(Bernoulli's principle) : 밀도가 일정할 때, 유체의 속도가 증가하면 압력이 낮아지고, 유체의 속도가 감소하면 압력이 높아진다.

$$P + \frac{1}{2}\rho \cdot V^2 = 일정 \quad V(유속), \rho(유체밀도), P(유압)$$

- 마그누스 효과(Magnus effect) : 물체가 회전하면서 유체(기체 또는 액체) 속을 지나갈 때 압력이 높은 쪽에서 낮은 쪽으로 휘어지며 나가는 현상을 말한다. 1852년 독일의 물리학자 하인리히 마그누스는 회전하면서 날아가는 포탄이나 총알이 한쪽으로 휘는 이유가 공기의 압력 차이라고 밝혔다. 한편, 축구 경기에서 스핀킥을 찼을 때 공이 휘어지는 것, 야구 경기에서의 스크루 볼은 이 마그누스 효과 때문이다. 오른발잡이가 발의 안쪽으로 스핀킥을 찼을 때 오른쪽은 공기의 압력이 커지고 왼쪽은 작아지므로 압력이 높은 쪽에서 낮은 쪽으로 공이 휘는 것이다. 야구 경기에서 스크루 볼 등 회전하면서 날아가는 물체에 모두 적용할 수 있다.

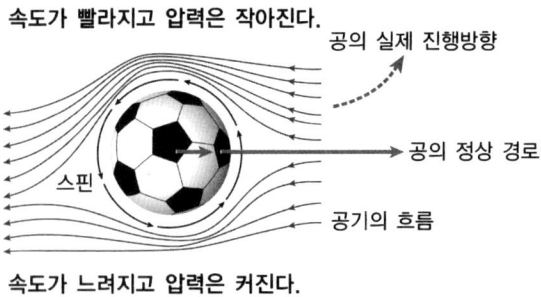

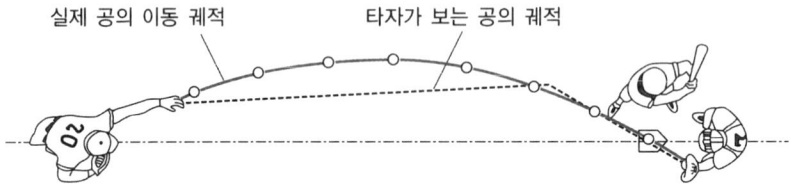

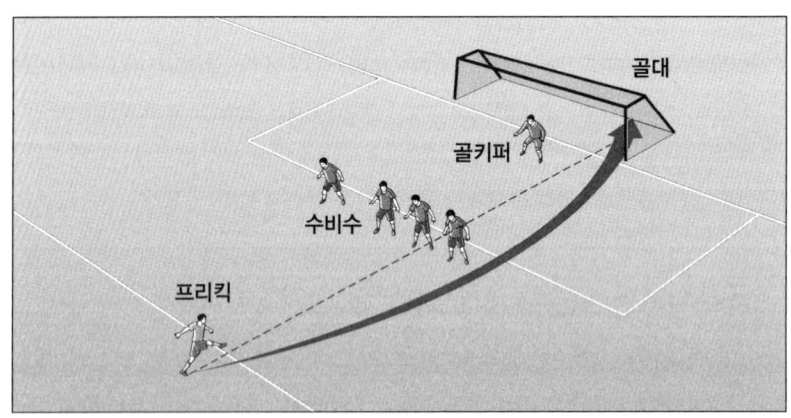

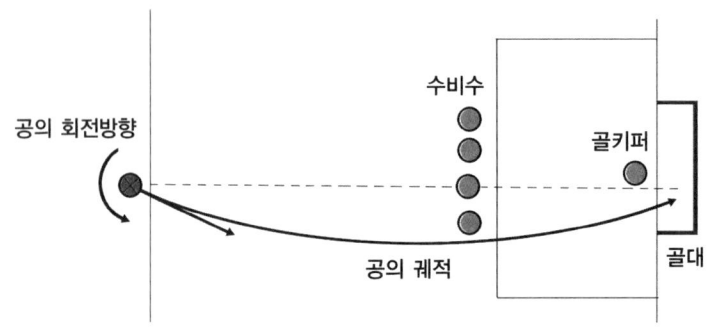

[그림 5-30. 스포츠 경기에서 발생하는 마그누스 효과]

(4) 뉴턴의 운동 법칙

❶ 제1운동 법칙(관성의 법칙, law of inertia)

모든 물체는 외부로부터의 힘이 가해지지 않는 한 현재의 정지 또는 운동 상태를 계속 유지한다. 따라서 정지해 있는 물체를 움직이게 하거나, 운동하고 있는 물체를 정지 또는 운동 방향이나 운동속도를 변화시키기 위해서는 외부로부터 그 물체에 힘이 가해져야 한다. 관성(inertia)이란 물체가 운동을 하는 상태에서나 정지한 상태에서 원래의 상태를 유지하려는 속성이다. 모든 물체는 관성을 지니고 있으며, 관성의 크기는 질량에 비례한다. 가벼운 물체를 움직이는 데 필요한 힘보다 무거운 물체를 움직이는 데 필요한 힘이 더욱 큰 이유는 관성 때문이다.

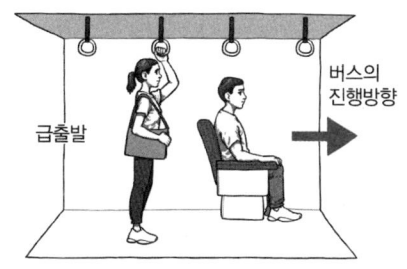 

버스가 급출발하면 몸이 뒤로 쏠린다.

[그림 5-31. 정적 관성 예]

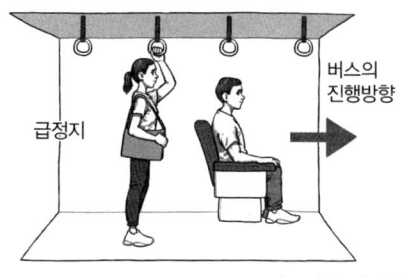 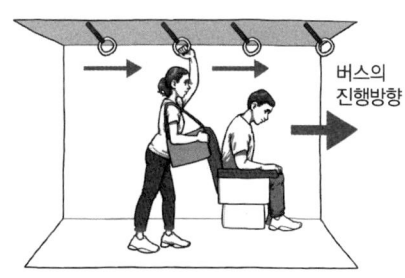

버스가 급정지하면 몸이 앞으로 쏠린다.

[그림 5-32. 동적 관성 예]

관성에는 [그림 5-31]과 같이 정적 관성과 [그림 5-32]와 같이 동적 관성이 있다. 정적 관성은 물체가 정지 상태일 때 외력에 대해 원래의 정적 상태를 유지하려는 성질이며, 질량이 크면 관성도 크다. 반면 동적 관성은 물체가 운동 상태일 때 외력에 저항해 원래의 동적 상태를 유지하려는 성질이며, 운동량의 크기가 클수록 동적 관성도 크다.

구분	정적 관성(static inertia)	동적 관성(dynamic inertia)
물체 상태	정지 상태	선운동 상태
관성의 크기	질량	운동량

여러 가지 스포츠 경기에서도 관성의 법칙은 활용되고 있다. 골프, 야구, 테니스 등의 경기에서 팔로우 스루는 임팩트 후 도구들의 관성으로 인해 스윙이 계속 이루어지는 것이다. 태권도, 권투, 유도, 레슬링 등의 스포츠 경기에서는 체중이 무거울수록 관성이 커지기 때문에, 체급을 나누지 않으면 체중이 많이 나가는 선수에게 이득이 발생한다. 따라서 이런 종목들은 체급별로 그룹을 나누어서 경기를 진행한다.

❷ 제2운동 법칙(가속도의 법칙, law of acceleration)

관성의 법칙은 외력이 작용하지 않는 상태, 즉 알짜힘이 '0'인 경우 물체의 상태를 나타낸 법칙이다. 뉴턴의 제2운동 법칙은 알짜힘이 '0'이 아닌 경우 물체의 움직임이 어떻게 나타나는지를 설명하는 공식이다.

물체에 외력이 작용하지 않으면 현재의 운동 상태를 유지하지만, 외력이 작용하면 그 물체는 운동의 변화가 생기는데 이를 가속도라 한다. 이때 발생한 가속도는 힘에 비례하고 물체의 질량에 반비례한다. 이것이 뉴턴의 제2운동 법칙인 가속도의 법칙이다. 힘의 단위는 운동의 법칙을 찾아낸 뉴턴의 이니셜을 표현하여 N(newton, 뉴턴)을 사용한다.

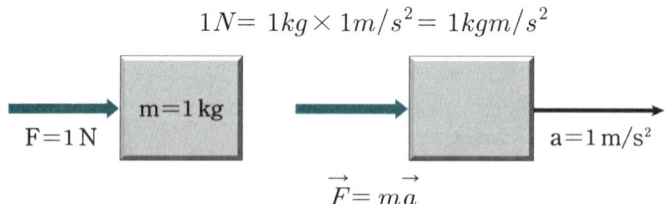

[그림 5-33. 1N의 힘은 질량 1kg인 물체에 $1m/s^2$의 가속도를 유발한다.]

$\vec{F} = m\vec{a}$ 공식에서 힘의 방향과 가속도의 방향은 일치한다는 것을 알 수 있다. 즉 힘이 작용한 방향으로 가속도가 발생한다. 가속도는 작용하는 힘에 비례하기 때문에 물체에 작용하는 힘이 세지면 가속도도 커진다.

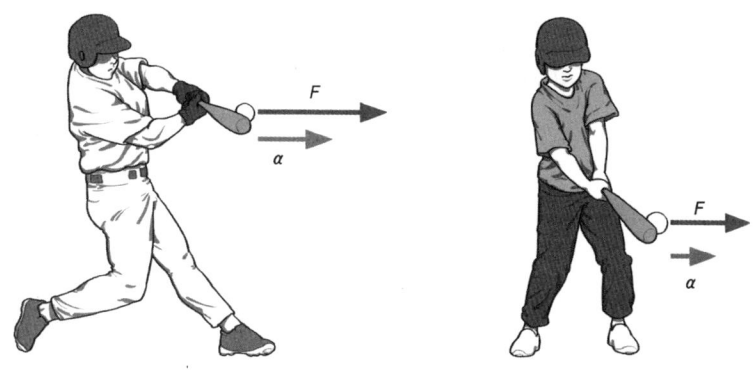

[그림 5-34. 힘과 가속도의 관계]

[그림 5-34]와 같이 야구공의 가속도를 크게 하려면 보다 강한 힘으로 스윙해야 한다. 야구공의 가속도가 커지면 속도의 변화가 크기 때문에 야구공의 비거리가 늘어나게 된다. 따라서 야구 선수들은 배트를 사용하여 야구공에 큰 힘을 전달하도록 노력해야 한다.

제2운동 법칙을 정리해서 요약하면 아래와 같다.

ⓐ 물체에 힘을 가하면 가속도가 발생한다.
ⓑ 힘의 방향으로 가속도가 발생한다.
ⓒ 가속도는 힘에 비례하고 질량에 반비례한다.

❸ 제3운동 법칙(작용·반작용의 법칙, law of action and reaction)

작용·반작용의 법칙은 상호작용하는 물체들 사이에 작용력과 반작용력이 동일 선상에서 발생한다는 것이다. 작용력과 반작용력은 크기가 같고 방향은 서로 반대이다.

반작용력은 물체 간의 상호작용으로, 한 물체가 다른 물체에 힘을 가하게 되면 그에 상응하는 반작용력이 힘을 가한 물체에 동시에 가해진다. 반작용력은 작용력에 대해 항상 크기가 같고 방향이 반대이다. [그림 5-35]와 같이 남자 선수가 여자 선수에게 힘($\vec{F}$)을 가하면 반드시 여자 선수도 남자 선수에게 크기는 같고 방향이 반대인 힘($-\vec{F}$)을 가한다.

[그림 5-35. 작용·반작용 법칙의 예]

제3운동 법칙은 모든 작용에 대해 크기가 같고 방향이 반대인 반작용이 존재한다는 것이다. 일상생활과 스포츠 상황에서는 작용·반작용 법칙이 무수히 많이 적용되고 있다.

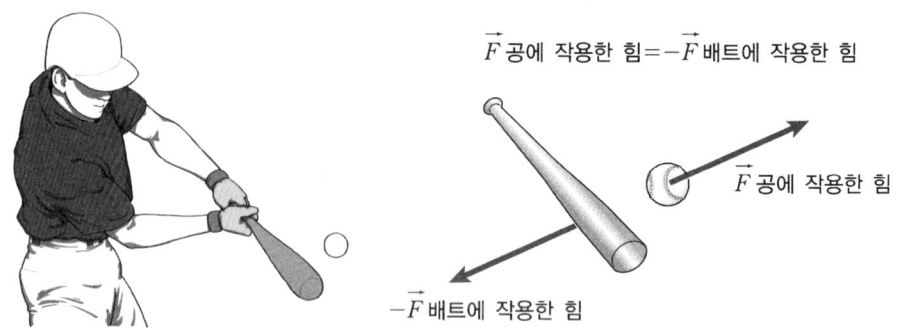

[그림 5-36. 작용·반작용 법칙의 예(야구)]

[그림 5-36]은 야구의 배팅 순간을 보여주고 있다. 야구배트가 야구공을 치는 작용에 대하여 야구공이 야구배트를 미는 반작용이 생긴다. 작용력과 반작용력은 크기는 같지만 제2운동 법칙(가속도의 법칙)에 따라 가속도는 달라진다. 즉, 야구공은 야구배트와 야구배트를 쥐고 있는 사람에 비해 질량이 매우 작으므로 가속도가 크게 붙어 멀리 날아간다. 반면 야구공이 사람과 배트에 가한 힘은 사람과 배트의 질량이 야구공의 질량보다 훨씬 커서 가속도를 유발하기는 어렵다.

[그림 5-37. 작용·반작용 법칙의 예(걷기와 달리기)]

[그림 5-37]과 같이 뉴턴의 제3운동 법칙을 이용하여 사람이 걷거나 뛰는 과정을 설명해 보자. 작용과 반작용의 힘은 크기가 같고 방향이 반대이다. 사람이 걷거나 뛸 때 다리는 지구를 밀고 이 반작용으로 지구도 다리를 되밀어 준다. 즉, 사람과 지구의 양쪽에 크기가 같고 방향이 반대인 힘이 각각 작용하는 것이다. 이때 지구는 질량이 매우 크기 때문에 가속되지 않지만, 사람은 질량이 작아 쉽게 가속된다. 따라서 사람은 지구의 반작용력에 의해 걷거나 뛸 수 있는 것이다.

(5) 운동량과 충격량

❶ 운동량(momentum, p)

운동량은 선운동을 하는 물체가 가지고 있는 물리량으로서 그 물체의 질량과 속도와의 곱으로 나타낸다. 질량 m인 물체가 속도 $\vec{v}$로 운동하고 있다면, 이 물체의 운동량 $\vec{p}$는 다음과 같이 산출된다.

$$\vec{p}(운동량) = m(질량) \times \vec{v}(속도) \quad [단위: kgm/s]$$

운동량은 스칼라와 벡터의 곱으로 산출되기 때문에 벡터이고, 운동량의 방향은 속도의 방향과 같다. 운동량의 단위는 kgm/s이다. 물체가 가지고 있는 운동량은 충돌하지 않는다면 큰 의미가 없다. 따라서 충돌 전후 물체가 갖게 되는 운동량과 충격량의 변화가 중요하다. 특히 물체의 운동량이 크면 클수록 충돌하는 다른 물체에 더 큰 효과를 줄 수 있다. 운동량과 충격량의 관계는 뉴턴의 제2법칙(가속도의 법칙)으로부터 유도한다.

$F = ma$, $a = \dfrac{v_f - v_0}{t}$ 이므로 a를 $F = ma$ 공식에 대입하면

$F = \dfrac{m(v_f - v_0)}{t} = \dfrac{mv_f - mv_0}{t}$ 이 되고, 양변에 t를 곱하면

$Ft = mv_f - mv_0 = \Delta mv$ (충격량 = 운동량의 변화)

위 공식을 통해 알 수 있듯이 운동량의 변화는 충격량을 의미한다. 이러한 원리는 스포츠 현장 및 일상생활에서 아주 다양하게 적용된다. 예를 들어, 빠른 직구에 맞은 타자는 느린 변화구에 맞은 타자보다 부상당할 위험이 크다. 빠른 공이 느린 공보다 더 큰 운동량을 가지고 있으므로 타자에게 전달되는 충격량도 커지게 된다. 또한, 같은 속도로 움직이는 승용차와 화물차의 경우, 화물차의

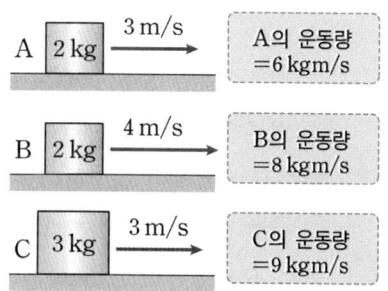

[그림 5-38. 운동량의 차이]

질량이 승용차보다 훨씬 크기 때문에 화물차의 운동량이 승용차의 운동량보다 크다. 따라서 화물차와 승용차가 충돌한다면, 승용차는 더욱 큰 충격량을 받아 차량 손상도 커질 것이다. 이처럼 운동량은 질량과 속도의 변화에 따라 달라질 수 있는데, [그림 5-38]은 질량과 속도에 따른 운동량의 차이를 보여준다.

❷ 충격량(impulse, $\vec{I}$)

물체가 받은 충격의 정도를 나타내는 물리량으로 충격력 $\vec{F}$와 작용시간 t의 곱으로 산출되며, 충격량 또한 벡터와 스칼라의 곱이므로 벡터이다. 따라서 충격량은 크기와 방향을 가지며, 충격량의 방향은 충격력($\vec{F}$)의 방향과 같다. 충격량의 단위는 Ns를 사용하며, Ns는 kgm/s와 같은 표현이기 때문에 충격량과 운동량의 단위는 같다. 그런데 일반적으로 충격량을 의미할 때는 단위 Ns로 표현하고, 운동량을 의미하고자 할 때는 단위를 kgm/s로 나타낸다.

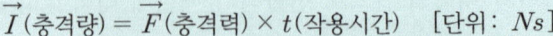

$$\vec{I}(충격량) = \vec{F}(충격력) \times t(작용시간) \quad [단위: Ns]$$

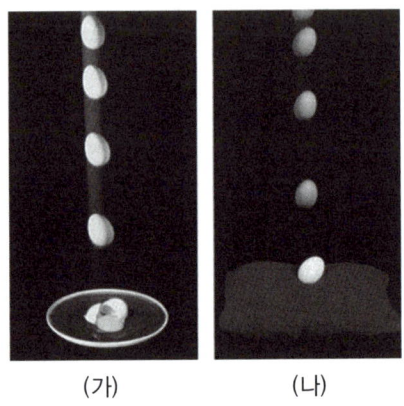

(가)　　　(나)

[그림 5-39. 같은 충격량이라도 작용시간이 길어지면 작은 힘을 받는다.]

[그림 5-39]는 질량이 같은 달걀을 같은 높이에서 낙하시켰을 때의 변화를 보여준다. 낙하 후 기준면에 충돌할 때 같은 높이, 같은 질량의 달걀 (가)와 (나)에 작용하는 충격량은 같다. 따라서 충격량이 일정하다면 달걀이 받는 충격력은 작용시간에 따라 커질 수도 있고 작아질 수도 있다. (가)는 접시에 떨어져서 작용시간이 짧으므로 달걀이 깨졌고, (나)는 작용시간이 늘어났기 때문에 달걀이 깨지지 않았다.

물체의 충격량은 충격력이 클수록, 작용시간이 길수록 커진다. 또한, 충격량은 운동량의 변화를 의미하기 때문에 운동량의 변화가 크면 충격량도 커지며, 질량이 같은 물체에서는 속도의 변화가 커지면 충격량이 커진다.

축구, 미식축구, 레슬링, 복싱 등에서는 선수와 선수 간, 야구에서는 배트와 공(도구와 도구) 간, 배구에서는 공과 선수(도구와 신체) 간에 각각 충돌한다. 이런 스포츠에서 상대 선수에게 큰 충격을 줄 때는 충격력을 크게 하는 것이 유리하고, 충격을 받아야 할 때는 받는 충격력을 줄이는 것이 유리하다. 이와 같은 원리는 스포츠 현장에서 유용하게 활용된다.

[그림 5-40. 창던지기는 작용시간을 길게 하여 충격량을 증가시킨다.]

창던지기에서는 창을 던지기 전 선수가 최대한 팔을 뒤로 뻗어 창에 가해지는 힘의 작용시간을 늘린다. 이런 동작을 통해 더욱더 많은 힘이 더욱 긴 시간 동안 창에 작용하게 되고, 이로 인해 창에 가해지는 충격량은 커진다. 충격량이 커지면 운동량의 변화도 커지기 때문에, 창이 투사될 때 더욱 빠른 속도로 날아가게 된다.

[그림 5-41. 영희와 현수의 던지기 동작 비교]

영희와 현수의 던지기 동작을 비교해 보면, 영희보다 현수의 자세가 멀리 던지기에 적합한 동작임을 알 수 있다. 현수는 공의 충격량을 증가시키기 위해 팔을 최대한 뒤로 뻗어주고 있다. 그리고 현수는 (가)부터 (다) 구간까지 5개의 동작이 나타났는데, 영희는 (가)부터 (다)까지 4개의 동작이 나타났다. 공을 던지기 전까지 현수가 영희보다 더 오랜 시간 공에 힘을 가했다는 것을 알 수 있다. 결과적으로 현수가 영희보다 공에 더 큰 충격량을 가했고, 충격량의 증가는 운동량의 변화로 이어져, 공의 투사속도 증가로 이어진다. 따라서 현수가 영희보다 공을 더 멀리 던질 수 있다. 또한, 투사체운동에서 투사높이가 착지높이보다 높을 경우, 45°보다 낮게 던져야 최대 수평 변위에 도달할 수 있다. 그리므로 현수가 영희보다 훨씬 더 멀리 던질 수 있다.

[그림 5-42]는 충격력을 감소시키는 방법을 보여주고 있다. 충격량은 힘과 작용시간의 곱으로 나타나는데, 충격량이 일정하다면 작용시간을 늘려서 충격력을 감소시킬 수 있다.

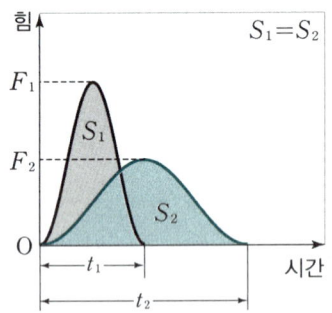

[그림 5-42. 충격력을 감소시키는 방법의 예]

제자리멀리뛰기 착지 시 무릎을 굽히면, 신체가 받는 충격력을 줄일 수 있다. 야구공을 손으로 받을 때 손을 뒤로 빼면서 받으면 야구공이 손에 작용하는 시간이 길어지므로 손이 받는 충격력은 줄어든다. 따라서 같은 충격량이라도 작용시간을 조절하면 충격력이 달라진다.

[그림 5-43. 작용시간과 힘 크기의 변화]

(6) **운동량 보존의 법칙**(law of conservation of linear momentum)

선운동을 하는 물체 간의 충돌이나 결합, 분열할 때, 외부의 힘이 따로 작용하지 않는다면 물체들의 총운동량은 항상 일정하게 보존된다. 이것을 '운동량 보존의 법칙'이라 한다. 운동량 보존의 법칙은 아래의 조건을 만족할 때 성립한다.

❶ 작용·반작용의 법칙에 따라 성립한다.
❷ 두 물체의 충돌과 융합, 한 물체의 분열(폭발) 등과 같이 힘의 작용시간이 매우 짧고 마찰력과 중력이 무시될 때 성립한다.

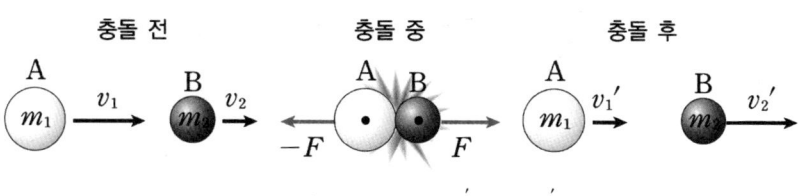

$$m_1v_1 + m_2v_2 = m_1v_1' + m_2v_2'$$

[그림 5-44. 선운동량 보존]

(7) **충돌**(collision)

충돌은 매우 짧은 시간 동안 두 물체 사이에서 비교적 큰 힘이 오가는 부딪침이다. 충돌의 형태는 완전 탄성충돌, 불완전 탄성충돌, 완전 비탄성충돌의 세 가지로 구분된다.

❶ **완전 탄성충돌**(perfectly elastic collision)

완전 탄성충돌은 충돌하는 물체 상호 간의 충돌 전과 후의 상대속도가 같은 경우로서, 충돌에 의한 에너지의 손실이나 에너지 형태의 전환이 없는 경우이다. 스포츠 현장에서의 완전 탄성충돌에 의한 예는 실제로 거의 찾아볼 수 없다. 그러나 당구경기에서 당구공의 충돌이 완전 탄성충돌에 가깝다고 할 수 있다.

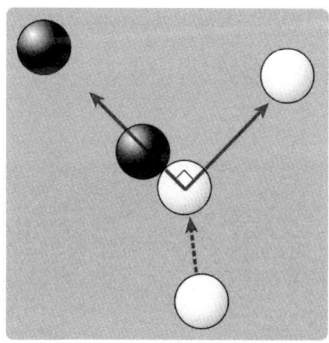

[그림 5-45. 당구공의 충돌(완전 탄성충돌에 근접)]

❷ **불완전 탄성충돌**(imperfectly elastic collision)

체육관에서 농구공을 떨어뜨리면 떨어뜨린 높이로 뛰어 올라가지 못한다. 이는 충돌 때문에 물체가 일시적으로 변형된 후 다시 충돌 전의 형태로 복원되는 경우이다. 불완전 탄성충돌의 경우에는 충돌 순간에 한쪽 또는 양쪽 모두의 형태가 순간적으로 변형되기 때문에 이로 인한 에너지 손실이 발생하며, 그 후 충돌체가 서로 분리되면서 원상태로 복원된다.

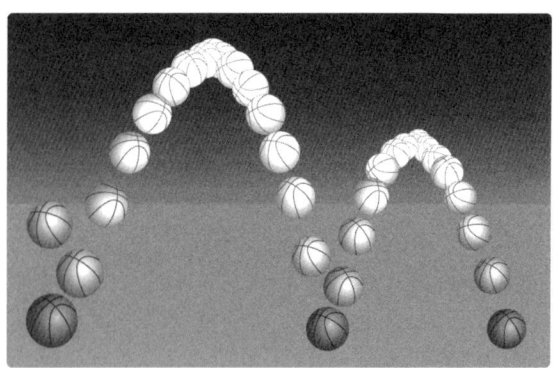

[그림 5-46. 농구공의 리바운드(불완전 탄성충돌의 예)]

❸ 완전 비탄성충돌(perfectly inelastic collision)

완전 비탄성충돌은 적어도 한 물체가 충돌 시 변형되어 원래의 상태로 돌아가지 않거나 두 물체가 분리되지 않을 때 발생한다. 그러므로 충돌 후 두 물체가 함께 붙어서 움직이기 때문에 두 물체의 속도는 같다.

스포츠 상황에서는 미식축구 경기에서 주로 관찰된다. 미식축구 선수가 상대 선수를 태클하여 함께 넘어졌을 경우, 이는 완전 비탄성충돌이다. 따라서 충돌 후 두 선수의 속도는 같다. 또한, 충돌의 형태와 관계없이 운동량 보존의 법칙은 항상 성립한다.

[그림 5-47. 미식축구 선수의 태클(완전 비탄성충돌의 예)]

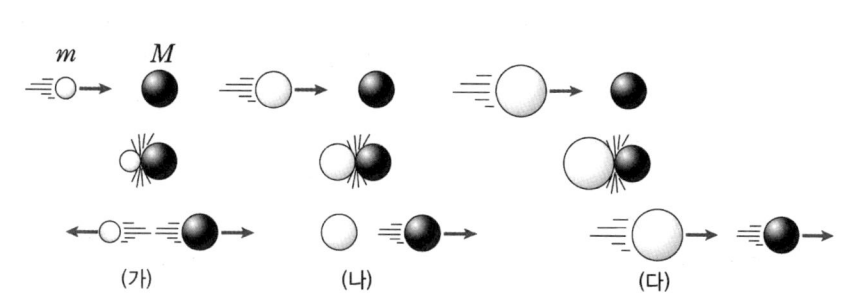

[그림 5-48. 충돌 후의 운동 상태 변화]

(가) 움직이지 않고 있는 물체의 질량이 더 큰 경우(m < M) : 충돌 후 작은 물체(m)는 튕겨서 뒤로 움직이게 되어 결과적으로 두 물체가 반대 방향으로 움직인다.
(나) 두 물체의 질량이 같은 경우(m = M) : 충돌 후 다가온 물체는 멈추게 되고 멈춰 있던 물체는 다가오던 물체의 속도와 같은 속도로 움직인다.
(다) 움직이는 물체의 질량이 더 큰 경우(m > M) : 충돌 후 다가온 물체는 속도가 줄어든 상태로 같은 방향으로 움직이고 멈춰 있던 물체는 더 빠르게 움직인다.

(8) **복원계수**(충돌계수・반발계수, coefficient of restitution)

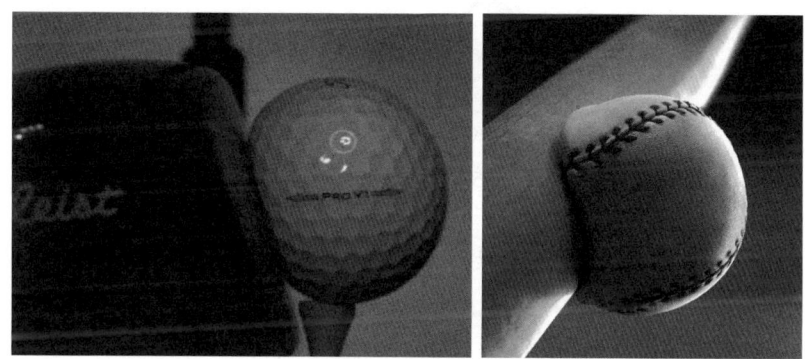

[그림 5-49. 임팩트 시 골프공과 야구공의 변화]

어떤 물체가 최초로 한 번 충돌 후 변형되었다가 복원되는 정도의 크기를 '충돌계수' 또는 '복원계수'라고 한다. 물체마다 가지는 탄성이 서로 다르므로 복원되는 속도도 제각각 다르며, 진흙 같은 물체와 충돌하게 되면 복원되지 않는 예도 있다. 충돌하는 물체 또는 운동 도구의 충돌 전・후 상대속도의 비율을 복원계수 혹은 충돌계수(탄성계수)라 하고 다음 식과 같이 나타낸다.

$$복원계수(e) = \frac{충돌\ 후\ 상대속도(분리속도)}{충돌\ 전\ 상대속도(접근속도)} = \left|\frac{u_A - u_B}{v_A - v_B}\right|$$

여기서 e는 복원계수(반발계수), v_A, v_B는 충돌 전 물체 A와 B의 속도이며, u_A, u_B는 충돌 후 물체 A와 B의 속도이다.

충돌의 종류	반발계수
완전 탄성충돌	$e = 1$
불완전 탄성충돌	$0 < e < 1$
완전 비탄성충돌	$e = 0$

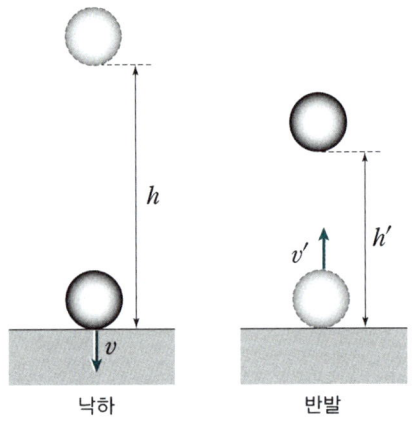

[그림 5-50. 반발계수의 유도 과정]

바닥과 같은 고정된 물체와 튀어 오르는 한 물체에 대하여 반발계수(e)는 다음과 같이 나타낼 수 있다.

$$e = \frac{v'}{-v}$$

[그림 5-50]과 같이 물체가 자유낙하를 할 경우 v, v'는 다음과 같다.

$$v = -\sqrt{2gh} \qquad v' = \sqrt{2gh'}$$

$$\therefore e = \left|\frac{\sqrt{2gh'}}{\sqrt{2gh}}\right|$$

그러므로 반발계수는 다음과 같다.

$$\therefore e = \sqrt{\frac{h'}{h}}$$

(9) 리바운드(rebound)

물체에 충돌(collision) 또는 충격(impact)이 일어난 후, 물체가 다른 물체로부터 분리될 때를 리바운드라 한다. 농구공을 바닥으로 던지면 튀어 오르고, 테니스 라켓으로 공을 치면 라켓과 충돌 후 되돌아 나간다. 이와 같은 현상이 리바운드이며, 리바운드에 영향을 주는 요인으로는 물체의 속도, 충격 강도, 온도, 마찰, 충돌면과의 탄성 등이 있다. 리바운드는 농구, 배구, 테니스, 축구 등의 여러 스포츠 경기에서 이루어지기 때문에 리바운드의 역학적 원리를 이해하면 스포츠 수행력 향상에 도움이 된다.

❶ 입사각과 반사각

농구의 리바운드 패스, 뱅크 슛, 테니스의 스트로크 등은 공이 고정된 바닥이나, 백보드, 도구 등에 사각 충돌하여 리바운드된다. 농구 선수가 공을 바닥에 튀기며 드리블을 할 때, 공이 바닥과 충돌 전 바닥에 대한 수직 방향(법선 방향)과 이루는 각도를 입사각이라 한다. 반면 공이 바닥에 충돌한 후 운동하는 방향과 바닥에 대한 수직 방향(법선 방향)이 이루는 각도를 반사각이라 한다. [그림 5-51]과 같이 수직 낙하하여 충돌한 후 수직으로 상승하는 농구공의 입사각과 반사각은 0°이다. 그러나 비스듬히 던져진 농구공은 입사각과 반사각이 존재한다. 만약 농구공이 바닥과 완전 탄성충돌을 한다면 입사각과 반사각은 같으며, 충돌 전의 운동에너지와 충돌 후의 운동에너지는 동일하게 보존된다. 그러나 일반적인 스포츠 현장에서는 완전 탄성충돌이 존재하지 않기 때문에, 사각 충돌 시 입사각과 반사각은 항상 차이가 나타난다.

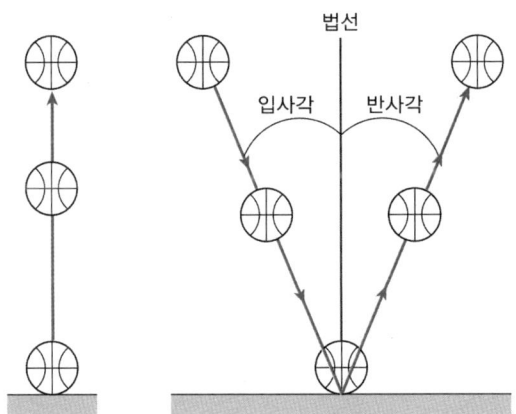

[그림 5-51. 입사각과 반사각]

다시 말해, 불완전 탄성충돌 시 탄성계수는 0과 1사이에 존재하기 때문에 공의 회전과 바닥의 마찰을 무시한다면, 반사각이 입사각보다 항상 크게 나타난다.

❷ 톱스핀(top spin)

톱스핀의 경우 지면과 충돌할 때 작용력인 공의 회전이 후방으로 작용하고, 반작용력인 마찰력은 전방으로 작용하게 된다. 이로 인해 [그림 5-52]와 같이 반사각이 입사각보다 θ만큼 증가하게 된다. 공에 톱스핀이 가해지면 아래 방향으로 양력이 발생하고(마그누스 효과) 이로 인해 리바운드되는 높이는 커진다.

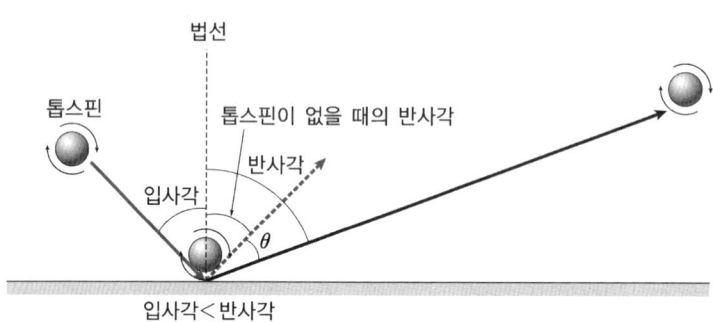

[그림 5-52. 톱스핀의 공]

❸ 언더스핀(under spin)

언더스핀의 경우 지면과 충돌할 때 작용력인 공의 회전이 전방으로 작용하고 반작용력인 마찰력이 후방으로 작용하게 된다. 이로 인해 [그림 5-53]과 같이 반사각이 입사각보다 θ만큼 감소하게 된다. 공에 언더스핀이 가해지면 양력이 위 방향으로 가해져 리바운드되는 높이는 다소 감소하게 된다.

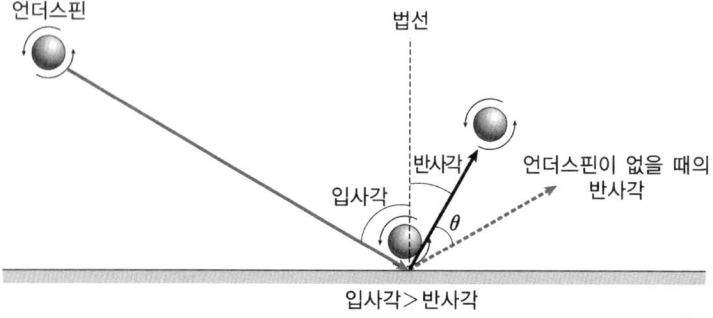

[그림 5-53. 언더스핀의 공]

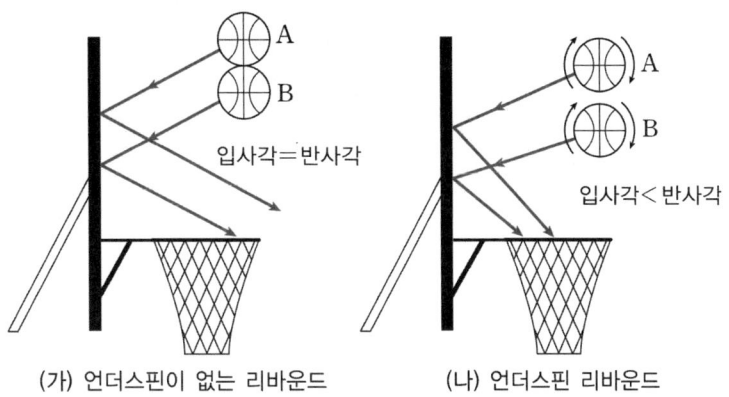

[그림 5-54. 농구공의 언더스핀]

[그림 5-54]는 농구의 뱅크슛을 나타내고 있다. (가)는 농구공에 언더스핀을 적용하지 않은 경우이다. (가)처럼 농구공에 언더스핀을 가하지 않으면 B의 위치에서만 득점할 수 있다. 반면, (나)는 농구공에 언더스핀을 가하여 슛을 한 상황이다. 농구공에 언더스핀을 가하여 던지면, 백보드와 충돌 후 농구공의 리바운드는 톱스핀으로 전환된다. 따라서 A와 B 위치에서 모두 득점할 수 있다. 농구의 효율적인 득점을 위해서는 농구공에 언더스핀을 가하는 것이 바람직하다.

② 각운동의 운동 역학적 분석

(1) 향심력(centric force)과 편심력(eccentric force)

일반적으로 각운동은 회전축을 중심으로 회전운동을 한다. 그러나 회전축이 명확하게 고정되어 있지 않더라도 회전운동이 발생할 수 있다. [그림 5-55 (가)]는 물체에 작용하는 향심력을 보여주고 있다. 향심력은 물체의 무게중심을 통과하는 힘을 말하며, 향심력이 작용하면 물체는 선운동을 한다. 반면 (나)와 (다)는 힘이 물체의 중심을 통과하지 않는데, 이런 힘을 편심력이라고 한다. 따라서 편심력은 회전을 발생시키는 원인이다.

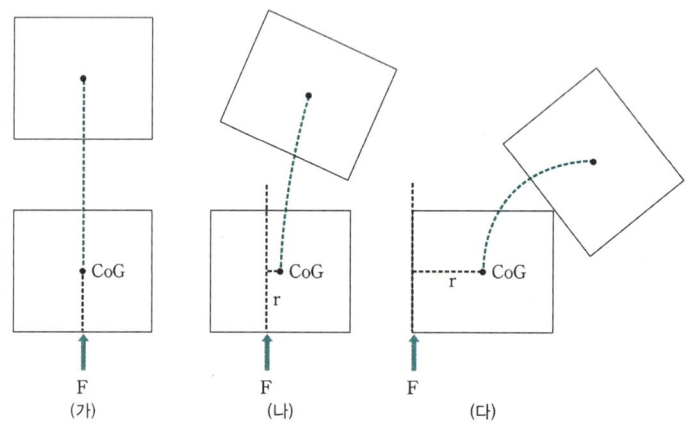

[그림 5-55. 향심력과 편심력]

물체에 편심력이 작용하면 물체는 각운동을 시작한다. [그림 5-55]에서 (나)보다 (다)에서 회전의 각도(각변위)가 더 크다는 것을 확인할 수 있다. 이렇게 회전력이 크게 발생하는 이유는 무게중심에서부터 힘이 작용한 직선거리(r)의 길이가 더 길기 때문이며, 이것을 '모멘트팔(moment arm)'이라 한다. 따라서 토크를 발생시키는 원인은 모멘트팔에 편심력(힘)이 작용한 것이다.

$$\text{토크} = \text{모멘트팔} \times \text{힘} \ (\vec{T} = \vec{r}\,\vec{F}) \quad [\text{단위}: Nm]$$

편심력을 이용한 공의 회전은 여러 스포츠 상황에서 적용된다. 당구에서는 회전량을 조절하기 위해 당구공의 가장자리를 조준하여 스트로크한다. 1팁, 2팁, 3팁에 따라 당구공의 회전력을 조절할 수 있다. 야구 경기에서도 투수가 야구공의 실밥 잡는 방법을 다르게 하여 여러 가지 구종을 던질 수 있는데, 이처럼 다양한 구종에 따른 구질은 야구공의 회전력 변화 때문에 발생한다.

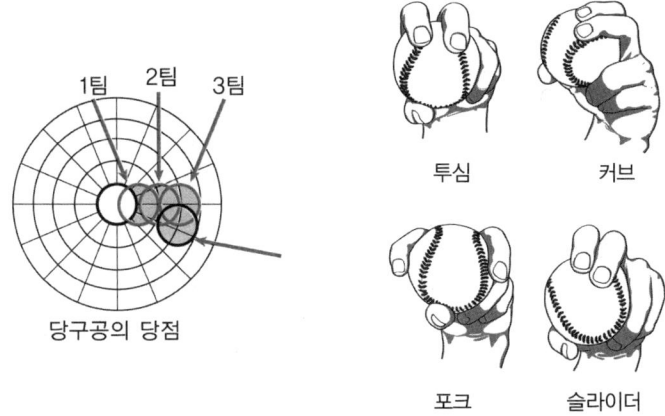

[그림 5-56. 스포츠 상황에서 회전력의 활용]

(2) 토크(torque)

토크는 일반적으로 회전하려고 하는 성질을 나타내는 말이다. 어떤 물체의 중심을 통과하지 않는 힘(편심력)이 작용하게 되면 그 물체는 회전운동 또는 각운동을 하게 되는데, 이를 '모멘트'라고 한다. 즉 회전축을 지나지 않는 모든 힘은 회전력을 일으킨다.

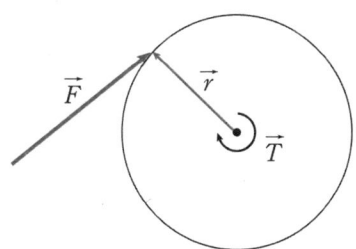

[그림 5-57. 토크(회전력)의 개념]

시소에서는 질량뿐만 아니라 회전축으로부터 떨어진 거리에 의해 시소의 회전 방향이 결정된다. 따라서 회전력은 회전축에 대한 모멘트팔($\vec{r}$)에 힘($\vec{F}$)의 외적으로 계산되며 회전력 또한 크기와 방향을 가지는 벡터이다. 즉 회전력(토크)은 모멘트팔에 힘이 작용하여 발생한다.

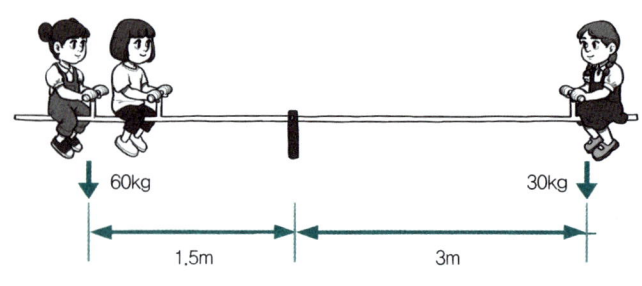

[그림 5-58. 시소의 평형 상태]

$$\vec{T} = \vec{r} \times \vec{F} \quad [단위: Nm]$$

토크의 단위는 Nm이다. 그리고 일의 단위도 Nm로 표현된다. 그러나 여기에는 다른 개념이 존재한다. 토크는 모멘트팔과 힘의 외적에 의해 형성되며, 일은 일과 변위의 내적에 의해 생성된다. 토크는 벡터의 외적으로 벡터지만 일은 힘과 변위의 내적이므로 스칼라가 된다. 이런 혼돈을 피하고자 토크의 단위는 Nm로 나타내고 일은 J로 표시한다.

앞에서도 언급했듯이 토크는 모멘트팔과 힘의 외적으로 형성된다. 토크가 최대가 되는 경우는 [그림 5-59]에서 (가)와 같이 모멘트팔과 힘이 직교(90°)할 경우이다. 그리고 (나)와 같이 모멘트팔과 힘 사이 각이 60°인 경우는 (가)의 토크 값보다 작아진다. 그리고 (다)와 같이 모멘트팔과 힘이 이루는 각이 0°인 경우에는 토크가 발생하지 않는다.

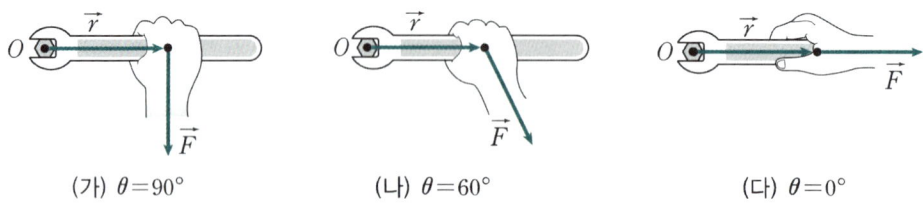

[그림 5-59. 최대 토크 생성 각도]

따라서 토크의 크기에 영향을 주는 요소는 모멘트팔($\vec{r}$), 힘($\vec{F}$) 그리고 모멘트팔과 힘 사이의 각도(θ)이다. 이런 변인들을 고려해서 토크를 구하는 공식을 산출하면 아래와 같다.

$$\vec{T} = \vec{r}\vec{F}\sin\theta \quad [단위: Nm]$$

[그림 5-59]에서 모멘트팔이 $1m$이고 힘이 $1N$이라면

(가) : $rFsin\theta = 1 \times 1 \times \sin 90° = 1\,Nm$

(나) : $rFsin\theta = 1 \times 1 \times \sin 60° = \dfrac{\sqrt{3}}{2}\,Nm$

(다) : $rFsin\theta = 1 \times 1 \times \sin 0° = 0$ 이 된다.

토크는 힘의 발생 방향에 따라 회전을 일으키는 추진 토크(propelling torque)와 회전을 방해하는 저항 토크(resistive torque)로 구분된다. 또한, 힘의 근원에 따라 내부 토크(internal torque)와 외부 토크(external torque)로 분류하기도 한다. 예를 들어, 덤벨 컬 동작에서 팔을 굽히기 위해 근육이 수축했다면, 이는 근육에 의해 발생한 내부 토크이며 추진 토크이다. 반면 중력이나 관절의 마찰 등의 외부 요인에 의해 발생하는 토크는 외부 토크이며 저항 토크이다.

(3) **각운동의 방향**

각운동은 크기와 방향을 가지는 벡터이다. 크기는 모멘트팔($\vec{r}$)과 힘($\vec{F}$)의 곱으로 표현되며 단위는 Nm이다. 그리고 방향은 오른손 엄지손가락 법칙(right-hand thumb rule)을 사용한다. 간혹 회전운동의 방향을 시계 방향과 반시계 방향으로 착각하는 경우가 많은데, 회전운동에서 시계 방향은 '−' 음의 값이며, 반시계 방향은 '+' 양의 값이다. 다시 말해, 시계 방향과 반시계 방향은 회전운동의 방향이 아니라, 회전운동의 크기에 대한 '양의 값'과 '음의 값'에 대한 표현이다.

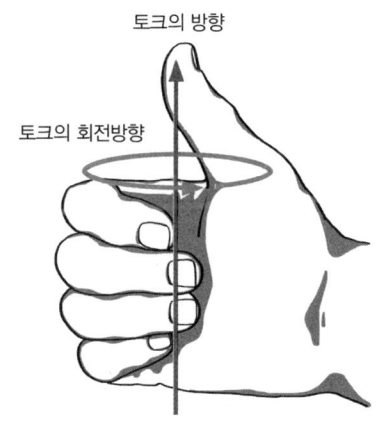

[그림 5-60. 오른손 엄지손가락 법칙(토크의 방향)]

(4) **관성모멘트**(moment of inertia)

관성모멘트는 회전운동에 대한 관성으로 임의의 회전축에 대한 질량의 분포 상태를 나타내는 물리량이다(회전력에 대해 물체의 운동 상태를 변경시키지 않으려는 저항). 관성능률이나 회전모멘트 등의 용어로 표현되기도 한다. 관성모멘트의 단위는 kgm^2이다. 관성모멘트의 크기를 결정하는 주요 요인으로는 물체의 질량과 회전축에 대한 질량분포(회전반경)가 있다.

❶ 물체의 질량

회전운동에서 저항도 질량의 크기에 따라 달라진다. 질량이 작은 물체가 질량이 큰 물체보다 회전하기 쉽다. 즉, 물체의 질량이 크면 회전시키기 어렵다는 뜻이다. 그러나 물체가 일단 회전하게 되면 물체의 질량이 클수록 회전을 계속하려는 경향이 더 커진다. 예를 들어, 무거운 테니스 라켓은 가벼운 테니스 라켓보다 스트로크하기가 더 어렵다. 그러나 선수가 테니스 라켓을 움직이기 위해 충분한 토크를 작용시키게 되면 무거운 라켓은 가벼운 라켓보다 관성에 의해 계속 회전을 하려고 한다. 따라서 테니스 라켓이 무거울수록 라켓을 움직이고 멈추는 데 더 많은 힘이 든다.

❷ 질량분포(회전반경, radius of gyration)

회전운동에서 관성모멘트는 질량의 크기뿐만 아니라 회전축과 물체의 질량중심점 사이의 거리에 따라 달라진다.

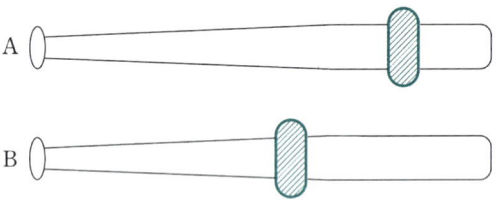

[그림 5-61. 배트의 질량분포]

야구 배트의 경우 웨이트 링이 끼워져 있는 위치에 따라 질량분포가 달라진다. 따라서 두 개의 배트가 질량이 같더라도 배트 A는 회전축으로부터 더 먼 곳에 웨이트 링이 끼워져 있으므로 배트 B보다 스윙하기가 어렵다.

각운동에 있어서 관성모멘트는 물체의 질량뿐만 아니라 질량이 회전축 주위에 어떻게 분포되어 있는가에 의해 결정된다. 따라서 관성모멘트는 다음과 같이 표현된다.

$$관성모멘트 = 질량 \times 회전반경^2$$
$$I = mr^2 \; (I = \sum_{1}^{\infty} m_i r_i^2) \quad [단위 : kgm^2]$$

인체의 경우 전신의 질량은 일정하지만 전후축, 좌우축, 장축에 대한 관성모멘트는 모두 다르다. 인체의 관성모멘트의 크기는 [그림 5-62]와 같이 축에 따라 다양한 크기를 가지는데, 회전반경의 길이가 길수록 크게 나타난다. 따라서 인체의 관성모멘트의 크기는 전후축, 좌우축, 장축의 순서로 나타난다.

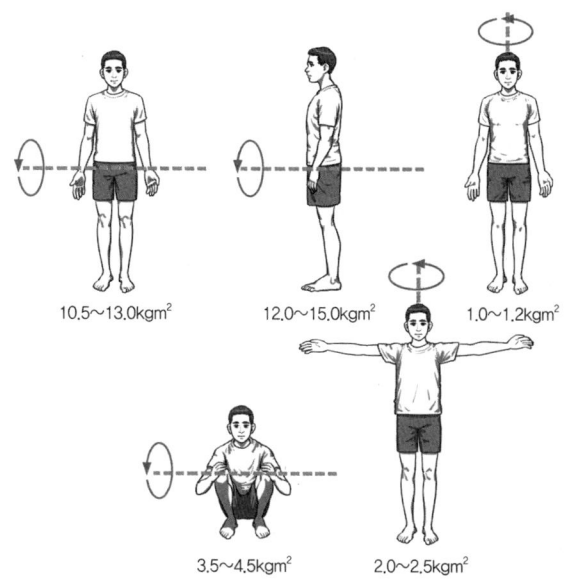

[그림 5-62. 다양한 축과 자세에 따른 관성모멘트]

차렷 자세로 서는 경우 좌우축에 의한 관성모멘트는 약 10.5~13kgm^{2}정도이며, 전후축에 대한 관성모멘트 12~15kgm^2 정도로 전후축에 대한 관성모멘트가 좌우축의 관성모멘트보다 더 크다. 한편, 장축에 대한 관성모멘트는 매우 작다. 그러나 같은 장축이더라도 팔을 벌릴 경우 관성모멘트는 좀 더 커진다.

[그림 5-63. 다이빙과 체조동작에서의 관성모멘트]

[그림 5-63]은 다이빙과 체조 동작에서 좌우축에 대한 여러 자세의 관성모멘트를 보여주고 있다. 터크(tuck) 자세는 좌우축에 대해 약 3.5kgm², 파이크(pike) 자세는 좌우축으로부터 회전반경이 좀 커지므로 6.5kgm², 레이아웃(layout) 자세는 그보다 훨씬 큰 15kgm²가량의 관성모멘트를 보여준다. 철봉의 대차돌기 자세의 관성모멘트는 레이아웃과 같은 자세임에도 불구하고 철봉을 축으로 한 것이기 때문에 더욱 크다. 자세에 따른 관성모멘트의 차이 때문에 10m 다이빙 시 터크 자세는 레이아웃 자세보다 더 빠른 회전을 가능하게 한다.

[그림 5-64. 달리기 시 무릎관절의 굴곡을 통한 관성모멘트의 감소]

[그림 5-64]의 그림과 같이 달리기 동안 무릎의 최대 굽힘은 고관절 중심의 회전에서 관성모멘트를 감소시켜, 고관절의 각속도를 증가시킬 수 있다. 하지의 관성모멘트가 감소하여 고관절의 각속도가 증가하면, 보빈도 증가로 인해 주행속도를 향상시킬 수 있다.

(5) **평행축 정리**

평행축 정리는 한 물체의 서로 평행한 두 회전축에 대한 관성모멘트의 관계를 나타낸 것이다. 질량이 m인 물체의 무게중심을 통과하는 회전축에 대한 관성모멘트를 I_{CM}, 그 회전축에 평행하고 직선거리가 d만큼 떨어진 회전축에 대한 관성모멘트를 I_N이라 하면,

$$I_N = I_{cm} + md^2$$

이다.

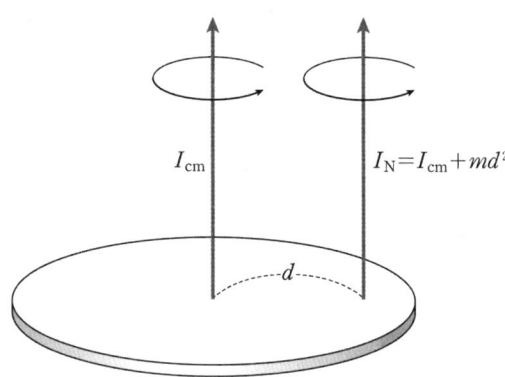

I_{cm} : 무게중심을 지나는 축의 관성모멘트
I_N : 새로운 축에 대한 관성모멘트
m : 물체의 질량
d : 중심축에서 새로운 축까지의 직선거리

[그림 5-65. 평행축 정리]

[그림 5-66]은 대퇴의 중심, 하퇴의 중심, 발의 중심에 대한 관성모멘트를 알 때, 엉덩이 관절을 지나는 평행한 축에 대한 관성모멘트를 산출하는 방법을 보여주고 있다. 달리기 선수의 대퇴, 하퇴, 발 및 다리의 관성모멘트는 평행축 원리를 이용하여 다음과 같이 구할 수 있다.

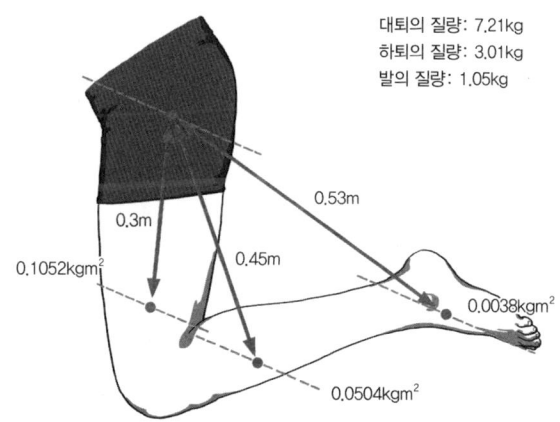

[그림 5-66. 고관절을 지나는 좌우축에서 하지의 관성모멘트]

❶ 고관절을 지나는 좌우축에서 대퇴의 관성모멘트

$$I_{hip} = I_{cm} + md^2$$
$$= 0.1052 + \{7.21 \times (0.3)^2\}$$
$$= 0.754 kgm^2$$

❷ 고관절을 지나는 좌우축에서 하퇴의 관성모멘트

$$I_{hip} = I_{cm} + md^2$$
$$= 0.0504 + \{3.01 \times (0.45)^2\}$$
$$= 0.660 kgm^2$$

❸ 고관절을 지나는 좌우축에서 발의 관성모멘트

$$I_{hip} = I_{cm} + md^2$$
$$= 0.0038 + \{1.05 \times (0.53)^2\}$$
$$= 0.299 kgm^2$$

❹ 고관절을 지나는 좌우축에서 다리 전체의 관성모멘트

세 분절의 관성모멘트를 합한 값이므로

$$I_{hip} = (0.754 + 0.660 + 0.229) kgm^2$$
$$= 1.713 kgm^2$$

따라서 회전축 정리는 어떤 물체의 무게중심을 지나는 축의 관성모멘트(I_{cm})를 알 때 그와 평행한 임의의 다른 축에 대한 관성모멘트(I_N)를 산출하기 위해 사용한다.

(6) 뉴턴의 각운동 법칙

뉴턴의 운동 법칙은 선운동과 각운동에서 같이 적용된다. 각운동이 진행되는 물체는 각관성의 법칙, 각가속도의 법칙, 각반작용의 법칙이 적용된다.

❶ 각관성의 법칙(law of angular inertia)

관성이란 외부로부터 가해진 힘에 대해 물체의 운동 상태를 변화시키지 않으려는 특성으로, 물체에 외력이 작용하지 않으면 그 물체가 현재의 운동 상태를 그대로 유지하려는 성질이다. 각관성은 회전운동에서 순수한 외적 토크가 작용하지 않는 한, 회전체는 동일 축을 중심으로 일정한 각운동량을 가지고 회전 상태를 계속 유지하려는 특성을 말한다. 다시 말해, 물체가 각운동을 시작하거나 정지하려면 반드시 토크가 필요하다는 것을 의미한다. 각관성의 법칙은 각운동량 보존의 법칙을 이해하는 데 매우 중요한 개념이다.

❷ 각가속도의 법칙(law of angular acceleration)

뉴턴의 각운동 제2법칙은 각가속도의 법칙이다. 강체(rigid body)에 비평형의 토크(모멘트)가 가해지면 가해진 토크에 비례하고 관성모멘트에 반비례하는 각가속도가 토크의 방향과 같은 방향으로 발생한다($\vec{T} = I\vec{\alpha}$). 정지한 물체에 힘이 작용하면 가속도가 발생하고, 토크가 작용하면 각가속도가 생긴다.

❸ 각반작용의 법칙(law of angular reaction)

한 물체가 다른 물체에 발휘한 모든 토크는 이들 물체가 같은 축 주위를 회전한다면 후자의 물체에 의하여 전자의 물체에 발휘되는 크기가 같고 방향이 반대인 토크가 존재한다.

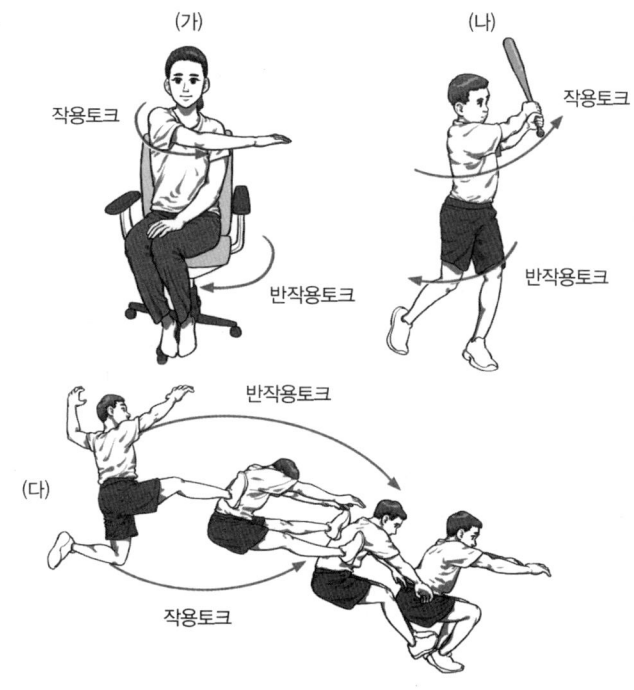

[그림 5-67. 각반작용의 예]

[그림 5-67]은 각반작용의 예를 보여주고 있다. (가)와 (나) 그림은 상체의 작용 토크가 발생하면 하체에서 크기는 같고 방향이 다른 반작용 토크가 발생한다는 것을 보여준다. 그리고 (다) 그림은 멀리뛰기 자세에서 하체의 작용 토크가 반시계 방향으로 발생하면 상체에서 크기는 같고 방향이 반대인 시계 방향의 반작용 토크가 발생한다는 것을 보여준다.

따라서 각반작용 법칙을 각운동량 측면에서는 다음과 같이 정의할 수 있다. 어떤 물체에 각운동량을 유발하는 토크가 가해지면 동일 물체의 다른 부분에서 크기가 같고 방향이 반대인 반작용 토크(reaction torque)가 존재하게 된다.

(7) 각운동량

❶ 각운동량(angular momentum)

각운동량은 회전하는 물체가 가지고 있는 운동량이며, 회전체의 관성모멘트와 각속도의 곱으로 정의된다. 각운동량도 크기와 방향을 가지고 있는 벡터이다. 각운동량에 영향을 주는 요인은 물체의 질량, 질량분포, 각속도이다.

$$H = I\omega = mr^2\omega \quad [단위: kgm^2/s]$$

인체는 골프채, 각종 라켓, 야구 배트처럼 하나의 강체(rigid body)가 아니라 여러 개의 분절로 연결되어 있다. 따라서 각 분절의 질량은 변화시킬 수 없지만, 인체의 관절을 움직여 회전축과의 직선거리를 조절할 수 있다. 이로 인해 인체의 관성모멘트는 동작의 변화에 따라 매 순간 달라진다. 각운동량은 관성모멘트와 각속도의 영향을 받기 때문에, 적절한 관성모멘트의 변화는 스포츠 현장에서 유용하게 활용할 수 있다.

❷ 공전적 각운동량과 자전적 각운동량

각운동량은 공전적 각운동량(remote term, transfer term)과 자전적 각운동량(local term)으로 구분된다. 인체가 움직이게 되면 자세가 변하면서 분절의 상대적 위치는 변하게 된다. 그러므로 분절의 중심에 대한 각운동량과 전신의 중심에 대한 각운동량을 각각 산출해야 한다. 이때 전신의 중심에 대한 분절 중심의 각운동량을 공전적 각운동량(H_R)이라 하고, 분절 중심에 대한 분절 자체의 각운동량을 자전적 각운동량(H_L)이라 한다. 따라서 인체가 각운동을 진행하고 있다면, 인체의 각운동량은 아래의 식과 같이 나타낼 수 있다.

$$H = H_R + H_L = mr^2\omega + I\omega \quad (각운동량 = 공전적\ 각운동량 + 자전적\ 각운동량)$$

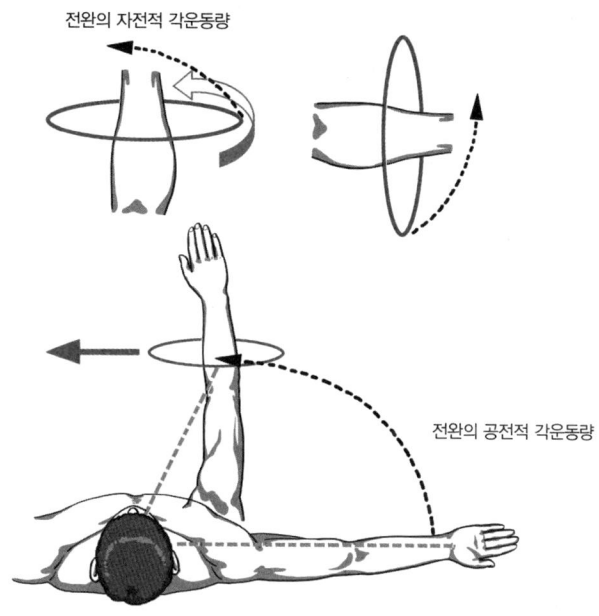

[그림 5-68. 공전적 각운동량과 자전적 각운동량]

[그림 5-68]은 팔의 수평내전과 동시에 전완의 회내 동작을 실시하고 있다. 이때 전완은 인체 중심에 대해 공전적 각운동량을 가질 뿐만 아니라 전완 분절 중심에 대해 자전적 각운동량도 갖게 된다. 그러나 자전적 각운동량은 공전적 각운동량에 비해 매우 작다.

(8) **각충격량**(angular impact)

회전하는 물체의 토크와 작용한 시간의 곱을 의미하는 것으로 각운동량의 변화량이다. 각운동량의 단위와 각충격량의 단위는 같으나, 각운동량을 표시할 때는 kgm^2/s를 사용하고 각충격량을 표시할 때는 Nms를 사용하는 것이 일반적이다.

$$A \cdot I = Tt = I(\omega_f - \omega_i) \quad [단위: Nms]$$

◇ **선운동과 각운동에서의 주요 변인들 비교**

물리량	선운동	각운동
관성특성(관성의 법칙)	m	$I(mr^2)$
운동방정식(가속도의 법칙)	$\vec{F} = m\vec{a}$	$\vec{T} = I\vec{\alpha}$
운동량	$\vec{P} = m\vec{v}$	$\vec{H} = I\vec{\omega}$
충격량	$\vec{F} \cdot t = m(\vec{V_f} - \vec{V_0})$	$\vec{T} \cdot t = I(\vec{\omega_f} - \vec{\omega_0})$

(9) 각운동량 보존 및 전이
  ❶ 각운동량 보존의 법칙(conservation of angular momentum)
   각운동을 하는 물체에 외력이 작용하지 않는 한 각운동량의 크기와 방향은 변하지 않는데 이를 각운동량 보존의 법칙이라 한다.

[그림 5-69. 각운동량의 보존]

각운동량 보존 법칙에 따르면, 회전하는 물체가 회전 중심과의 거리가 가까워지면(관성모멘트 감소) 각속도가 커져 그만큼 빠르게 회전하게 된다. 피겨 스케이트를 하는 사람이 팔다리를 회전 중심인 몸에 가까이 오므리면 이전보다 빠르게 회전하는 것도 각운동량이 보존되기 때문이다.

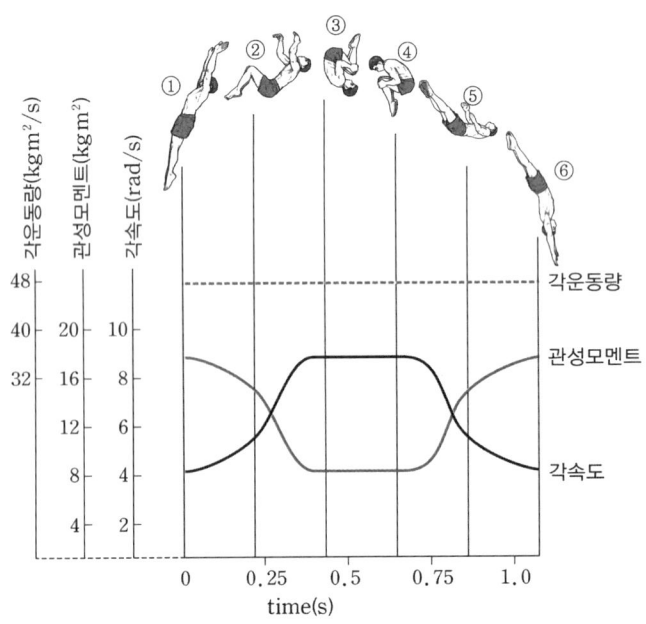

[그림 5-70. 스프링보드 다이빙 시의 각운동량 보존]

스프링보드 다이빙 시 몸을 최대한 구부리면, 회전속도가 증가하고, 몸을 펴게 되면 회전속도가 줄어들게 된다.

'운동량 보존 법칙'은 순수한 외적 힘(외력)이나 토크가 작용하지 않을 때, 선운동량은 동등한 크기의 각운동량으로, 각운동량은 동등한 크기의 선운동량으로 전이 또는 변화될 수 있다는 의미이다. 예를 들어, 투수가 야구공을 던질 때 팔의 스윙에 의한 공의 각운동량은 야구공이 손에서 이탈되는 순간에 같은 크기의 선운동량으로 변화된다. 즉 물체의 전체 운동량은 선운동량과 각운동량의 합계와 같다.

$$\text{전체 운동량}(M_{total}) = \text{선운동량} + \text{각운동량}$$
$$= mv + mr^2\omega$$
$$= mv + Iw$$

[그림 5-71. 고양이 트위스트(cat twist)]

[그림 5-71]은 고양이가 공중에서 등으로 떨어지기 시작해도 몸을 회전시켜 네 발로 바닥에 착지하는 모습이다. 고양이는 이런 동작을 배우지 않아도 본능적으로 알고 있어서 이 동작을 '고양이 트위스트'라고 일컫는다.

[그림 5-71]의 (가)는 고양이가 떨어지고 있는 장면이다. 떨어짐과 동시에 고양이는 앞다리를 당기고 상체를 지면 쪽으로 회전시킨다(나). 고양이가 앞다리를 당김으로써 상체의 관성모멘트를 감소시켜 상체의 회전이 쉽게 되도록 한다. 이때 뒷다리는 완전히 신전되어 있으므로 하체는 상체보다 관성모멘트가 크다. 이로 인해 고양이의 상체는 하체보다 관성모멘트가

상대적으로 작으므로, 하체의 반대 방향으로 상체를 회전시킬 수 있다. 그 후 고양이의 상체가 지면 쪽으로 향하게 되면, 고양이는 착지를 위해 앞다리를 편다(다). 이러한 동작은 상체의 관성모멘트를 증가시킨다. 그다음 고양이는 뒷다리를 몸통 쪽으로 당긴다(라). 이 동작을 통해 하체의 관성모멘트를 감소시킴으로써 하체의 회전을 원활하게 할 수 있다. 이런 과정을 통해 고양이는 지면에 완벽한 자세로 착지할 수 있다.

> **고양이 트위스트 요약**
> ① 앞다리를 상체 쪽으로 붙여 상체의 관성모멘트 감소
> ② 뒷다리는 신전시켜 하체의 관성모멘트 증가
> ③ 줄어든 상체의 관성모멘트를 이용하여 상체 회전
> ④ 상체 회전 후 앞다리 신전시켜 상체의 관성모멘트 증가
> ⑤ 뒷다리 하체 쪽으로 붙여 하체의 관성모멘트 감소
> ⑥ 줄어든 하체의 관성모멘트를 이용하여 하체 회전

❷ 각운동량 전이(transfer of angular momentum)

전체의 각운동량은 보존되며, 인체의 한 분절에서 각운동량이 증가하면 다른 분절에서는 같은 양이 감소하여야 한다. 반대로 한 분절에서 각운동량이 감소하면 다른 분절의 각운동량이 증가하여야 한다.

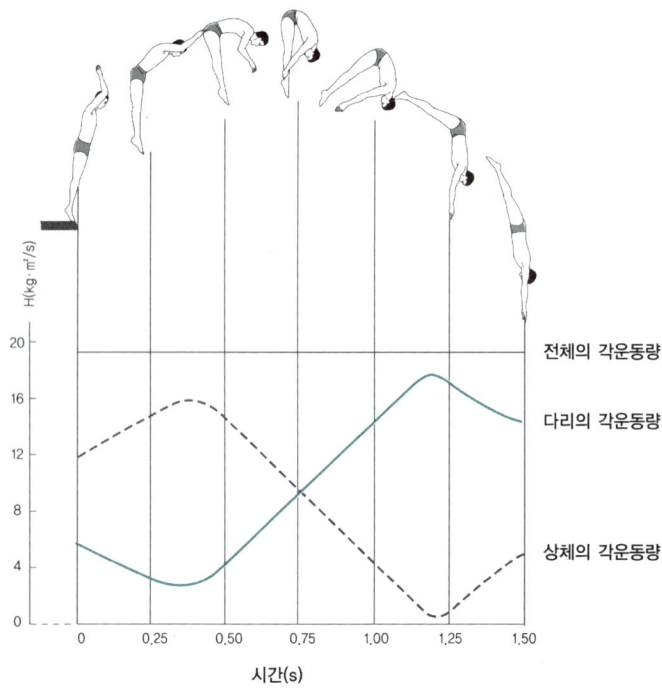

[그림 5-72. 다이빙 시의 각운동량 전이]

❸ 카운터 밸런스(counter balance)

[그림 5-73]과 같이 등반 시 몸이 균형을 잃고 한쪽으로 빙그르르 도는 현상을 막기 위해 손과 발을 뻗어 버티는 동작을 '카운터 밸런스'라고 한다. 이 기술은 특정한 동작이 아니라 모든 움직임에 적용되는 기본 원리로, 신체의 균형을 유지할 수 있도록 신체 여러 부분의 무게를 적절하게 배분하는 동작이다. 일상생활 동작에서도 카운터 밸런스가 없으면 동작이 원활하고 부드럽게 되지 않는다.

테니스에서 그라운드 스트로크를 할 때 한쪽 팔은 가만히 있고 라켓을 잡은 팔만 움직이면 균형을 잃게 되어 강력한 스트로크를 만들어 내기 어렵다. 따라서 라켓을 잡지 않은 반대 팔은 자연스럽게 반대 방향으로 움직이면서 스트로크를 하면 빠르고 부드러운 스윙을 만들어 낼 수 있다.

[그림 5-73. 등반 시 카운터 밸런스]

[그림 5-74. 테니스 스트로크]

(10) 구심력과 원심력

회전운동을 하려면 회전운동의 중심을 향하는 힘이 있어야 하며 이러한 힘이 물체에 가해지면서 구심가속도(centripetal acceleration, a_c)가 발생하게 된다. 이때 중심으로 발생하는 힘을 구심력 (centripetal force, F_c)이라 하며 이 힘은 물체의 속도의 크기는 변화시키지 않지만 방향의 변화를 발생시킨다(등속원운동의 경우). 반면 원심력(centrifugal force)은 회전운동을 하는 물체가 바깥으로 벗어나려고 하는 경향을 가진 힘이다. 그러나 실제로 원심력이란 어떤 힘이 존재하는 것이 아니라 관성에 의한 효과의 일종일 뿐이다. 줄에 매달려 회전하던 돌의 줄이 끊어진다면 돌은 바깥쪽으로 나가는 것이 아니라 접선 방향으로 날아간다. 돌의 줄이 끊어지는 순간 구심력은 사라지게 되고 따라서 돌은 아무 힘도 받지 않게 되어 접선 경로로 날아가게 된다.

구심력과 원심력은 정반대이며, 정확한 회전운동을 한다면 두 힘의 크기는 같다. 그러나 원심력이 구심력보다 커지면 회전반경이 점점 커지는 원운동의 형태를 보이고, 반대로 구심력이 원심력보다 커지면 회전반경이 점점 작아지는 형태를 보이게 된다. 구심력의 방향은 항상 선속도의 방향과 직각을 이루며, 회전축의 중심 방향으로 작용한다.

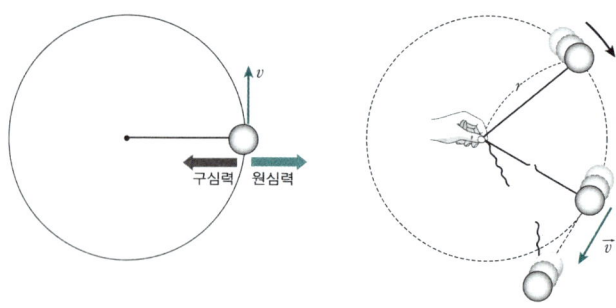

[그림 5-75. 구심력과 원심력의 작용 방향]

$$F_c = mr\omega^2, \quad F_c = m\frac{v^2}{r} \quad [단위: N]$$

F_c: 구심력, m: 질량, r: 회전반경, ω: 각속도, v: 선속도

구심가속도는 구심력을 받는 물체의 가속도를 말한다. 구심가속도는 $\frac{v^2}{r}$ 또는 $r\omega^2$으로 산출될 수 있으며, 등속원운동에서는 구심력의 방향과 같다(회전축의 중심 방향으로 작용). 구심가속도가 존재하지 않는다면 회전운동이 아닌 선운동을 한다. 일반적인 회전(원)운동은 구심가속도와 접선가속도 모두 가지고 있다. 그러나 등속원운동을 하는 물체는 구심가속도만 존재하고 접선가속도는 존재하지 않는다.

$$a_c = \frac{v^2}{r}, \quad v = r\omega \text{ 이므로 } a_c = \frac{v^2}{r} = r\omega^2 \quad [단위: m/s^2]$$

위의 공식에서 보듯이 구심가속도는 접선속도, 각속도, 회전반경에 따라 달라질 수 있다. 접선속도와 각속도가 빨라지면 구심가속도는 커진다. 그리고 접선속도가 같다면 회전반지름이 작을수록 구심가속도는 커진다. 예를 들어, 400m 곡선 주로의 달리기를 생각해 보자.

안쪽 1번 레인과 바깥쪽 8번 레인에서 같은 속도로 달린다고 가정하고 비교해 보면, 1번 레인의 회전반경이 짧으므로 1번 레인에서 뛰는 선수가 발휘해야 하는 구심력은 커진다. 따라서 안쪽에서 달리는 선수는 바깥쪽 선수보다 불리하다.

[그림 5-76. 곡선 주로에서의 달리기]

(11) **비등속원운동**(variable angular motion)

육상의 투척 종목인 해머던지기는 회전을 이용하여 해머의 각속도를 점차 증가시킨다. 이렇게 물체의 각속도가 변하는 원운동을 비등속원운동 또는 가속원운동이라 한다. 스포츠 현장에서 나타나는 회전운동은 대부분 비등속원운동이다.

비등속원운동의 경우 모든 구간에서 접선 방향으로 작용하는 접선가속도(a_t)와 회전축 방향으로 작용하는 구심가속도(a_c)가 발생한다. 이 두 가속도는 항상 서로 직교한다. 비등속원운동의 합성가속도(resultant acceleration)는 접선가속도와 구심가속도의 합성으로 산출된다.

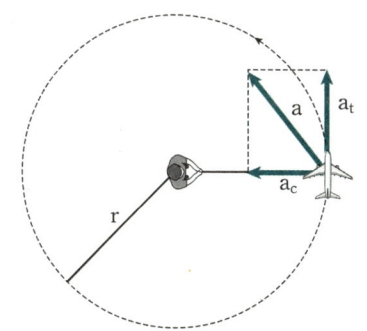

[그림 5-77. 비등속원운동(해머던지기)]

$$\vec{a} = \vec{a_t} + \vec{a_c}$$
$\vec{a}$: 합성가속도, $\vec{a_t}$: 접선가속도, $\vec{a_c}$: 구심가속도

그리고 합성가속도($\vec{a}$)의 크기는 다음과 같다.

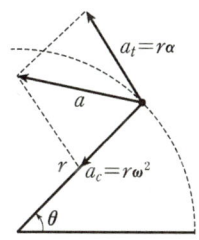

$$a = \sqrt{a_t^2 + a_c^2}$$

$$a_t = r\alpha, \quad a_c = \frac{v^2}{r} = r\omega^2$$

[그림 5-78. 접선가속도와 구심가속도]

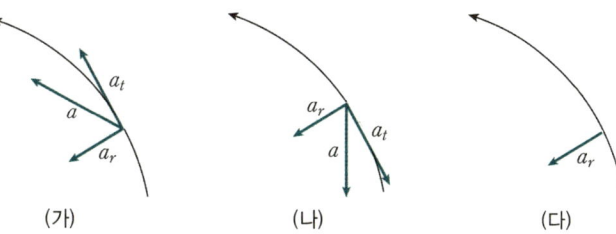

[그림 5-79. 원운동 시 발생하는 가속도]

원운동 시 각속력이 빨라지는 경우도 있고, 느려지는 경우도 있으며, 같은 경우도 존재한다. 만약 각속력이 같다면('그림 5-79-다') 등속원운동을 한다. 그리고 각속력이 빨라지는 경우(가)와 각속력이 느려지는 경우(나)의 합성가속도의 방향이 달라진다.

(12) 내측 기울이기

400m 트랙의 곡선 코스에서는 트랙의 안쪽으로 몸을 기울여야 코스를 이탈하지 않고 달릴 수 있다. 달리는 선수의 체중(mg)과 선속도(v)를 알고 있다면, 몸을 안쪽으로 기울여야 하는 각도는 다음과 같이 산출된다. 지면 반력(F)의 수평 성분은 마찰력이며 구심력과 같다. 따라서

$$\sum F_y = F\cos\theta - mg = 0$$

$$F = \frac{mg}{\cos\theta}$$

[그림 5-80. 내측 기울임]

$$\sum F_x = F_c = F\sin\theta = \left(\frac{mg}{\cos\theta}\right)\sin\theta = mg\tan\theta \quad \because \frac{\sin\theta}{\cos\theta} = \tan\theta$$

$$F_c = ma_c = m\frac{v^2}{r} = mg\tan\theta$$

$$\tan\theta = \frac{v^2}{rg} \text{ 이고, } \therefore \theta = \arctan\frac{v^2}{rg} \text{ 이다.}$$

또한 $g \cdot \tan\theta = \dfrac{v^2}{r}$ (중력가속도 × 마찰계수 = 구심가속도)

스케이트 선수가 코너를 돌 때 순간 구심가속도만 알아도 선수가 바깥으로 미끄러지는지 알 수 있는데, 순간 구심가속도의 크기가 빙면 마찰계수와 중력가속도의 곱보다 크면 선수가 바깥으로 미끄러진다. 따라서 코너에서 미끄러지지 않기 위해서는 반드시 속도를 줄여야 한다.

[그림 5-81. 스케이트의 내측 기울임]

MEMO

Chapter_

06

일과 에너지

1. 일과 일률
2. 에너지

TALUS
운동 역학

06 일과 에너지

① 일과 일률

(1) **일**(work)

[그림 6-1]과 같이 어떤 물체에 힘이 가해졌을 때 그 물체가 힘의 작용 방향으로 변위가 발생하면 그 물체는 일한 것이다. 이때 일의 크기는 물체에 작용한 힘과 변위의 곱으로 나타난다. 일의 단위는 Nm이며, $1Nm$를 1줄(Joule)이라 한다($1Nm=1J$). 일과 토크의 단위는 Nm로 같으나, 개념은 전혀 다르다. 일은 벡터의 내적으로 스칼라이고, 토크는 벡터의 외적으로 벡터이다. 또한, 일은 단위를 'J'로 변경할 수 있으나, 토크는 절대 'J'로 변경할 수 없다. 일반적으로 일의 단위를 Nm로 나타내면 토크와 혼동할 수 있다. 따라서 일을 표시할 때는 J을 사용한다.

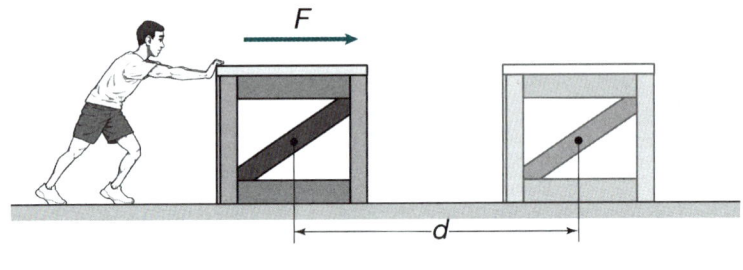

[그림 6-1. 일의 개념]

$$W = \vec{F} \times \vec{d} = |\vec{F}||\vec{d}| = Fd \quad \vec{F}: \text{힘}, \ \vec{d}: \text{변위} \quad [\text{단위}: J]$$

모든 일이 [그림 6-1]과 같이 힘과 변위가 같은 방향으로 발생한다면 일은 힘과 변위의 곱으로 나타낼 수 있을 것이다. 그러나 [그림 6-2]와 같이 여행용 가방을 끌고 갈 때는 힘과 변위의 방향이 일치하지 않는다. 이렇게 힘과 변위가 이루는 각도(θ)가 발생할 경우의 일은 힘(F), 변위(d) 그리고 각도의 코사인($\cos\theta$) 값을 곱해서 구할 수 있다.

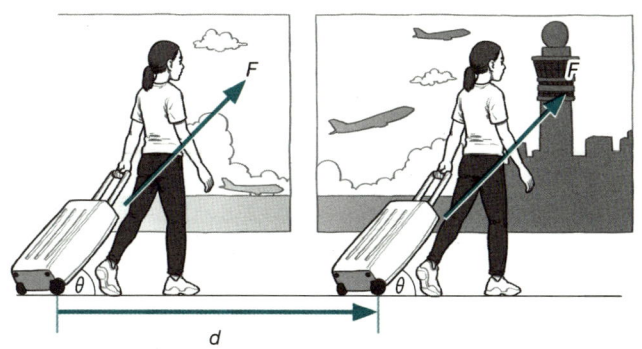

[그림 6-2. 힘과 변위가 같은 방향이 아닐 경우]

$$W = \vec{F} \times \vec{d} = |\vec{F}||\vec{d}|\cos\theta = Fd\cos\theta \quad [단위: J]$$
$\vec{F}$: 힘, $\vec{d}$: 변위, θ: 힘과 변위가 이루는 각

[그림 6-3]과 같이 각운동에서 물체에 토크(T)가 작용하여 각변위(θ)가 발생했다면, 이것도 일한 경우이다. 그러나 각운동의 일을 '각일'이라고 표현하지 않는다. 다시 말해, 선운동의 일이든 각운동의 일이든 단위는 'J'로 같지만, 이는 선운동의 일은 힘과 변위의 내적이고 각운동의 일은 토크와 각변위의 내적으로 같은 개념을 사용하기 때문이다. 이 개념은 파워(일률)라는 용어에서도 그대로 적용되어 '각파워'라는 용어도 절대 사용하지 않음을 반드시 명심해야 한다.

$$W = \vec{T} \times \vec{\theta} = T\theta \quad [단위: J]$$
$\vec{T}$: 토크, $\vec{\theta}$: 각변위

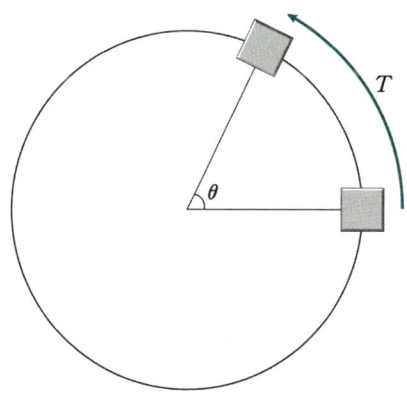

[그림 6-3. 각운동의 일]

위 공식을 토대로 역학적으로 일을 하지 않은 경우를 생각해 볼 수 있다. [그림 6-4]는 등속도 운동을 하는 물체를 보여준다. 속도가 같다는 의미는 가속도(a)가 발생하지 않는다는 뜻이다. 가속도가 '0'이면 힘(F)도 '0'이다. 즉 힘이 가해지지 않는다는 의미이다. 그러므로 일은 0이 된다.

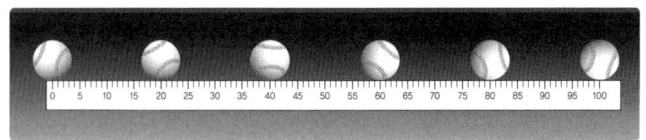

[그림 6-4. 등속도운동을 하는 물체($F = 0$)]

[그림 6-5]는 물체에 사람이 힘을 가했지만, 물체가 움직이지 않은 경우를 보여준다. 이런 경우에는 변위가 발생하지 않아, 일은 '0'이 된다. 근육운동에서 등척성 수축을 하는 경우도 발생한 일은 '0'이 된다.

[그림 6-5. 힘을 가했으나 물체가 움직이지 않은 경우($d = 0$)]

[그림 6-6]은 힘과 변위가 직교하는 경우에 일이 '0'이 된다는 것을 보여준다. 일은 힘과 변위의 내적으로 발생한다. 이때 힘과 변위가 이루는 각이 $90°$가 되면 $\cos 90°$는 '0'이 되기 때문에, 힘과 변위가 직교하면 일은 '0'이 된다.

[그림 6-6. 힘과 변위가 직교하는 경우($F \perp d$)]

일이 '0'이 되는 경우
① 힘을 가하지 않은 경우($\vec{F} = 0$)   예 마찰이 없는 얼음판 위에서 등속직선운동을 할 때
② 변위가 발생하지 않은 경우($\vec{d} = 0$)   예 바위를 밀어도 바위가 움직이지 않을 때, 철봉에 매달려 있을 때
③ 힘과 변위의 방향이 직교할 때($\cos 90° = 0$)   예 물체를 든 채 수평면 위를 걸어갈 때

(2) **양의 일**(positive work)**과 음의 일**(negative work)

일은 스칼라로서 방향성은 없다. 그러나 근육은 길이가 길어지는 원심성 수축(신장성 수축)을 하거나 짧아지는 구심성 수축(단축성 수축)을 하여 힘을 발휘할 수 있다. 이런 경우 근수축 방향에 따라 일의 크기가 달라질 수 있는데, 이런 두 경우를 구분하기 위하여 양의 일과 음의 일로 분류한다. 양의 일을 이해한다면 인체의 움직임에서 주동근을 보다 쉽게 찾을 수 있다. 주동근은 양의 일을 할 때, 단축성 수축을 하는 근육이다. [그림 6-7 (가)]에서 무릎관절 중심으로 주동근을 확인해 보자. 대퇴사두근이 양의 일을 하며, 동시에 단축성 수축을 하고 있다는 것을 알 수 있다. 따라서 [그림 6-7 (가)] 그림에서 무릎관절 중심의 주동근은 대퇴사두근이 된다.

[그림 6-7 (가)]는 '양의 일'을 하고 있으며, 힘의 방향과 물체의 변위가 동일한 방향이다. 반면 [그림 6-7 (나)]는 '음의 일'을 수행하고 있으며, 힘의 방향과 물체의 변위는 반대로 발생하고 있다.

[그림 6-7. 양의 일과 음의 일]

(3) 트레드밀의 일

[그림 6-8]과 같이 트레드밀에서 운동하는 경우, 수평 방향의 변위는 발생하지 않는다. 그러나 트레드밀에 경사도(θ)가 존재하면 수직 방향의 변위가 발생한다. 달리는 속도를 V라고 하면 수직 속도 V_y는 $V\sin\theta$가 된다. 그리고 운동한 시간 t를 알게 되면, 수직 변위를 구할 수 있다. 수직 변위는 $V\sin\theta$와 t의 곱으로 나타난다. 사람에게 작용하는 힘은 중력의 반대 방향으로 작용하는 지면반력이다. 따라서 트레드밀에서 발생한 일은 아래와 같이 구할 수 있다.

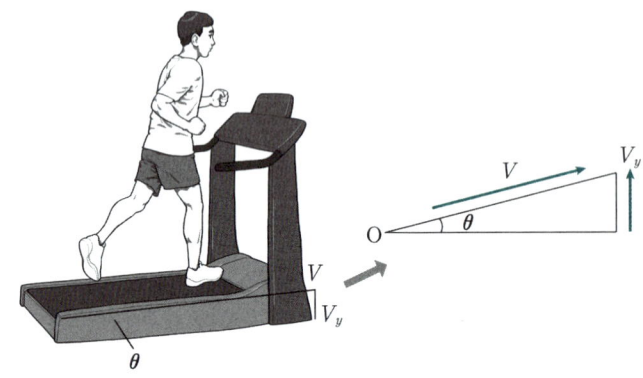

[그림 6-8. 트레드밀의 일]

$W = Fd$ $\qquad F$: 사람에게 작용한 힘, d : 수직 변위
$F = mg$, $d = v\sin\theta \times t = vt\sin\theta$ $\qquad \theta$: 경사도, t : 시간
$W = mgvt\sin\theta$ $\qquad v$: 트레드밀의 속도

(4) 사이클 에르고미터의 일

[그림 6-9]는 사이클 에르고미터의 구조를 보여주고 있다. 사이클 에르고미터는 페달링을 통해 운동 부하 조절장치의 저항을 이겨내어 작업량(일)을 측정하는 도구이다. 사이클 에르고미터의 운동 부하는 자전거 바퀴의 림(rim)에 마찰을 가하여 마찰력을 생성시키는 것으로 필요에 따라 임의로 조절할 수 있다. 사이클 에르고미터는 부하와 시간 등의 조건을 설정하여 저항에 대한 일을 측정한다.

사이클 에르고미터에서 발생한 일(W)은 힘과 변위의 곱으로 구할 수 있으며, 여기서 힘은 림에 작용하는 마찰력(F)이며 변위는 바퀴가 움직인 호로, 사이클 에르고미터에서 한 일은 다음과 같다.

$W = Fd$ $\qquad F$: 림에 작용한 마찰력
$d = r\theta = 2\pi rn$ $\qquad d$: 림의 회전하여 발생한 변위
$W = F2\pi rn$ $\qquad r$: 림의 반지름, n : 림의 회전수

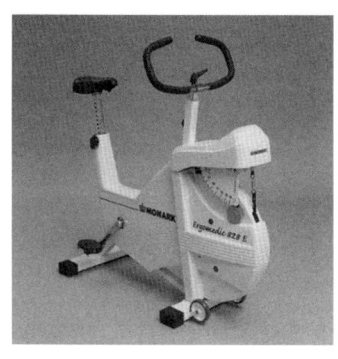 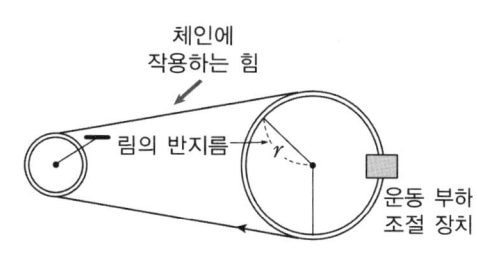

[그림 6-9. 사이클 에르고미터]

(5) **일률**(power, 순발력)

일률은 단위시간 동안 수행한 일을 의미하며, 스포츠에서는 순발력이라는 용어로 사용된다. 순발력은 힘과 속도를 곱한 것으로 표현할 수 있다.

$$\text{선운동의 파워}: P = \frac{W}{t} = \frac{Fd}{t} = Fv \quad [\text{단위}: W]$$

$$\text{각운동의 파워}: P = \frac{W}{t} = \frac{T\theta}{t} = T\omega \quad [\text{단위}: W]$$

앞에서 언급했듯이 파워는 선운동에서도 발생하고 각운동에서도 발생한다. 그리고 선운동과 각운동의 파워 단위는 W로 같다. 파워가 형성되는 개념도 벡터의 내적으로 같다. 따라서 선운동이나 각운동에서 '파워'라는 용어는 동일하게 사용되어야 한다. 절대로 '각파워'라는 용어는 쓰지 않도록 주의하자.

파워는 스포츠 상황에서 매우 중요한 운동 체력 요소이다. 올림픽의 모토인 "더 빨리, 더 높이, 더 멀리"는 파워의 개념을 내포하고 있다. 100m 달리기, 높이뛰기, 멀리뛰기, 던지기 등이 이런 올림픽 구호에 맞는 종목인데, 해당 스포츠에 임하는 선수들은 좋은 경기 결과를 위해 파워 훈련을 충실히 해야 한다. 파워를 증가시키기 위한 방법은 힘과 속도를 적절한 비율로 조절하여 트레이닝을 해야 한다. 보통 파워를 증가시키기 위한 트레이닝은 먼저 힘을 증가시키고, 그 후 빠른 속도로 운동하여 파워를 증가시킨다. 그러나 너무 빠른 속도로 트레이닝을 하다 보면 부상의 위험이 커지기 때문에, 부상 예방을 막을 수 있는 여러 가지 조치(테이핑, 보호대 등)를 취하면서 운동하는 것이 바람직하다.

❶ 일률의 단위

와트(Watt, W)와 마력(horse power, HP)이 있다.

$$1W = \frac{1J}{1\sec}$$

$$1HP = 746\,W$$

❷ 힘과 속도와의 관계

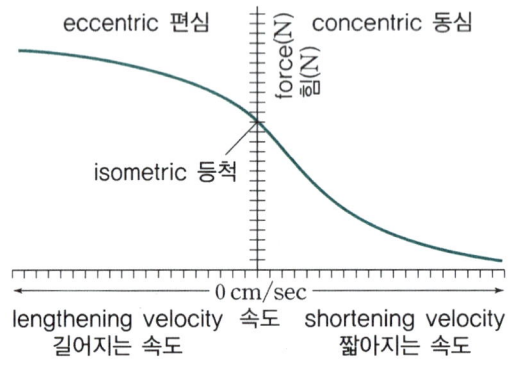

[그림 6-10. 힘과 근수축 속도의 관계]

단축성 수축 시에는 근수축 속도가 빨라지면 힘이 줄어든다. 그러나 신장성 수축 시에는 신장되는 속도가 빨라질수록 힘이 증가하는 것을 볼 수 있다. 또한, 파워는 힘과 속도의 곱으로 산출되는데, 힘과 근수축 속도의 관계 그래프의 아래 면적이 파워를 의미한다. 따라서 파워(순발력) 증가를 위해서는 단축성 수축보다는 신장성 수축이 효과적인 것을 알 수 있다. 이런 이유 때문에 순발력 향상을 위해서는 플라이오메트릭(plyometric) 트레이닝이 필요하다.

② 에너지

(1) 에너지

에너지는 물리적 시스템(system)이 얼마나 많은 일을 할 수 있는지를 정량적으로 나타낸 것을 말한다. 에너지는 부피, 모양, 질량 등의 용어로 표현할 수 없고 물리적 개념으로 일을 할 수 있는 능력으로 정의할 수 있다. 에너지는 역학적 에너지, 열에너지, 화학에너지, 빛에너지, 소리에너지, 핵에너지 등 여러 형태로 존재한다. 운동 역학에서는 역학적 에너지(mechanical energy)만을 다루기로 한다.

역학적 에너지는 크게 위치에너지와 운동에너지로 분류할 수 있다. 위치에너지는 중력에 의한 위치에너지와 탄성에 의한 위치에너지로 나누어지고, 운동에너지는 선운동에 의한 운동에너지와 회전운동에 의한 운동에너지로 구분된다.

역학적 에너지의 단위는 일의 단위와 같은 Joule(J)을 사용한다. 같은 단위를 사용하는 에너지와 일은 매우 밀접한 연관 관계가 있다. 즉 에너지는 일할 수 있는 능력이고, 물체에 일을 해주면 그 물체에는 에너지가 저장된다. 그래서 일과 에너지는 상호 전환이 가능하다. 에너지도 일과 같이 스칼라이므로 방향은 없고 크기만 존재한다.

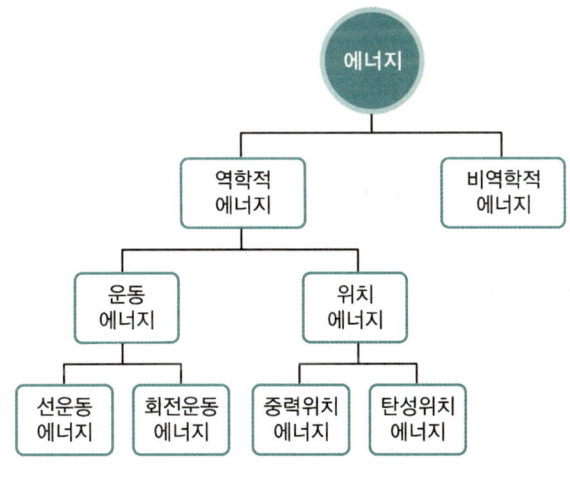

[그림 6-11. 에너지의 분류]

(2) 운동에너지(kinetic energy, E_k)

운동하고 있는 물체가 가지고 있는 에너지를 운동에너지라 한다. 운동 중인 물체는 다른 물체에 충돌했을 때, 그 물체에 일을 수행할 수 있다. 예를 들어, [그림 6-12]와 같이 볼링공이 핀과 충돌하면, 핀은 볼링공으로부터 힘을 받아 변위가 발생하며 일을 하게 된다. 그런데 이번에는 볼링공 대신 농구공을 던져 볼링 핀을 맞춘다고 가정해 보자. 볼링공과 농구공의 속도가 같더라도 농구공으로 쓰러뜨릴 수 있는 볼링 핀의 수는 볼링공으로 쓰러뜨릴 수 있는 핀의 수보다는 적을 것이다. 그 이유는 농구공의 운동에너지가 볼링공보다 작기 때문이다. 또한, 볼링공에 회전을 가해 굴려 주면 볼링공의 운동에너지는 더욱 증가하여 핀을 더 많이 쓰러뜨릴 수 있다. 이것은 볼링공에 선운동에너지와 회전운동에너지가 더해졌기 때문이다.

[그림 6-12. 볼링공의 운동에너지]

운동에너지에는 선운동에너지와 회전운동에너지가 있으며, 운동에너지 산출 공식은 다음과 같다.

선운동에너지: $E_k = \frac{1}{2}mv^2$ (m : 질량, v : 속도)   [단위: J]

회전운동에너지: $E_k = \frac{1}{2}Iw^2$ (I : 관성모멘트, ω : 각속도)   [단위: J]

운동에너지는 물체의 질량과 속도의 제곱에 비례한다. 따라서 운동에너지를 크게 하려면 질량을 높이거나, 속도를 증가시키는 것이 중요하다. 예를 들어, 미식축구 경기에서 질량이 작은 선수가 질량이 큰 선수를 태클해서 넘어뜨리려면 상대 선수보다 훨씬 빠르게 움직여야 가능하다. $5m/s$로 달리는 $100kg$의 선수(운동에너지 $1250J$)를 $70kg$의 선수가 $7m/s$(운동에너지 $1715J$)로 달려가 태클한다면 질량이 작은 선수라도 더 큰 운동에너지를 가지므로 상대를 쓰러뜨릴 수 있다.

(3) **위치에너지**(potential energy, E_p)
  ❶ 중력에 의한 위치에너지

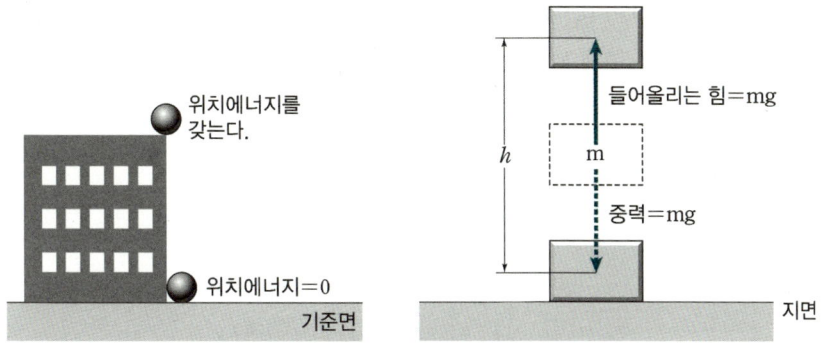

[그림 6-13. 위치에너지의 기준면]

높은 곳에 있는 물체가 높이에 따라 가지는 에너지를 위치에너지라 한다. 기준면($h = 0$)보다 높이 있는 물체는 중력에 의해 저절로 낙하하게 되는데, 기준면까지 내려오면서 중력은 일할 수 있다. 따라서 위치에너지의 산출 공식은 다음과 같다.

$$E_p = mgh \ (m : 질량, \ g : 중력가속도, \ h : 높이)$$
$$W = F \cdot d = mg \cdot h$$

위의 공식에서 보는 바와 같이 위치에너지는 질량과 높이에 비례한다. 따라서 무거운 물체나 높은 곳에 있는 물체가 그렇지 않은 물체보다 위치에너지가 더 크다. 그러므로 수영의 다이빙에서 질량이 큰 선수는 질량이 적은 선수보다 입수 시(같은 자세로 입수했다고 가정할 때) 물로부터 받는 충격력이 더 크다.

❷ 탄성에 의한 위치에너지

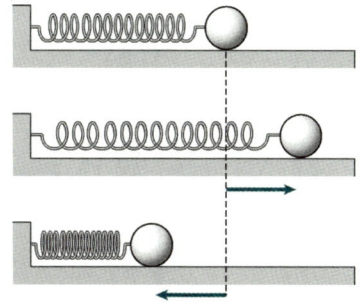

[그림 6-14. 용수철에 의한 위치에너지(탄성에너지)]

[그림 6-14]와 같이 탄성력에 의해서도 물체는 잠재적인 에너지를 보유하게 된다. 이를 탄성에 의한 위치에너지라고 한다. 어떤 물체에 힘을 가하여 변형시켰다가 놓았을 때 원래의 모양으로 되돌아가려고 하는 성질을 '탄성'이라 한다. 즉 탄성에너지는 신축성 있는 물체인 근육, 스프링 등의 물체 안에서 원상태로 돌아가기 위해 저장해 놓은 에너지이다. 탄성에너지의 산출 공식은 다음과 같다.

$$E_{ek} = \frac{1}{2}kx^2 \quad (k: 탄성계수, \ x: 변형된 길이)$$

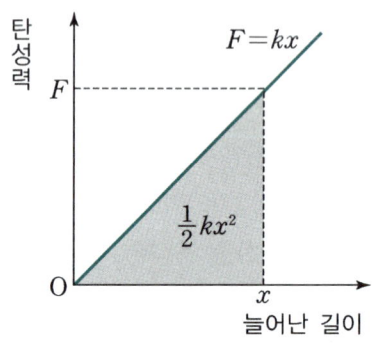

[그림 6-15. 늘어난 길이와 탄성력의 관계]

외부에서 작용하는 힘의 크기가 클수록 물체의 변형도 크게 발생하게 되는데, 변형이 클수록 탄성력도 비례하여 커지게 된다. 인체운동에서 탄성에너지는 근육의 탄성으로 볼 수 있는데, 이완 후 원래의 길이로 돌아가려는 탄성에너지 때문에 수축력이 발생한다. 이것을 이용한 것이 각종 '스트레칭(정적, 동적, 반동적, PNF 등)'이다. 그러나 탄성에너지는 직접 측정하기가 곤란하다. 이는 인체가 운동했을 경우 역학적 에너지와 생리적으로 소모한 에너지(탄성에너지, 열에너지 등)가 일치하지 않기 때문이다.

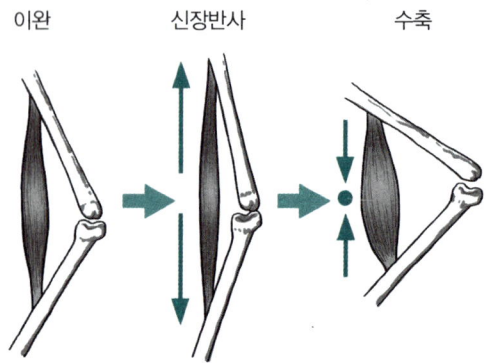

[그림 6-16. 근육의 탄성력]

(4) **역학적 에너지 보존 법칙**

운동에너지와 위치에너지를 합하여 역학적 에너지라 한다. 만약 중력을 제외한 외력이 가해지지 않고 물체가 운동하는 도중 에너지 손실이 없으면 운동에너지가 감소하여 위치에너지가 증가하게 되고, 그 합은 일정하게 유지된다. 이것을 역학적 에너지 보존의 법칙이라 한다.

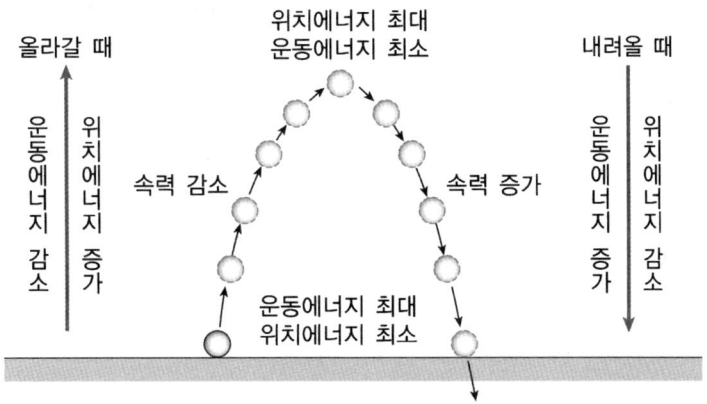

[그림 6-17. 던져 올린 공의 역학적 에너지 보존]

❶ 던져 올린 공의 역학적 에너지 전환

ⓐ 올라갈 때: 속력 감소, 운동에너지 → 위치에너지

운동에너지는 감소하고, 위치에너지는 증가한다. 이것은 운동에너지가 위치에너지로 전환되기 때문이다.

ⓑ 내려갈 때: 속도 증가, 위치에너지 → 운동에너지

위치에너지는 감소하고, 운동에너지는 증가한다. 이것은 위치에너지가 운동에너지로 전환되기 때문이다.

$$K_e(\text{역학적 에너지}) = \frac{1}{2}mv_f^2 + mgh = \text{일정}$$

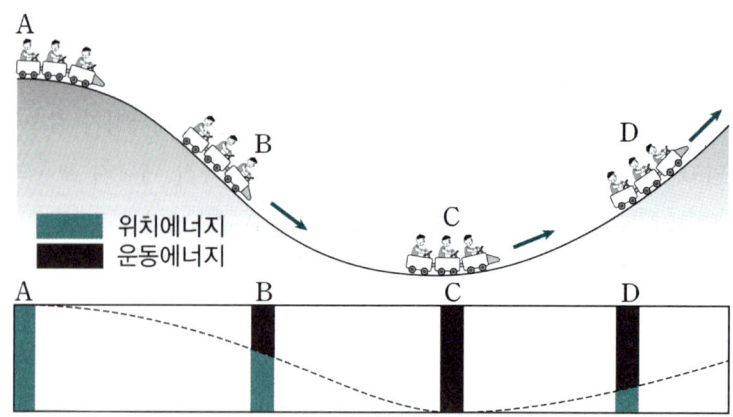

[그림 6-18. 롤러코스터의 역학적 에너지 보존]

❷ 롤러코스터의 역학적 에너지 전환

    ⓐ 내려갈 때: 속도 증가, 위치에너지 → 운동에너지

       속력이 점점 빨라지므로 위치에너지는 감소하고, 운동에너지는 증가한다. 이것은 처음 출발할 때 열차가 가지고 있던 위치에너지 일부가 운동에너지로 전환되었기 때문이다.

       A-B-C 구간: 속도 증가, 위치에너지 → 운동에너지(위치에너지 감소, 운동에너지 증가)

    ⓑ 올라갈 때: 속도 감소, 운동에너지 → 위치에너지

       속력이 점점 느려지므로 운동에너지는 감소하고, 그 대신 위치에너지가 증가한다. 즉, 열차가 가지고 있던 운동에너지 일부가 위치에너지로 전환된다.

       C-D 구간: 속력 감소, 운동에너지 → 위치에너지(운동에너지 감소, 위치에너지 증가)

(5) **인체에너지 효율**

인체의 경우 에너지 소비량보다 실제로 수행한 일의 양이 적게 나타난다. 이는 일을 수행하는 데 소요되는 에너지 외에 생명을 유지하는 데 소비되는 에너지와 화학적 에너지가 기계적 에너지로 전환되면서 손실되는 에너지(관절의 마찰력, 혈액과 근육의 점성, 원만하지 못한 길항작용)가 있기 때문이다. 따라서 체온이 높은 상태에서 운동하게 되면 역학적 효율이 높아질 수 있다(준비운동 및 워밍업 필요).

$$효율(\%) = \frac{일량}{에너지\ 소비량} \times 100$$

인체의 에너지 효율은 약 20~25%이다.

(6) 일과 에너지의 관계(일과 에너지 정리)

물체에 힘을 작용하여 일하면 일을 한 만큼 물체의 에너지가 증가하거나 그 에너지가 다른 형태의 에너지로 전환된다. 아래 그림과 같이 질량이 m이고 속도 v_o로 운동하는 물체에 운동 방향으로 일정한 크기의 힘 F가 작용하여 변위 s만큼 이동하였을 때 속도가 v가 되는 경우를 생각해보자.

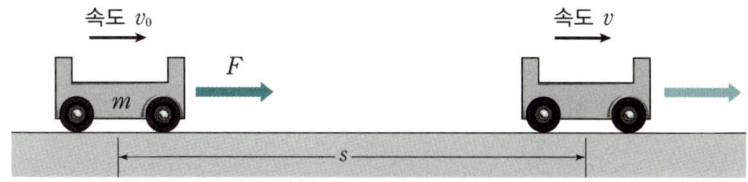

[그림 6-19. 일과 운동에너지와의 관계]

물체에 힘이 작용하면 물체는 가속한다. 작용하는 힘이 일정한 경우 물체는 크기가 a인 등가속도로 운동하여 변위 s만큼 이동하므로 등가속도 직선운동의 식에 적용하면 아래와 같다.

$$2as = v^2 - v_o^2 \text{ 에서 } a = \frac{F}{m} \text{을 대입하면}$$

$$2 \times \frac{F}{m} \times s = v^2 - v_o^2 \text{이 되고, 정리하면}$$

$$F \times s = \frac{1}{2}mv^2 - \frac{1}{2}mv_o^2 \text{이 되므로}$$

$$W = \frac{1}{2}mv_f^2 - \frac{1}{2}mv_o^2 = \frac{1}{2}\Delta mv^2$$

(v_f : 나중속도, v_o : 처음속도, 일 = 운동에너지의 변화량)

따라서 힘이 물체에 한 일만큼 물체의 운동에너지가 변하며, 이것을 일과 운동에너지 정리라고 한다.

[그림 6-20. 일과 위치에너지]

[그림 6-20]과 같이 지표면 근처에서 물체의 무게와 같은 크기의 힘 F를 작용하여 질량이 m인 물체를 h의 높이만큼 천천히 일정한 속도로 들어 올린다. 이때 높이 h만큼 들어 올리는 동안 힘 F가 물체에 한 일 W는

$$W = Fd = mgh$$

가 된다. 이때 물리량 mgh를 질량이 m인 물체가 높이 h에서 가지고 있는 중력에 의한 위치에너지라 한다. 즉, 힘이 물체에 한 일이 중력 위치에너지로 전환된다. 중력 위치에너지는 기준점으로부터의 높이에 비례하므로 기준점에 따라 다른 값을 가질 수 있다.

$$W = mgh_2 - mgh_1 = mg\Delta h$$
(h_2 : 나중높이, h_1 : 처음높이, 일 = 위치에너지의 변화량)

이렇게 일과 에너지는 밀접한 관계에 있으며, 일과 에너지의 관계는 아래의 식으로 나타낼 수 있다.

$$\sum W = \Delta E_k + \Delta E_p = Fd$$

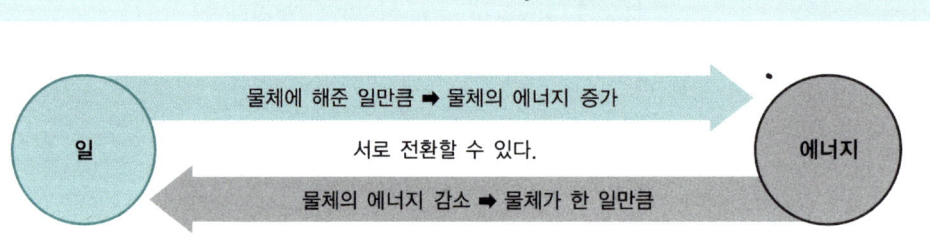

[그림 6-21. 일과 에너지의 관계]

MEMO

부록 ①

적용예제 42

적용예제 42 풀이

TALUS
운동 역학

적용예제 42

해설 p.162

적용예제 1

A에서 바라본 B의 상대속도는?

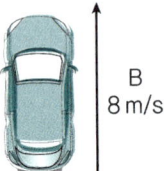

B에서 바라본 A의 상대속도는?

적용예제 2

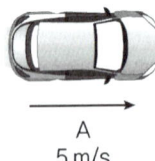 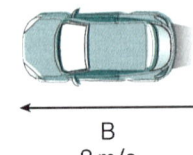

A에서 바라본 B의 상대속도는?

B에서 바라본 A의 상대속도는?

적용예제 3

1) 100m 경주에서 볼트 선수가 2.5m/s²의 가속도로 출발하였다면 20m를 지나는 시점에서 속도는 얼마인가?

2) 2m/s의 평균 속력으로 30분 동안 조깅하였다면 조깅한 거리는 얼마인가?

적용예제 4

야구 선수가 1루에서 6m/s의 속도로 달리다 2루 베이스 1.5m 전에 슬라이딩을 하여 2루 베이스에 도달했다면 슬라이딩하는 동안 가속도는 얼마인가?

적용예제 5

굴러가는 축구공이 잔디의 저항에 의해 $-3m/s^2$의 가속도로 6초 후에 멈췄다면

1) 축구공의 처음속도는 얼마인가?

2) 축구공이 굴러간 변위는 얼마인가?

적용예제 6

1) 5m 높이에서 공을 자유낙하시킬 때, 공이 지면에 닿을 때의 속도는 얼마인가?
   (단, 중력가속도 $-10m/s^2$)

2) 15m 높이에서 다이빙할 때 입수하는 데 걸리는 시간과 입수할 때의 속도를 계산하시오.

적용예제 7

높이뛰기 선수가 10m/s의 속도에서 30°의 각도로 뛰어올랐다. 도약 시 무게중심의 높이가 1.5m였다면, 무게중심의 최대 높이는 얼마인가? (단, 중력가속도는 $-10m/s^2$)

적용예제 8

골프 선수가 평지에서 골프공을 쳤는데 공이 15°의 각도를 이루며, 50m/s의 속도로 날아갔다. 날아간 수평 변위는 얼마인가? (단, 공기의 저항은 무시하며, 중력가속도 $-10m/s^2$)

적용예제 9

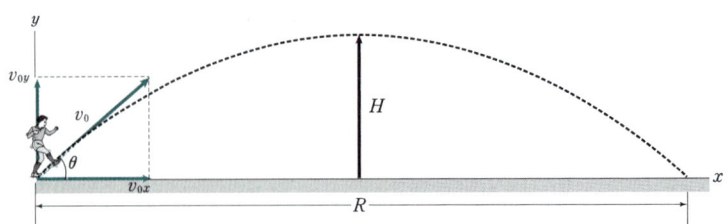

축구공의 체공 시간: 2초
킥 동작 후 축구공의 수평속도: 10m/s
킥 동작 후 축구공의 수직속도: 10m/s
중력가속도: $-10m/s^2$

1) 축구공의 수평 변위는?

2) 축구공의 최대 높이는?

적용예제 9-1

공이 공중으로 투사되는 순간에 수평속도는 20m/s이며, 중력가속도는 $-10m/s^2$이다(단, 공기 저항은 없다고 가정함).

1) 공과 골대의 변위가 40m일 때, 공이 골대까지 움직이는 데 걸리는 시간은?

2) 공이 최정점에 도달할 때 걸리는 시간은?

3) 공이 투사될 때의 수직속도는?

4) 투사된 공의 속도의 크기는?

적용예제 10

다이빙에서 3회전 반을 돌아 입수하였다면 총 회전한 각을 각도와 radian으로 나타내면 얼마인가?

적용예제 11

주자 A와 B가 달리기 시합을 하고 있다. 곡선 주로를 달려야 하기 위해서 주자 B는 A보다 몇 미터 앞에서 출발해야 하는가?

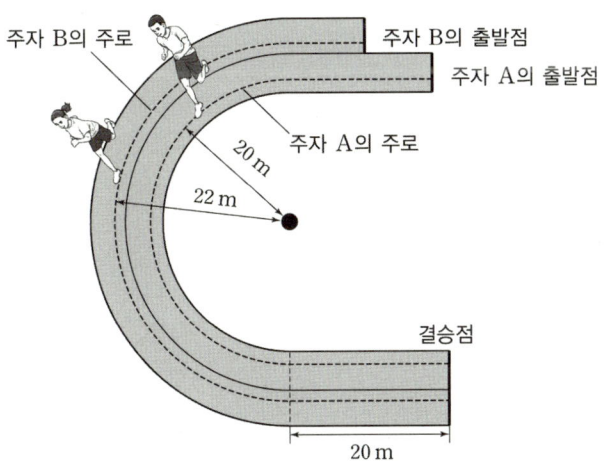

적용예제 12

기계체조 철봉 경기에서 세 바퀴 대차돌기 동작을 하는 데 3초 걸렸다면 평균 각속도는 얼마인가?

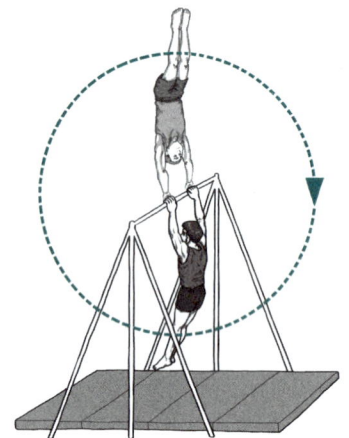

적용예제 13

자전거를 타고 가는데 내리막길을 만나 자전거 바퀴의 각속도가 22rad/s에서 4초 만에 30rad/s으로 빨라졌다. 그 속도로 가다가 오르막길을 만나 15초 만에 15rad/s으로 줄어들었다. 각 상황에서 바퀴의 각가속도의 크기를 구하시오.

적용예제 14

무릎을 1초 만에 57.3°신전하였다면 이때 다리의 각속도와 발목의 선속도를 구하시오(무릎에서 발목까지는 50cm).

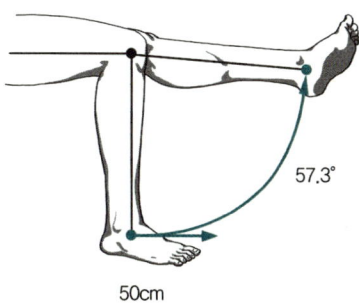

적용예제 15

30kg의 상자가 놓여 있다. 이 상자를 밀어 이동하기 위해서 필요한 최소한의 힘은 얼마인가? 이때 상자와 놓여 있는 바닥과의 정지마찰계수는 0.5이다(단, 중력가속도 −10m/s²).

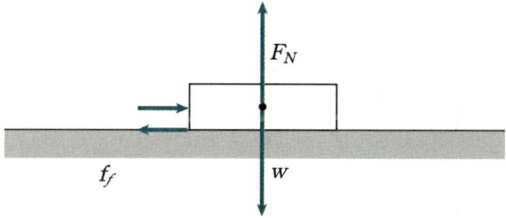

적용예제 16

아이스하키 스틱으로 퍽을 쳐서 이때 처음 퍽의 속력은 4m/s였다. 퍽이 10m 미끄러진 후 멈췄다면 빙판과 퍽 사이의 운동마찰계수는 얼마인가? (단, 중력가속도 $-10m/s^2$)

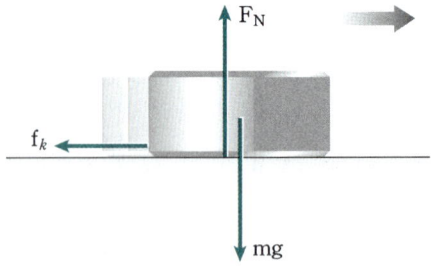

적용예제 17

1) 달리기 선수가 4m/s의 속도로 뛸 때 앞바람이 5m/s의 속도로 불고 있다면 항력의 크기는 얼마인가?

2) 뒷바람이 2m/s의 속도로 불고 있다면 항력의 크기는 얼마인가?
   (단, 항력계수 0.9, 공기 밀도 $1.2kg/m^3$, 단면적 $0.45m^2$)

적용예제 18

6kg의 볼링공을 5m/s² 가속도가 생기도록 하기 위해서 필요한 힘은 얼마인가?

적용예제 19

5kg의 상자를 10N의 힘으로 당길 때 상자에 2N의 마찰력이 발생하였다면 상자의 가속도는 얼마인가?

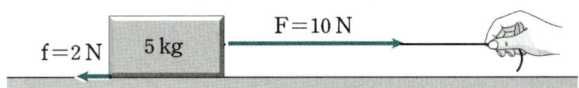

적용예제 20

투수가 0.1kg의 야구공을 던질 때 공의 속도가 40m/s라면 야구공에 가한 힘의 크기는 얼마인가? (단, 와인드업해서 공을 던질 때까지의 변위는 2m, 공의 가속도는 일정하며 x축의 방향으로 던진다.)

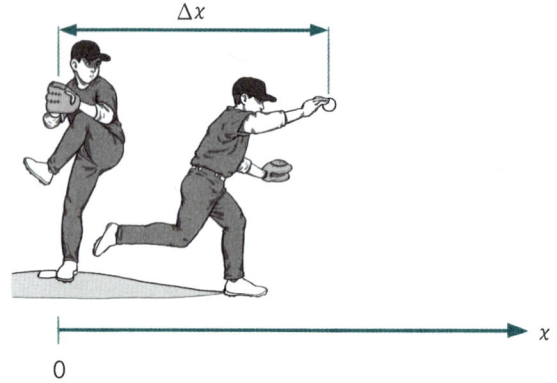

적용예제 21

얼음판 위에 스케이트를 신은 두 사람이 서 있다. 한 사람의 질량은 100kg이고 다른 사람의 질량은 60kg이다. 60kg인 사람이 30N의 힘으로 밀었다면 어떤 일이 생기는가?

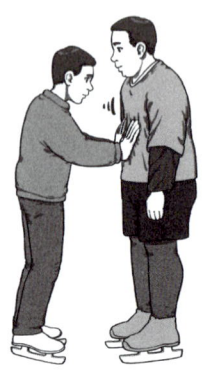

적용예제 22

농구공이 2m 높이에서 바닥으로 떨어졌다. 만약 볼과 마루바닥 사이의 탄성계수가 0.9라면 바운드 되는 농구공의 높이는 얼마인가?

적용예제 23

축으로부터 50cm 떨어진 곳에서 100N의 힘이 작용할 때 발생하는 토크는 얼마인가?

적용예제 24

O점을 지나는 회전축에 대한 관성모멘트와 회전반경 k를 구하라(각 블록의 질량 1kg).

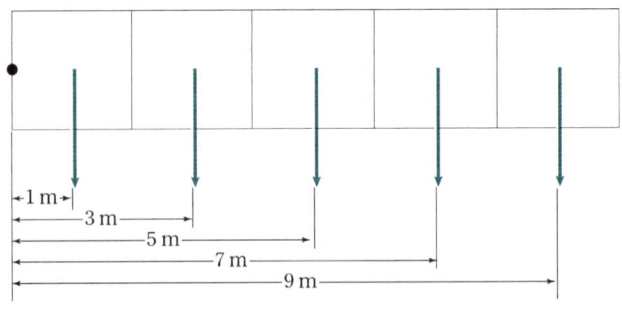

적용예제 25

O점을 지나는 회전축에 대한 관성모멘트와 회전반경 k를 구하라(각 블록의 질량 1kg).

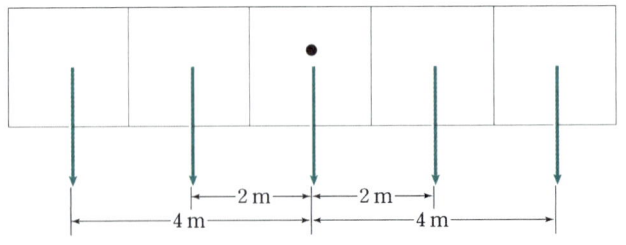

적용예제 26

질량이 1kg인 입자 두 개가 얇은 막대기 끝에 고정되어 있다. 막대기의 길이는 1m이다. 막대기 끝을 회전축으로 할 때와 막대기의 가운데를 회전축으로 할 때의 관성모멘트를 구하시오.

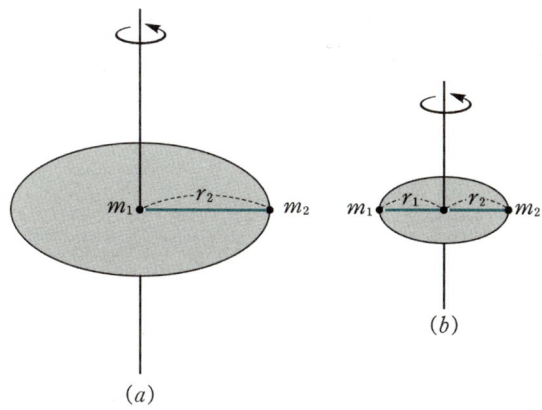

적용예제 27

O점을 지나는 회전축에 대한 관성모멘트는 (　　　)이다(각 블록의 질량 1kg). 축으로부터 2m, 4m, 5m 떨어진 곳의 관성모멘트를 구하시오.

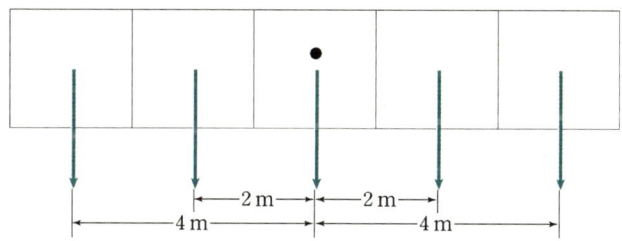

적용예제 28

다이빙 선수가 다이빙대에서 다이빙하려는 순간 인체의 무게중심에 대한 관성모멘트가 10kgm²이고 그림과 같이 무게중심으로부터 25cm 떨어진 곳에 280N의 힘이 작용하면(단, 무게중심과 발끝은 같은 선상에 위치함, 중력에 의한 토크는 발생하지 않음)

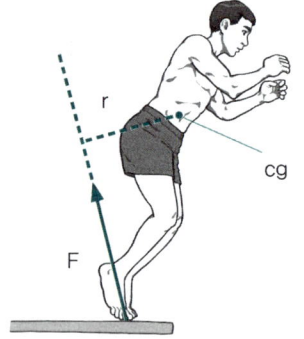

1) 토크의 크기는 얼마인가?

2) 각가속도는 얼마인가?

적용예제 29

1kg의 메디신 볼을 2m의 줄로 묶어 1초에 한 바퀴 도는 각속도로 돌리면 이때의 각운동량은 얼마인가?

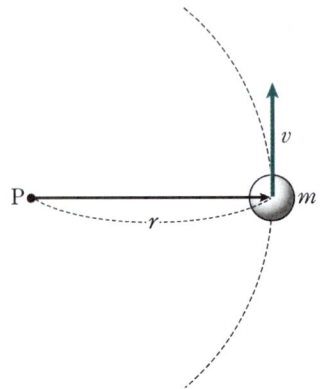

적용예제 30

피겨 스케이트 선수가 2rad/s의 각속도로 스핀을 돌기 시작했는데 이때의 관성모멘트는 $0.6kgm^2$이다. 팔과 다리를 몸에 가깝게 붙여 관성모멘트가 $0.2kgm^2$으로 줄였다면 각속도는 얼마인가?

적용예제 31

반지름이 10m인 쇼트 트랙 코너를 돌 때의 속도가 10m/s일 때, 몸을 몇 도 굽혀야 넘어지지 않고 돌 수 있을까? (단, 중력가속도 $10m/s^2$)

적용예제 32

축구 선수가 같은 편에게 패스하기 위해 400N의 힘으로 똑바로 축구공을 찰 때, 공이 15cm 간 다음에 발끝에서 떠나갔다면 이때 공에 한 일의 양은 얼마인가?

적용예제 33

20N의 힘으로 0.4kg의 아이스하키 퍽을 쳤다. 퍽과 스틱이 접촉한 시간은 0.2초이고 퍽이 스틱에서 떠나는 순간의 속도는 10m/s였다면 퍽에 이루어진 일은 얼마인가? (단, 마찰력은 고려하지 않음)

적용예제 34

공항에서 짐을 찾아 그림과 같이 끌고 가고 있다. 80N의 힘으로 60°를 이루면서 30m를 걸어왔을 때 여행 가방에 한 일은 얼마인가?

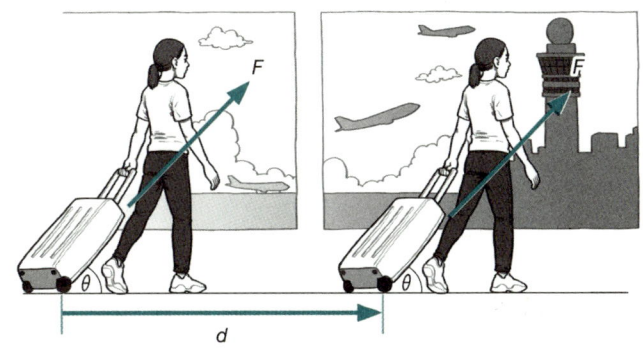

적용예제 35

질량이 60kg인 사람이 경사도가 30°이고, 벨트의 속도가 3m/s로 움직이는 트레드밀에서 60초간 운동을 했을 때 이 사람이 한 일을 구하시오(단, 중력가속도는 $-10m/s^2$).

적용예제 36

바퀴에 작용하는 힘이 20N, 바퀴의 반지름이 40cm인 에르고미터를 100회 회전시켰을 때, 에르고미터가 한 일을 구하시오.

적용예제 37

바벨의 질량은 50kg이고 들어 올린 거리가 60cm였다면 들어 올리는 데 한 일과 내리는 데 한 일을 구하시오(단, 중력가속도는 $-10m/s^2$).

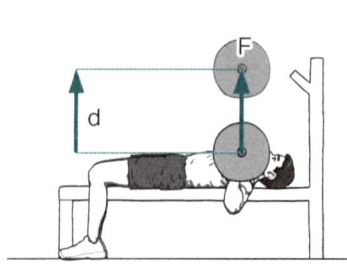 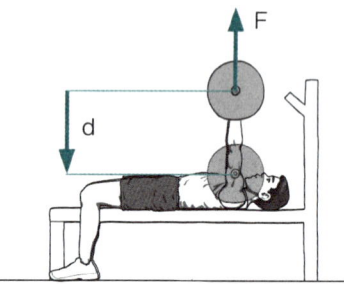

적용예제 38

자전거를 타다 3초 동안 50N의 힘으로 브레이크를 잡을 때 자전거가 30m/s에서 20m/s의 속도로 감속되었다면 자전거에 가해진 일은 얼마인가?

적용예제 39

역기를 들어 올리는 일은 300J이었고, 들어 올릴 때 2초가 걸렸다면 이때의 파워는 얼마인가?

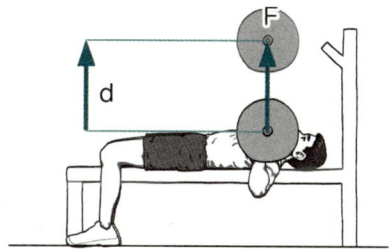

적용예제 40

100kg의 농구 선수가 체력 훈련을 위해 높이 300m인 빌딩의 계단을 이용하여 10분 만에 올라갔다면 선수의 평균 파워는 얼마인가? (단, 중력가속도는 $-10m/s^2$)

적용예제 41

140g의 야구공을 20m/s의 속도로 던졌을 때와 7kg의 볼링공을 6m/s의 속도로 던졌을 때 야구공과 볼링공의 운동에너지는 각각 얼마인가?

 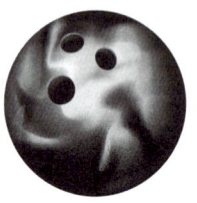

적용예제 42

60kg인 기계체조 선수가 철봉에서 동작을 하고 있다. 이때 선속도는 2m/s, 각속도는 2rad/s, 관성모멘트는 10kgm²이고 무게중심은 3m 높이에 있다면 이 선수의 총 역학적 에너지는 얼마인가? (단, 중력가속도는 $-10m/s^2$)

적용예제 42 풀이

본문 p.140

1 적용예제 A에서 바라본 B의 상대속도는? 8−5 = 3m/s
B에서 바라본 A의 상대속도는? 5−8 = −3m/s

2 적용예제 A에서 바라본 B의 상대속도는? −8−5 = −13m/s
B에서 바라본 A의 상대속도는? 5−(−8) = 13m/s

3 적용예제
1) $a = 2.5, d = 20, v_o = 0, v_f = ?$
운동방정식을 사용하여 v_f의 값을 찾는다.
$v_f^2 - v_o^2 = 2ad$
$v_f^2 = 100$
$v_f = 10 m/s$

2) $\bar{v} = 2, t = 30 \times 60 = 1800$
$d = \bar{v}t$
$\quad = 2 \times 1800$
$\quad = 3600 m$

4 적용예제 $v_o = 6, v_f = 0, d = 1.5, a = ?$
운동방정식을 사용하여 가속도를 구한다.
$v_f^2 - v_0^2 = 2ad$
$0 - 6^2 = 2 \cdot a \cdot 1.5$
$3a = -36$
$a = -12 m/s^2$

5 적용예제
1) $a = -3, t = 6, v_f = 0, v_o = ?$
$v_f = v_o + at$
$0 = v_o - 3 \cdot 6$
$v_o = 18 m/s$

2) $a = -3, t = 6, v_f = 0, v_o = 18, d = ?$
$d = v_o t + \frac{1}{2} at^2$
$\quad = 18 \cdot 6 + \frac{1}{2} \cdot (-3) \cdot 6^2$
$\quad = 54 m$

6 적용예제

1) $d=-5$(아래방향이므로 $-$임), $g=-10$, $v_o=0$, $v_f=?$

$v_f^2-v_o^2=2ad$ 공식에서 a대신 g를 대입함

$v_f^2-0=2\cdot(-10)\cdot(-5)$

$v_f^2=100$

$v_f=\pm10$

$v_f=-10m/s$(아래방향이므로 $-$임)

2) $d=-15$(아래방향이므로 $-$임), $g=-10$, $v_o=0$, $t=?$, $v_f=?$

$v_f^2-v_o^2=2ad$ 공식에서 a대신 g를 대입

$v_f^2-0=2\cdot(-10)\cdot(-15)$

$v_f^2=300$

$v_f=\pm10\sqrt{3}$

$v_f=-10\sqrt{3}\,m/s$(아래방향이므로 $-$임)

$v_f\fallingdotseq-17.3m/s$

$v_f=v_o+at$ 공식에서 a대신 g를 대입

$-17.3=0+(-10)t$

$t=1.73s$

7 적용예제

$v_o=10, g=10, \theta=30, h=?$

$h=\dfrac{(v_o\sin\theta)^2}{2g}$

$=\dfrac{(10\cdot\sin30°)^2}{2\cdot10}$

$=1.25$

무게중심의 최대 높이 $= h +$ 도약 시 무게중심의 높이

무게중심의 최대 높이 $= 1.25+1.5 = 2.75m$

8 적용예제

$v_o=50, g=10, \theta=15$

$d=\dfrac{v_o^2\sin2\theta}{g}$

$=\dfrac{50^2\sin30°}{10}$

$=125m$

Talus Biomechanics

9 적용예제

1) $v_o = 10, t = 2, d = ?$
$d = v_o t$
$\quad = 10 \cdot 2$
$\quad = 20m$

2) $v_o = 10, v_f = 0, g = -10, d = ?$
$2ad = v_f^2 - v_o^2$ (a 대신 g를 대입)
$2 \cdot (-10) \cdot d = 0 - 10^2$
$d = 5m$

9-1 적용예제

1) $v_0 = 20, d = 40, t = ?$
$d = v_o t$
$40 = 20t$
$t = 2s$

2) 1초(체공 시간이 2초이므로 최정점 도달 시간은 체공 시간의 절반이 됨)

3) $v_f = 0, t = 1, g = -10, v_o = ?$
$v_f = v_o + at$
$0 = v_o - 10 \cdot 1$
$v_o = 10 m/s$

4) $v_{수평} = 20, v_{수직} = 10$
투사된 공의 속도는 피타고라스의 정리에 의해
$v^2 = v_{수평}^2 + v_{수직}^2$
$v^2 = 20^2 + 10^2$
$v = 10\sqrt{5}\, m/s$

10 적용예제

$360 \times 3.5 = 1260°$

$\dfrac{1260°}{57.3°} = 21.99\, rad$

11 적용예제

$d = r\theta$
$\quad = (22 - 20)\pi$
$\quad = 2\pi$
$\quad = 2 \times 3.14$
$\quad = 6.28m$

12 적용예제 $\theta = -6\pi$ (시계방향이므로 각변위의 부호는 $-$임), $t = 3$

$$\omega = \frac{\theta}{t}$$
$$= \frac{-6\pi}{3}$$
$$= -2\pi\,rad/s \text{ 또는 } -6.28\,rad/s$$

13 적용예제

내리막 상황
$\omega_o = 22, \omega_f = 30, t = 4$

$$\alpha = \frac{\omega_f - \omega_o}{t}$$
$$= \frac{30 - 22}{4}$$
$$= 2\,rad/s^2$$

오르막 상황
$\omega_o = 30, \omega_f = 15, t = 15$

$$\alpha = \frac{\omega_f - \omega_o}{t}$$
$$= \frac{15 - 30}{15}$$
$$= -1\,rad/s^2$$

14 적용예제 $\theta = 57.3° = 1\,rad, t = 1, r = 0.5, \omega = ?, v = ?$

$$\omega = \frac{\theta}{t}$$
$$= \frac{1}{1}$$
$$= 1\,rad/s$$
$$v = r\omega$$
$$= 0.5 \times 1$$
$$= 0.5\,m/s$$

15 적용예제 $m = 30, \mu = 0.5, g = 10$ (수직 항력에는 $+10$을 대입함)

$$F_f = \mu mg$$
$$= 0.5 \cdot 30 \cdot 10$$
$$= 150N$$

최대정지마찰력이 150N이므로 150N 이상의 힘이 가해지면 상자는 움직이기 시작함

16 적용예제 $v_o = 4, v_f = 0, d = 10, g = 10$

$$v_f^2 - v_o^2 = 2ad$$
$$0 - 4^2 = 2a \cdot 10$$
$$a = -0.8$$
$$F_f = \mu mg,$$
$$F_f = -ma$$
$$\mu mg = -ma$$

$$\mu = \left|\frac{a}{g}\right|$$
$$= \left|\frac{0.8}{10}\right|$$
$$= 0.08$$

17 적용예제 앞바람의 항력

$v_{앞바람의\ 상대속도} = -9, C_D = 0.9, \rho = 1.2, A = 0.45$

$$F_D = \frac{1}{2} C_D \rho A V^2$$
$$= \frac{1}{2} \cdot 0.9 \cdot 1.2 \cdot 0.45 \cdot (-9)^2$$
$$= 19.68 N$$

뒷바람의 항력

$v_{뒷바람의\ 상대속도} = -2, C_D = 0.9, \rho = 1.2, A = 0.45$

$$F_D = \frac{1}{2} C_D \rho A V^2$$
$$= \frac{1}{2} \cdot 0.9 \cdot 1.2 \cdot 0.45 \cdot (-2)^2$$
$$= 0.97 N$$

18 적용예제 $m = 6, a = 5$
$$F = ma$$
$$= 6 \cdot 5$$
$$= 30 N$$

19 적용예제 $m = 5, F_{알짜힘} = 10 + (-2) = 8, a = ?$
$$F = ma$$
$$8 = 5a$$
$$a = 1.6 m/s^2$$

20 적용예제 $m = 0.1, v_o = 0, v_f = 40, d = 2, F = ?$
$$v_f^2 - v_0^2 = 2ad$$
$$40^2 - 0 = 2a \cdot 2$$
$$a = 400$$
$$F = ma$$
$$= 0.1 \cdot 400$$
$$= 40 N$$

21 적용예제 $m=100, F=30, a=?$
$F=ma$
$30=100 \cdot a$
$a=0.3 m/s^2$
$m=60, F=-30(반작용력), a=?$
$F=ma$
$-30=60a$
$a=-0.5 m/s^2$
100kg인 사람은 오른쪽으로 0.3m/s²의 가속도가 생기고 60kg인 사람은 왼쪽으로 0.5m/s²의 가속도가 발생한다.

22 적용예제 $H=2, e=0.9, h=?$
$e=\sqrt{\dfrac{h}{H}}$
$0.9=\sqrt{\dfrac{h}{2}}$
$h=1.62m$

23 적용예제 $r=0.5, F=100$
$T=rF$
$\quad =0.5 \cdot 100$
$\quad =50 Nm$

24 적용예제 $I=\sum_{i=1}m_i r_i$
$I=1\times 1^2+1\times 3^2+1\times 5^2+1\times 7^2+1\times 9^2$
$\quad =165 kgm^2$
$I=Mk^2$
$165=5k^2$
$k=\sqrt{33}\fallingdotseq 5.74m$

25 적용예제 $I=\sum_{i=1}m_i r_i$
$I=1\times(-2)^2+1\times(-4)^2+1\times 2^2+1\times 4^2=40 kgm^2$
$I=Mk^2$
$40=5k^2$
$k=\pm\sqrt{8}\fallingdotseq \pm 2.83m$

26 적용예제 $m_1 = 1, m_2 = 1, r_1 = 1, r_2 = 0.5, I_1 = ?, I_2 = ?$

$I = mr^2$
$= 1 \times 1^2$
$= 1 kgm^2$

$I = \sum_{i=1} m_i r_i = 1 \times 0.5^2 + 1 \times (-0.5)^2$
$= 0.5 kgm^2$

27 적용예제 $I_{cm} = 40, m = 5, d = 5, I_{N=?}$

$I_N = I_{cm} + md^2$
$= 40 + 5 \cdot (-5)^2$
$= 165 kgm^2$

28 적용예제 $I = 10, r = 0.25, F = 280, T = ?, \alpha = ?$

$T = rF$
$= 0.25 \times 280$
$= 70 Nm$

$T = I\alpha$
$70 = 10\alpha$
$\alpha = 7 rad/s^2$

29 적용예제 $m = 1, r = 2, w = \dfrac{2\pi}{1}, H = ?$

$H = I\omega = mr^2\omega$
$= 1 \times 2^2 \times 2\pi$
$= 8\pi kgm^2/s$ 또는 $25.12 kgm^2/s$

30 적용예제 $\omega_o = 2, I_0 = 0.6, I_f = 0.2, \omega_f = ?$

각운동량 보존의 법칙에 따라
$H_o = H_f$
$I_o \omega_o = I_f \omega_f$
$0.6 \times 2 = 0.2 \times \omega_f$
$\omega_f = 6 rad/s$

31 적용예제

$r = 10, v = 10, g = 10, \theta = ?$

$m\dfrac{v^2}{r} = \mu mg$

$\dfrac{v^2}{r} = \mu g$

$\dfrac{10^2}{10} = \mu \times 10$

$\mu = 1$

마찰계수는 $\tan\theta$와 같으므로

$\tan\theta = 1$

$\theta = 45°$

32 적용예제

$F = 400, d = 0.15$

$W = Fd$
$\quad = 400 \times 0.15$
$\quad = 60 J$

33 적용예제

$F = 20, m = 0.4, t = 0.2, v_o = 0, v_f = 10, W = ?$

가속도를 먼저 구한다.

$F = ma$

$20 = 0.4a$

$a = 50$

운동방정식을 사용하여 변위를 구한다.

$d = v_o t + \dfrac{1}{2} at^2$

$\quad = 0 + \dfrac{1}{2} \cdot 50 \cdot (0.2)^2$

$\quad = 1$

$W = Fd$
$\quad = 20 \times 1$
$\quad = 20 J$

34 적용예제

$F = 80, d = 30, \theta = 60$

$W = Fd\cos\theta$
$\quad = 80 \cdot 30 \cdot \cos 60$
$\quad = 1200 J$

적용예제 42 풀이

35 적용예제

$m=60, v=3, t=60, \theta=30, g=10, W=?$
수직이동변위를 구한다.
$d = vt\sin 30$
$\quad = 3 \times 60 \times 0.5$
$\quad = 90$
$F = mg$
$\quad = 60 \times 10$
$\quad = 600$
$W = Fd$
$\quad = 600 \times 90$
$\quad = 54,000 J$

36 적용예제

$F=20, r=0.4, n=100, W=?$
에르고미터의 일을 구하는 공식은 $W=2\pi rnF$
$W = 2\pi \cdot 0.4 \cdot 100 \cdot 20$
$\quad = 1600\pi$
$\quad = 1600 \times 3.14$
$\quad = 5024 J$

37 적용예제

올릴 때
$m=50, g=10, h=0.6$
$W = mgh$
$\quad = 50 \times 10 \times 0.6$
$\quad = 300 J$(양의 일)

내릴 때
$m=50, g=10, h=-0.6$
$W = mgh$
$\quad = 50 \times 10 \times (-0.6)$
$\quad = -300 J$(음의 일)

38 적용예제

$v_o = 30, v_f = 20, t=3, F=-50, W=?$
가속도를 구한다.
$$a = \frac{v_f - v_o}{t} = \frac{20-30}{3} = -\frac{10}{3}$$
변위를 구한다.
$$d = \frac{v_f^2 - v_o^2}{2a} = \frac{20^2 - 30^2}{2 \cdot (-\frac{10}{3})}$$
$\quad = 75$
$W = Fd$
$\quad = -50 \times 75$
$\quad = -3750 J$
$v_o = 30, v_f = 20, t=3, F=-50, W=?$
가속도를 구한다.

$$a = \frac{v_f - v_o}{t} = \frac{20 - 30}{3} = -\frac{10}{3}$$

변위를 구한다.

$$d = \frac{v_f^2 - v_o^2}{2a} = \frac{20^2 - 30^2}{2 \cdot (-\frac{10}{3})} = 75$$

$$W = Fd$$
$$= -50 \times 75$$
$$= -3750 J$$

39 적용예제 $W = 300, t = 2, P = ?$

$$P = \frac{W}{t}$$
$$= \frac{300}{2}$$
$$= 150 W$$

40 적용예제 $m = 100, g = 10, h = 300, t = 600, P = ?$

$$P = \frac{W}{t}$$
$$= \frac{mgh}{t}$$
$$= \frac{100 \cdot 10 \cdot 300}{600}$$
$$= 500 W$$

41 적용예제

야구공의 운동에너지
$m = 0.14, v = 20$
$$E_k = \frac{1}{2}mv^2$$
$$= \frac{1}{2} \cdot 0.14 \cdot 20^2$$
$$= 28 J$$

볼링공의 운동에너지
$m = 7, v = 6$
$$E_k = \frac{1}{2}mv^2$$
$$= \frac{1}{2} \cdot 7 \cdot 6^2$$
$$= 126 J$$

42 적용예제 $m = 60, g = 10, h = 3, v = 2, \omega = 2, I = 10, E = ?$

$$E = mgh + \frac{1}{2}mv^2 + \frac{1}{2}I\omega^2$$
$$= 60 \cdot 10 \cdot 3 + \frac{1}{2} \cdot 60 \cdot 2^2 + \frac{1}{2} \cdot 10 \cdot 2^2$$
$$= 1940 J$$

부록 2

1997~2024
기출문제

**TALUS
운동 역학**

1997년 기출문제

05 레슬링이나 유도 경기의 경쟁상황에서 경기수행능력에 영향을 미치는 역학적 요인과 심리학적 요인에 대하여 기술하시오.

1) 신체의 안정에 영향을 미치는 요인 [6점] : 100자 내외

1998년 기출문제

01 공기 저항을 고려하지 않을 때 투척 경기의 기록에 영향을 주는 역학적 요인을 제시하고, 또한 던지기 기록을 향상시키기 위한 방법이나 조건을 그 요인별로 설명하시오.

   1) 역학적 요인:

   2) 방법이나 조건:

1999년 기출문제

02 육상 경기 중 200M 달리기 경기는 곡선 주로를 포함하게 된다. 이 곡선 주로를 달릴 때 선수는 원심력을 갖게 된다. 따라서, 선수가 곡선 주로에서 주로를 이탈하지 않으려면 원심력과 동일한 구심력을 생성해야 한다. [총 5점]

1) 원심력을 결정하는 3가지 역학적 요인을 열거하시오. [3점]

2) 원심력을 산출하는 공식을 제시하시오. [2점]

2000년 기출문제

06 축구 경기에서 공격 선수가 코너킥을 실시하고 있다. 공격 방향으로 오른쪽 코너에서 오른발을 사용하여 킥한 공이 곡선궤도를 그리며 골인하였다. [총 7점]

1) 축구공을 킥하는 동작에 대하여 지레의 원리로 설명하시오. [3점]

2) 축구공이 곡선궤도를 그리며 날아가는 과정을 유체 역학적 원리로 설명하고, 비행궤도에 영향을 미치는 요인을 제시하시오. [4점]

2001년 기출문제

06 체육교사가 효율적인 운동수행을 지도하기 위해서는 여러 가지 운동에 대한 역학적인 이해가 필요하다. 이와 관련하여 다음 물음에 답하시오. [총 5점]

1) 야구 경기에서 투수가 던진 공을 타자가 칠 때, 공의 속도를 결정하는 역학적 요인을 다섯 가지로 열거하시오(단, 탄성계수는 일정하다고 가정함). [3점]

2) 운동수행과 충격과는 매우 밀접한 관계가 있다. 뜀틀을 넘은 후의 착지나 야구공 받기처럼 선수의 부상 방지와 동작의 효율성을 위하여 충격력을 적게 해야 하는 경우와, 배구의 스파이크처럼 충격력을 크게 해야 하는 경우가 있다. 스포츠 활동 과정에서 충격력을 줄이기 위한 역학적 원리를 두 가지만 제시하시오. [2점]

2002년 기출문제

15 테니스 서브나 스매싱에서 공의 속도를 빠르게 하기 위해서는 팔을 어떻게 하여 스윙하는 것이 유리한지 속도, 회전반경, 각속도의 관계를 이용하여 설명하시오(단, 신체분절이나 테니스 라켓의 각속도와 길이는 일정하다고 가정). [2점]

16 체육 수업내용에는 유도나 레슬링처럼 안정성을 높여야 유리한 운동도 있지만 100m 달리기의 출발 자세와 같이 불안정한 상태가 유리한 운동도 있다. 운동 시 불안정성을 극대화하는 방법을 간략하게 설명하시오. [4점]

1) 무게(체중) [1점] :

2) 기저면 크기 [1점] :

3) 무게중심의 높이 [1점] :

4) 기저면과 무게중심선의 관계 [1점] :

2003년 기출문제

12 스포츠 상황에서 나타나는 물체의 관성에 대한 다음 질문에 답하시오. [총 4점]

1) 선운동과 각운동에서 관성의 크기를 결정하는 요인을 각각 제시하시오. [2점]

    선운동 [1점]:

    각운동 [1점]:

2) 관성의 크기에 관계없이 정지하고 있는 물체를 운동하게 하거나, 운동하고 있는 물체를 더 큰 속도로 움직이게 하기 위해서는 물체에 외력(external force)이 가해져야 한다. 물체에 외력이 가해지면 가속도가 발생하는데, 이때 발생하는 가속도와 힘의 관계를 설명하시오. [1점]

3) 뉴턴의 선운동법칙 중에서 2)에 적용되는 법칙의 명칭을 쓰시오. [1점]

13 인체지레와 관련된 다음 질문에 답하시오. [총 5점]

   1) 지레의 3요소인 힘, 지렛대, 축에 대응하는 인체지레의 각 요소를 쓰시오. [1점]

      힘 :

      지렛대 :

      축 :

   2) 지레의 종류별로 힘점, 저항점(작용점), 축의 상대적 위치를 설명하시오. [3점]

      제1종 지레 [1점] :

      제2종 지레 [1점] :

      제3종 지레 [1점] :

   3) 운동을 할 때 가장 많이 나타나는 인체지레의 종류를 쓰시오. [1점]

2004년 기출문제

14 피겨 스케이팅 선수가 빙판 위에 서서 회전하고 있다. 이 선수는 ① 회전을 빠르게 하고자 할 때, 또는 ② 회전을 느리게 하고자 할 때, 주로 팔과 다리를 이용하여 동작을 조절한다. ①, ②를 위한 팔과 다리 동작의 변화와 회전운동의 원리를 쓰시오. [4점]

	팔과 다리의 동작	회전운동의 원리
①		
②		

2005년 기출문제

19 멀리뛰기에서 신체가 도약하면 전신은 전 방향(시계방향)의 각운동량 값을 갖고 공중으로 올라가게 된다. 공중에 떠 있는 동안 전신의 균형을 유지하기 위하여 옆의 그림과 같이 팔과 다리를 시계 방향으로 교차시켜 회전한다고 했을 때, 그 이유를 '운동 역학적(kinetic) 원리'를 이용하여 3줄 이내로 설명하시오. [4점]

20 높이뛰기의 발구르기 상황에서, 후경 자세(신체를 뒤로 기울인 상태)로 진입한 후 똑바로 일으켜 세우는 동작과 팔을 흔드는 동작은 서로 다른 방법으로 충격량을 증가시킬 수 있다. '운동 역학적(kinetic) 원리'를 이용하여 두 가지 동작에 의해 충격량이 증가되는 이유를 각각 2줄 이내로 기술하고, 충격량 관계식을 제시하시오. [5점]

후경 자세에서 일으켜 세우는 동작에 의한 증가 이유:

팔 동작에 의한 증가 이유:

관계식:

2006년 기출문제

18 팔굽혀펴기에서 팔을 펴는 동작(그림 ㉮)을 할 때와 팔을 굽히는 동작(그림 ㉯)을 할 때, 주관절(elbow joint)의 운동 형태 · 근수축 형태 · 주동근을 쓰고, 각 동작의 근수축 형태의 특성과 그 특성이 서로 다른 이유를 각각 1줄로 쓰시오. [5점]

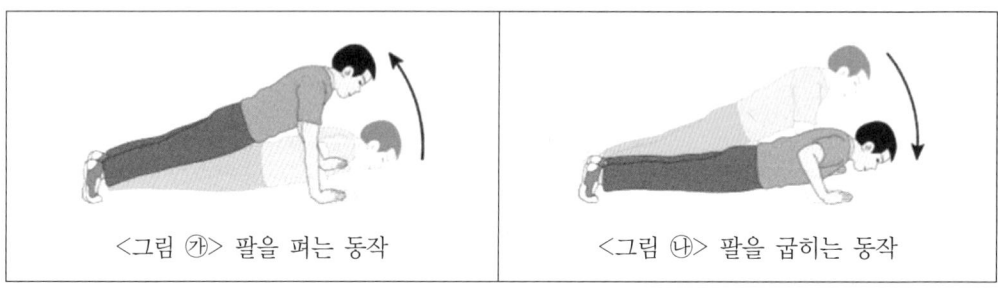

<그림 ㉮> 팔을 펴는 동작   <그림 ㉯> 팔을 굽히는 동작

팔을 펴는 동작(그림 ㉮) :

팔을 굽히는 동작(그림 ㉯) :

근수축 형태의 특성 :

특성이 서로 다른 이유 :

19 야구공을 멀리 칠 수 있는 방법을 근력·근수축 속도·근파워의 상호 관계 이론과 신체 분절의 운동량 전이 이론을 적용하여 각각 3줄 이내로 설명하시오. [4점]

근력·근수축 속도·근파워의 상호 관계:

신체 분절의 운동량 전이:

20 골프공의 딤플(공 표면에 파인 홈)은 골프공을 보다 멀리 보내기 위해 만들어진 것이다. 딤플이 만들어진 이유를 항적(wake)·표면 항력·형태 항력·전체 항력과 연관시켜 3줄 이내로 설명하시오. [3점]

2007년 기출문제

16 다음과 같이 바벨을 올릴 때(그림 1)와 내릴 때(그림 2) 수축하는 견관절(shoulder joint)의 주동근 명칭을 쓰고, 그 주동근의 근수축 특성을 등장성(isotonic) 근수축 형태 중에서 골라 쓰시오. [4점]

〈그림 1〉 바벨을 올릴 때

〈그림 2〉 바벨을 내릴 때

구분	주동근의 명칭	근수축 특성
바벨을 올릴 때(그림 1)		
바벨을 내릴 때(그림 2)		

18 다음과 같은 상황에서 코너킥으로 직접 골을 넣기 위해서는 오른발 인프런트 킥으로 공에 회전(spin)을 주어야 한다. 이때 공이 휘는 현상을 설명하는 원리의 명칭을 쓰고, 해당 원리를 아래 그림의 상황을 고려하여 3줄 이내로 설명하시오. [3점]

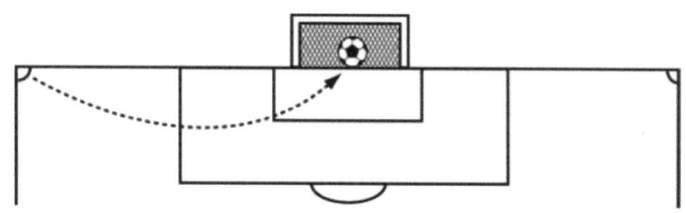

원리의 명칭 :

원리의 설명 :

19 철봉에서 몸이 360° 회전하는 대차돌기(giant swing)를 효율적으로 하기 위해 상승할 때와 하강할 때 변형해야 하는 몸의 동작과 그 이유를 각각 1줄로 설명하시오. [4점]

상승할 때 변형해야 하는 몸의 동작 :

    이유 :

하강할 때 변형해야 하는 몸의 동작 :

    이유 :

2008년 기출문제

16 다음 글을 읽고 물음에 답하시오.

> <상황 1> ㉠스키 활강 선수가 슬로프를 하강할 때는 상체를 최대한 숙여야 하는 반면, ㉡수상 스키 선수가 물 위에서 스키를 탈 때는 상체를 세워야 한다.
>
> <상황 2> 테니스의 포핸드 스트로크를 할 때 지면에 서서 공을 치면, 점프하여 공중에서 치는 것보다 공을 더 멀리 보낼 수 있다(단, 발의 위치를 제외한 나머지 조건은 동일한 것으로 가정함).

위의 <상황 1>에서 ㉠과 ㉡의 이유를 유체 저항의 원리에 따라 각각 1줄로 설명하시오. 그리고 <상황 2>에서 나타난 차이를 설명하는 데 가장 적합한 법칙의 명칭을 쓰고, 그 차이가 나타나는 이유를 2줄 이내로 설명하시오. [4점]

㉠의 이유:

㉡의 이유:

<상황 2>의 차이를 설명하는 데 가장 적합한 법칙:

<상황 2>의 이유:

17 다음 그림은 앞공중돌기를 하는 동안 각관성의 법칙과 관련된 주요 변인의 변화 양상을 보여 주고 있다. 그림의 변인 ①과 ②의 명칭을 쓰고, A 부분에서 다리를 굽혀 상체 쪽으로 당기면서 몸을 웅크리는 이유를 각관성의 법칙에 따라 2줄 이내로 설명하시오. [3점]

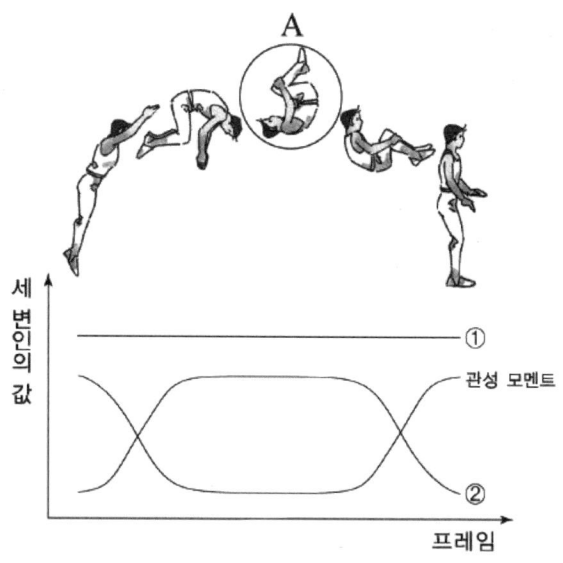

변인 ①의 명칭:

변인 ②의 명칭:

      이유:

2009년 기출문제

31 각 종목의 운동기술 수행 시 적용되는 운동 역학적 원리를 설명한 것으로 옳지 않은 것은?

[1.5점]

① 단거리 달리기 출발 시에는 힘의 작용-반작용 법칙이 적용된다.
② 유도에서 안정적인 자세를 취하려면 기저면을 넓히고 몸의 중심을 낮춘다.
③ 곡선 주로를 달리는 선수에게 작용하는 관성은 선수를 밖으로 밀어내는 역할을 한다.
④ 트램펄린에서 점프를 할 때 무게중심이 트램펄린과 수직인 위치에 있지 않으면 회전이 발생한다.
⑤ 핸드볼 공격수의 페인트 동작과 같이 방향을 빠르게 전환하거나 속도를 높일 때는 마찰력이 작아야 유리하다.

32 그림과 같이 하프 스쾃(half squat) 동작의 앉는 자세에서 무릎관절의 운동형태, 주동근의 명칭, 주동근의 수축형태를 바르게 제시한 것은?

	무릎관절의 운동형태	주동근의 명칭	주동근의 수축형태
①	굴곡	대퇴사두근	등장성
②	굴곡	대둔근	등장성
③	신전	대퇴사두근	등척성
④	굴곡	대둔근	등척성
⑤	신전	대퇴사두근	등장성

33 그림과 같이 팔 젓기 동작에 작용하는 힘 A, B, C에 대한 설명으로 옳은 것은? [2점]

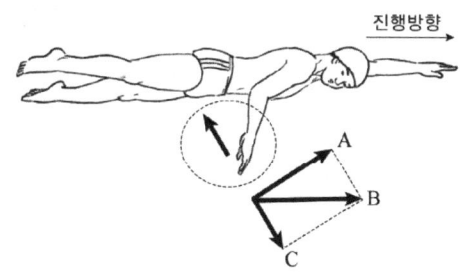

① A는 항력으로 추진력을 방해하는 힘이다.
② B는 팔 젓기에 의해 발생되는 추진력이다.
③ B는 팔 젓기에 의해 발생되는 항력이다.
④ C는 팔 젓기에 의한 실제 추진력이다.
⑤ C는 양력으로 몸을 뜨게 하는 힘이다.

34 그림과 같이 윗몸일으키기 기구를 (가)에서 (나)로 변경할 때 힘이 더 드는 이유를 〈보기〉에서 모두 고른 것은? [2점]

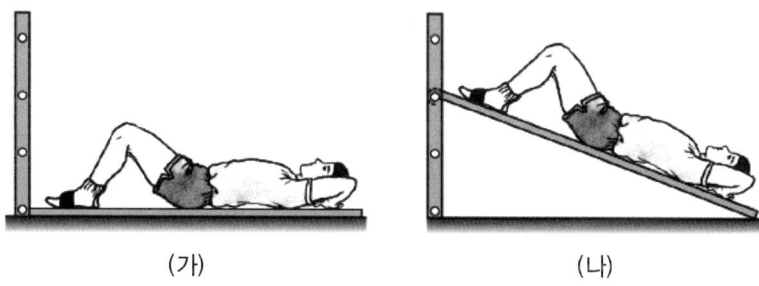

보기
ㄱ. 관성의 변화 ㄴ. 무게중심의 상승거리 증가
ㄷ. 중력의 크기 변화 ㄹ. 무게중심의 가동범위 증가
ㅁ. 사용 근육군의 변화

① ㄱ, ㄴ   ② ㄴ, ㄹ
③ ㄱ, ㄷ, ㅁ   ④ ㄴ, ㄷ, ㄹ
⑤ ㄱ, ㄴ, ㄹ, ㅁ

2-2 높이뛰기 기술은 가위뛰기, 엎드려뛰기, 배면뛰기 순서로 발전하였다. 이러한 발전과 밀접한 관계가 있는 역학적 요인과 원리를 설명하고, 이에 근거해서 예상할 수 있는 새로운 높이뛰기 방법을 제시하시오. [10점]

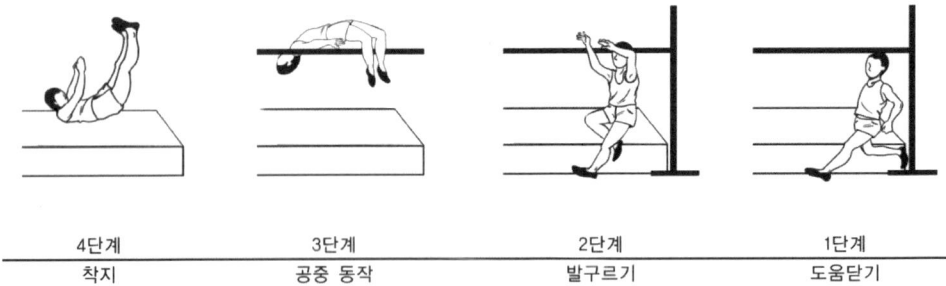

4단계	3단계	2단계	1단계
착지	공중 동작	발구르기	도움닫기

2010년 기출문제

32 〈보기〉는 체육교사가 학생들의 질문에 대해 운동 역학적 개념에 기초하여 답한 것이다. 교사의 답변 중 옳은 것을 〈보기〉에서 모두 고른 것은?

┤보기├
ㄱ. 학생: 인체의 움직임이 비효율적인 이유는 무엇입니까?
   교사: 배드민턴 하이클리어 동작을 예로 들면, 저항팔이 힘팔보다 길어서 저항을 극복하는 데 힘이 많이 들기 때문에 비효율적이지. 이는 2종 지레의 원리 때문이야.
ㄴ. 학생: 테니스 라켓 줄을 70파운드로 맸을 때보다 50파운드로 맸을 때 공이 더 멀리 날아가는 이유는 무엇인가요?
   교사: 동일한 조건이라면, 50파운드로 매는 것이 70파운드로 매는 것보다 줄의 탄성이 커서 공을 더 멀리 보낼 수 있기 때문이야.
ㄷ. 학생: 오른팔로 배구 스파이크를 할 때 오른팔이 귀에 스칠 정도로 높게 뻗어야 하는 이유는 무엇입니까?
   교사: 동일한 조건이라면, 팔을 위로 쭉 뻗으면 어깨 축에서 손까지의 거리가 늘어나 선속도를 높이는 효과가 있지.
ㄹ. 학생: 자전거로 가파른 언덕을 올라갈 때 뒷바퀴의 기어를 직경이 큰 것으로 바꾸는 이유는 무엇입니까?
   교사: 톱니바퀴의 직경이 커지면 토크 효과가 증가하기 때문이야.

① ㄱ, ㄷ
② ㄴ, ㄷ
③ ㄱ, ㄴ, ㄷ
④ ㄱ, ㄴ, ㄹ
⑤ ㄴ, ㄷ, ㄹ

33 그림은 1명의 육상 선수가 8m/s, 6m/s, 3m/s로 달리기를 할 때 1주기(왼발 착지부터 다음 왼발 착지까지) 동안의 왼쪽 무릎관절 각도의 변화를 나타낸 것이다. 이에 대한 설명으로 옳지 <u>않은</u> 것은? [2.5점]

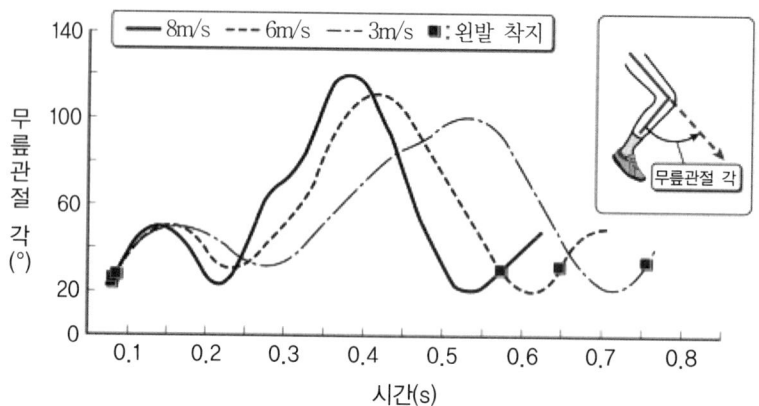

① 무릎관절 각이 커지면 보폭이 커진다.
② 각속도가 증가하면 선속도는 감소한다.
③ 속도가 증가하면 최대 무릎관절 각이 커진다.
④ 1주기 시간이 단축되면 속도가 증가한다.
⑤ 무릎관절의 가동 범위가 커지면 각속도가 증가한다.

34 그림은 뜀틀(5단)에서 무릎을 펴고 착지할 때 발에 가해지는 충격량을 나타내고 있다. 동일한 조건 하에서 무릎을 굽히면서 착지할 경우 충격량 변화에 관한 역학적 원리로 옳은 것을 〈보기〉에서 모두 고른 것은?

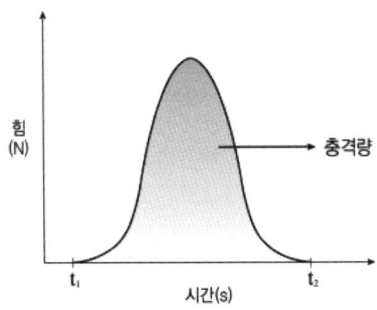

| 보기 |

ㄱ. 충격량은 가해지는 힘의 크기와 힘이 작용하는 시간 (t_2-t_1)을 곱한 것이다.
ㄴ. 충돌 전후의 운동량의 차이는 충격량보다 작다.
ㄷ. 무릎을 굽히면서 착지하면 힘의 작용 시간이 짧아진다.
ㄹ. 충격력은 시간이 짧을수록 작다.
ㅁ. 두 동작의 충격량은 동일하다.
ㅂ. 무릎을 굽히면서 착지하면 편 상태로 착지할 때보다 충격력이 작아진다.

① ㄱ, ㅁ, ㅂ
② ㄴ, ㄷ, ㅂ
③ ㄴ, ㄹ, ㅂ
④ ㄱ, ㄴ, ㄷ, ㅁ
⑤ ㄷ, ㄹ, ㅁ, ㅂ

35 그림은 피겨 스케이팅의 트리플 러츠 점프의 연속 동작이다. 동작에 대한 역학적 설명으로 옳지 <u>않은</u> 것은? (단, 점프 후 다른 조건들은 고려하지 않음)

① 1단계 : 팔다리의 동작을 크게 하여 운동량을 키운다.
② 2단계 : 양팔을 위로 빠르게 들어 올려 무게중심을 높인다.
③ 3단계 : 팔을 신체 중심축으로 모아 관성모멘트를 증가시킨다.
④ 4단계 : 팔을 벌려 각속도를 감소시킨다.
⑤ 5단계 : 무릎관절과 고관절을 적절히 굽혀 안정성을 증가시킨다.

2-1 발구르기와 착지 동작을 효율적으로 수행하기 위한 방법과 각 동작(발구르기, 착지)에 적용되는 운동 역학적 원리를 제시하고, 빈 칸에 들어갈 수 있는 뜀틀 동작을 가능한 한 난도를 높여 구성한 다음, 그 동작에 적용되는 운동 역학적 원리를 설명하시오. [20점]

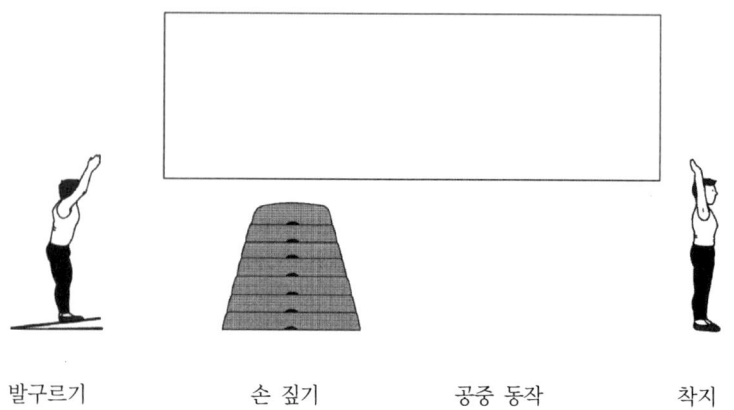

발구르기   손 짚기   공중 동작   착지

2011년 기출문제

31 그림은 테니스에서 그라운드 스트로크를 할 때 라켓으로 공을 타격(impact)하는 순간을 보여 준다. B는 A에 비해 공이 라켓에 접촉되어 있는 시간이 더 길다. 이에 대한 설명으로 옳은 것을 〈보기〉에서 고른 것은? (단, $t_1 < t_2$ 외의 조건은 모두 동일한 것으로 가정함)

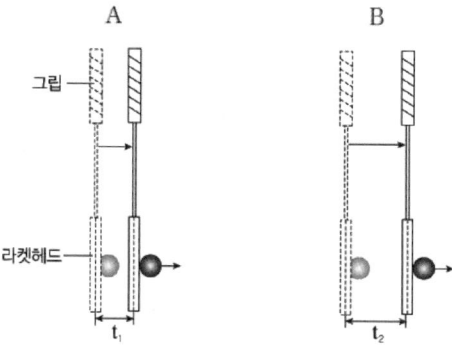

┤ 보기 ├
ㄱ. 라켓이 공에 가한 선충격량은 A와 B가 동일하다.
ㄴ. 타격 후에 날아가는 공의 선속도는 A와 B가 다르다.
ㄷ. 타격 후 날아가는 공이 가지는 선운동량은 B가 A보다 크다.
ㄹ. 선충격량을 크게 하기 위해서는 힘이 작용되는 시간과 힘을 곱한 값이 커야 한다.
ㅁ. 공기저항을 무시한다면, A와 B 모두 타격 후 날아가는 공의 수평속도와 수직속도는 공이 지면에 닿을 때까지 일정하다.

① ㄱ, ㄴ, ㄷ
② ㄱ, ㄷ, ㅁ
③ ㄴ, ㄷ, ㄹ
④ ㄴ, ㄹ, ㅁ
⑤ ㄷ, ㄹ, ㅁ

32 그림은 철봉의 대차돌기를 보여 준다. 이에 대한 설명으로 옳은 것은? (단, 분절 길이와 분절 간의 상대 각도는 각 구간에 관계없이 일정한 것으로 가정함)

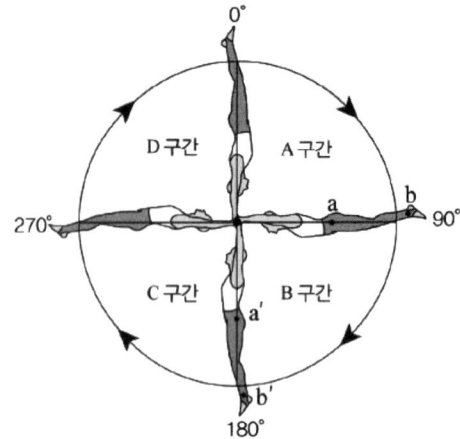

① 선수가 A, B, C, D 구간을 거쳐 한 바퀴 돌았다면, 회전한 후 각변위는 360°이다.
② 선수가 시계 방향으로 회전하고 있기 때문에 각속력은 음(−)의 수치가 된다.
③ B 구간에서 특정 부위의 위치 변화(a ⇒ a', b ⇒ b')를 고려하면, a'과 b'의 선속도는 다르다.
④ 시간 경과에 따라 각속도의 변화로 나타날 수 있는 각가속도는 스칼라량에 포함된다.
⑤ 90° 지점과 180° 지점에서 b와 b'의 각속도가 동일하다면, B 구간에서 발생한 각가속도는 1이다.

33 그림은 동일한 사람이 두 가지 형태의 팔굽혀펴기인 A 동작과 B 동작을 수행하는 상황이다. 이에 대한 설명으로 옳은 것은? [단, $W(W')$는 무게중심에 작용하는 무게(weight)이고 $d_W(d_W')$는 모멘트팔이라고 가정함] [2.5점]

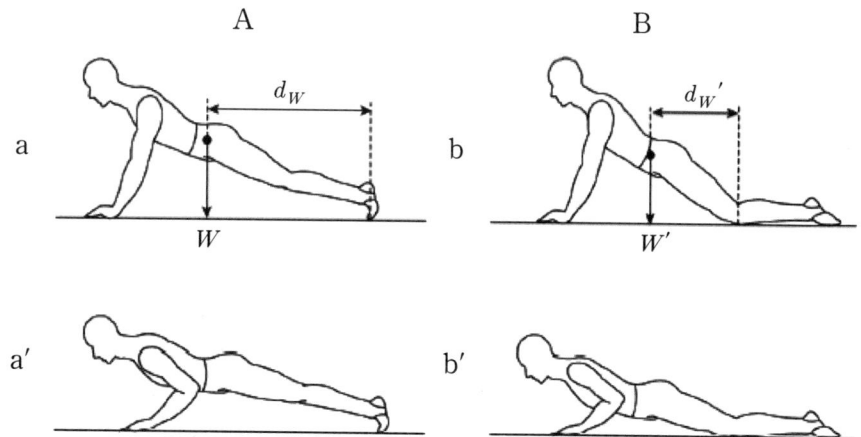

① A 동작보다 B 동작이 수행하기 더 어렵다.
② 팔꿈치관절을 기준으로 할 때, a ⇒ a'의 운동은 신전이다.
③ a ⇒ a'의 운동을 일으키는 상완의 주동근은 상완이두근이다.
④ b' ⇒ b의 운동을 일으키는 주동근에서는 신장성(원심성) 수축이 발생한다.
⑤ A동작에서 무게(W)에 의해 발생되는 토크는 그 무게와 d_W를 곱한 값이다.

04 다음은 중학생 2명이 400m 달리기와 10km 마라톤에 참가한 상황이다. [30점]

<상황 1>
○ 박미선 학생은 육상대회의 400m 달리기 경기에서 전력을 다하여 달렸다. 달리기 직후 근육 피로를 느꼈으며 이틀이 지난 후, 그 통증이 최고조에 도달하였다.

<상황 2>
○ 강조상 학생은 10km 마라톤 경기에서 최선을 다해 달렸다. 달릴수록 전신 피로감은 높아져 갔으며 완주 후에는 근육 피로와 함께 탈진 상태에 이르렀다. 마라톤 경기를 마친 후에도 근육 통증은 지속되었으며, 이틀이 지난 후, 그 통증이 최고조에 도달하였다.

<상황 3>
○ 최 교사는 근육 피로가 쌓이면 400m를 달릴 때 무릎을 당기는 순간 무릎 각도가 커질 것으로 생각하고, 박미선 학생의 무릎 각도의 차이가 나타나는 시점 확인을 위해 100m, 150m, 300m 지점의 중간 질주에서 시간 간격을 두고 무릎 각도를 20회 측정하였다.

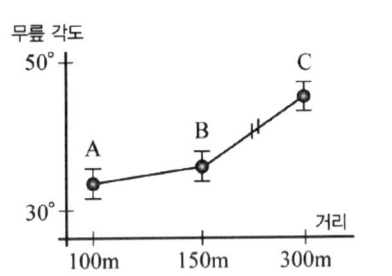

종속 t-검정 결과

무릎 각도 평균 차이	자유도 (df)	t값	p값
B-A	19	1.89	.072
C-B	19	2.79	.072

<상황 1>과 <상황 2>의 중간 질주에서 무릎을 당기는 순간의 다리 동작을 비교할 때, <상황 1>에서 무릎 관절의 각도를 더 좁혀야 하는 이유를 운동 역학적 원리로 설명하시오.

2012년 기출문제

30. [그림]은 수평으로 날아오는 공을 글러브(A)와 맨손(B)으로 받아 정지시켰을 때 공에 작용하는 힘과 변위를 나타내고 있다. 이에 대한 설명으로 옳은 것만을 〈보기〉에서 있는 대로 고른 것은? (단, $S_A < S_B$이고, 공이 닿는 순간의 속도와 공의 질량은 A와 B가 동일함)

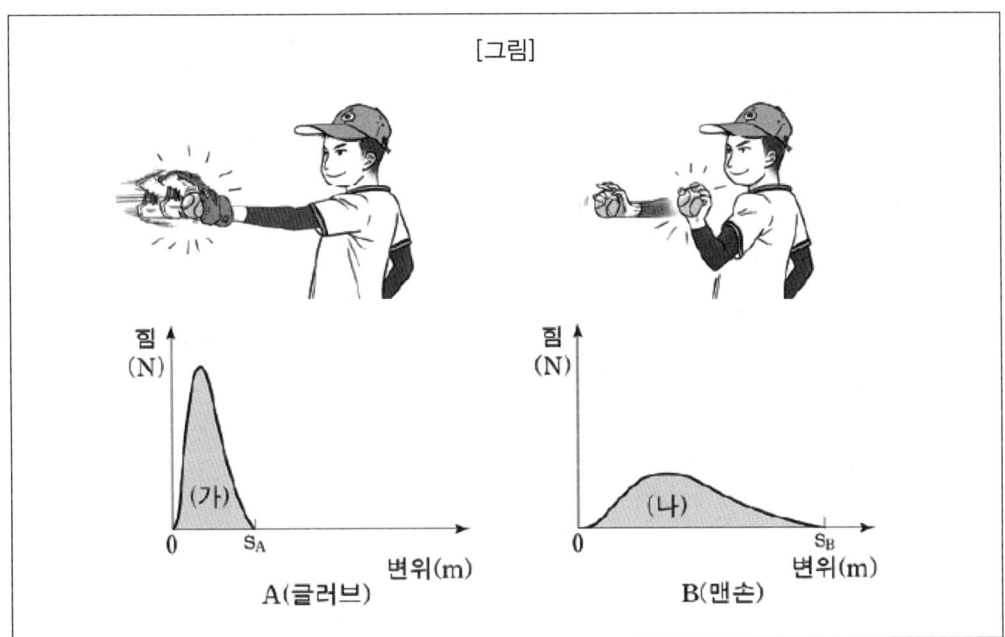

| 보기 |
ㄱ. 변화된 공의 운동량은 A와 B가 같다.
ㄴ. 변화된 공의 선운동 에너지는 A와 B가 같다.
ㄷ. 공에 작용한 힘의 평균값은 A와 B가 같다.
ㄹ. 곡선 아래의 면적 (가)와 (나)는 충격량을 의미한다.

① ㄱ, ㄴ
② ㄱ, ㄹ
③ ㄴ, ㄷ
④ ㄴ, ㄹ
⑤ ㄱ, ㄴ, ㄹ

31 김 교사는 학생들의 평형성 증진을 위해 평균대 수업을 하였다. 학생의 질문에 대한 김 교사의 답변으로 옳지 <u>않은</u> 것은? [1.5점]

> 학　　생: 평균대를 걸을 때 중심을 잃고 떨어지는 건 왜 그렇죠?
> 김 교사: (ㄱ) 신체 중심의 수직선이 기저면을 벗어날 때 회전축에 대해 발생하는 회전력 때문입니다.
> 　　　　　(ㄴ) 이때, 회전축은 바닥에 접촉하고 있는 모든 신체 부위의 각 점들로 둘러싸인 기저면의 중심점을 통과합니다.
> 학　　생: 평균대를 걸을 때 양팔을 옆으로 쭉 펴라고 한 것은 왜 그렇죠?
> 김 교사: (ㄷ) 관성모멘트를 크게 하여 안정성을 깨뜨리는 회전운동에 대한 저항을 증가시키기 위해서입니다.
> 학　　생: 안정성은 어떤 경우에 높아지나요?
> 김 교사: (ㄹ) 신체 중심이 낮을수록, 신체 중심의 수직선이 기저면의 중앙에 가까울수록 안정성이 높아집니다.
> 학　　생: 운동할 때는 안정성이 높아야 좋겠네요?
> 김 교사: (ㅁ) 항상 그렇지는 않아요. 100m 달리기에서는 빠른 출발을 위해 의도적으로 불안정한 자세를 만들기도 합니다.

① ㄱ
② ㄴ
③ ㄷ
④ ㄹ
⑤ ㅁ

32. 박 교사는 대구 세계 육상 선수권 대회의 자료 화면을 이용하여 육상의 역학적 원리를 설명하였다. 박 교사의 설명으로 옳은 것만을 〈보기〉에서 있는 대로 고른 것은?

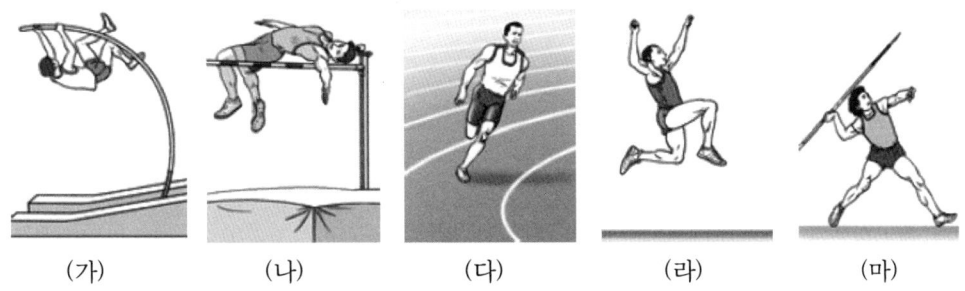

(가)   (나)   (다)   (라)   (마)

┤보기├
ㄱ. (가) 도움닫기에서의 운동에너지는 장대가 휘면서 탄성에너지로 변환된다.
ㄴ. (나) 공기 저항을 무시할 경우, 도약 후 공중에서는 신체 중심의 이동 경로를 변화시킬 수 없다.
ㄷ. (다) 곡선 안쪽으로 몸을 기울이면 곡선 안쪽으로의 지면 반작용력이 증가한다.
ㄹ. (라) 공중에서 팔다리를 강하게 휘젓는 것은 전신의 전체 각운동량을 증가시키기 위해서이다.
ㅁ. (마) 창의 속도를 증가시키기 위해서는 몸통, 상완, 전완, 손의 최대 회전 속도가 동시에 발생하도록 하는 것이 효과적이다.

① ㄱ, ㄷ
② ㄴ, ㄹ
③ ㄱ, ㄴ, ㄷ
④ ㄱ, ㄷ, ㄹ
⑤ ㄱ, ㄴ, ㄷ, ㅁ

33 체육교사가 학생의 배드민턴 동작을 관찰하고 지도할 내용을 기록하였다. (가)~(마)의 지도 내용과 관련된 역학적 원리의 설명으로 옳지 <u>않은</u> 것은? [2.5점]

이름: 김○○ 종목: 배드민턴	동작: 오버헤드 스트로크
관찰 내용	지도 내용
머리 뒤에서 타격한다.	(가) 보다 앞쪽에서 타격하여 라켓이 충분히 가속되도록 한다.
뒤로 물러나면서 타격한다.	(나) 뒤에서 앞으로 한 발 내딛으며 타격한다.
처음부터 엉덩이가 뒤로 빠져 있다.	(다) 상체를 뒤로 젖힌 후 허리의 반동을 이용하여 몸통을 빠르게 회전시킨다.
팔의 스윙과 타격하는 순간 라켓의 속력이 낮다.	(라) 팔꿈치 관절을 충분히 굽혀 빠르게 스윙하고, (마) 타격하는 순간에는 팔을 완전히 편다.

① (가) 물체의 운동량 변화는 물체에 작용된 힘과 그 힘이 작용된 시간의 곱으로 결정된다.
② (나) 분절의 속도는 신체 중심의 속도와 신체 중심에 대한 분절의 상대 속도의 곱으로 결정된다.
③ (다) 몸통을 가속하였다가 감속하게 되면 몸통의 각운동량이 팔로 전이된다.
④ (라) 인체의 질량 분포를 회전축에 가깝게 하면 회전 관성이 작아진다.
⑤ (마) 각속도가 일정할 때 회전하는 물체의 선속도는 회전 반경의 길이에 비례한다.

34 오른발로 지면을 박찬 후 왼발로 착지하기 전까지의 허들 경기 공중 동작(A-B)에서 일정하게 유지되는 것만을 〈보기〉에서 있는 대로 고른 것은? (단, 공기 저항은 무시함)

┤ 보기 ├
ㄱ. 전신의 선운동량
ㄴ. 신체 중심의 가속도
ㄷ. 신체 중심의 시간당 수직 이동 변위
ㄹ. 신체 중심의 시간당 수평 이동 변위

① ㄱ, ㄴ
② ㄴ, ㄷ
③ ㄴ, ㄹ
④ ㄱ, ㄴ, ㄹ
⑤ ㄱ, ㄷ, ㄹ

04 다음은 고등학교 1학년 도전 활동 트랙경기의 과학적 원리를 설명하는 수업에서 엄 교사와 학생이 나눈 대화 내용이다. 대화 내용을 읽고 엄 교사의 설명 1, 2, 3을 작성하시오. [30점]

엄 교사: 오늘은 달리기를 잘 하기 위해 필요한 과학적 원리에 대해서 알아봅시다.
엄 교사: [그림 1]과 같이 달리기의 속도는 보폭과 보빈도에 의해 결정되는데, 트레드밀과 초시계만 있으면 보폭과 보빈도를 쉽게 측정할 수 있습니다. 일반적으로 인체는 에너지 소비를 최소화하는 방향으로 보폭과 보빈도를 결정합니다. 에너지 소비를 줄여 주는 또 다른 방법들 중 하나는 근육의 '신전-단축 주기(stretch-shortening cycle)'의 원리를 활용하는 것입니다.
재 성: 선생님, 그럼 제가 트레드밀에서 5m/s의 속도로 달릴 경우, 저의 보폭과 보빈도를 측정하고 산출하는 방법을 순서대로 알려 주세요. 그리고 신전-단축 주기의 역할과 기전을 각각 설명해 주세요.
엄 교사: 설명 1
엄 교사: [그림 2]는 지난 체육 시간에 측정한 재성이와 재민이의 100m 달리기 기록을 구간별로 보여주는 그래프입니다. 출발 및 가속 질주, 중간 질주, 라스트 스퍼트 및 피니시 구간에서 두 학생의 속도와 가속도 변화를 비교해 보도록 하죠.
재 민: 아! 신기하네요. 그런데 10m 간격으로 통과한 시간을 측정한 것만으로 어떻게 속도와 가속도를 산출하고 추정하는지 각각 설명해 주세요. 그리고 구간별로 저와 재성이의 속도와 가속도가 어떻게 다른지 비교해서 설명해 주세요.
엄 교사: 설명 2

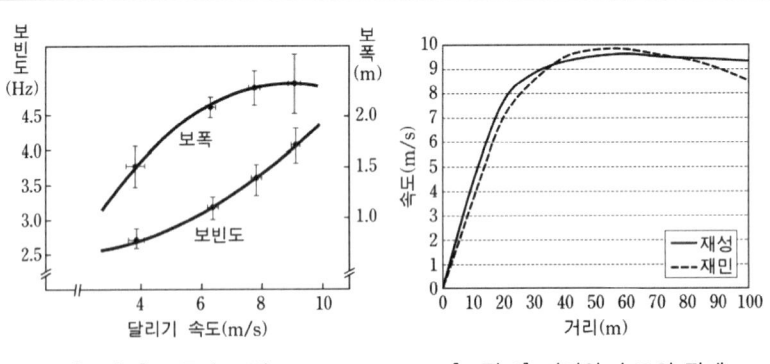

[그림 1] 보폭과 보빈도   [그림 2] 거리와 속도의 관계

엄 교사: 단거리 달리기를 잘 하려면 우선 출발을 알리는 총소리를 듣고 반응을 빨리해야 합니다. 이 반응시간은 '정보처리'라는 이론으로 설명할 수 있습니다. 그리고 출발 직후부터는 가속을 위해 순간적으로 지면을 발로 강하게 차고 나가야 합니다.
세 아: 출발을 잘 하기 위해서는 반응시간이 중요하겠네요. 이 반응시간을 '정보처리 단계' 관점에서 설명해 주세요. 그리고 가속 질주에서 지면을 순간적으로 강하게 차야 하는 이유가 지난 시간에 배운 속도-운동량-충격량 관계와 속도-일-파워 관계 등과 연관이 있을 것 같은데, 달리기에서 이 개념들의 관계를 설명해 주세요.
엄 교사: 설명 3

2013년 기출문제

31 다음은 다이빙 동작을 (가)~(마)로 구분한 그림과 설명이다. <보기>의 질문 ㄱ~ㄹ에 대한 답으로 옳은 것은?

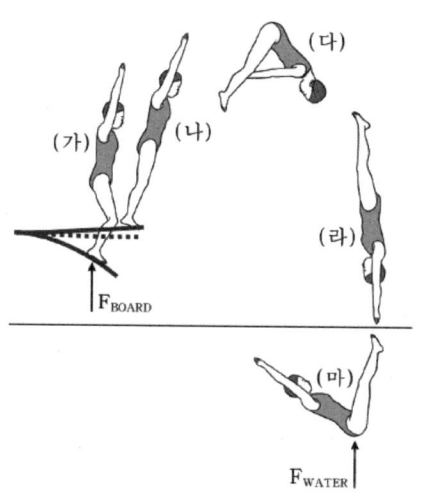

(가) 다이빙 선수가 보드를 아래로 밀어 보드가 최대로 구부러진 시점
(나) 다이빙 선수의 발이 보드를 떠나는 시점. 이때 보드는 위로 약간 구부러졌다가 다시 정지함
(다) 다이빙 선수의 신체 질량 중심이 가장 높은 지점에 이른 시점
(라) 다이빙 선수가 입수하는 시점
(마) 다이빙 선수가 물 안에서 정지하는 시점

※ 여기서 보드의 질량은 다이빙 선수의 질량보다 작고, 다이빙 선수에게 작용하는 외부적인 힘은 다이빙 선수의 체중, (가)-(나)에서 보드가 가하는 윗방향의 힘(F_{BOARD}), (라)-(마)에서 물이 가하는 윗방향의 힘(F_{WATER})이다.

―| 보기 |―
ㄱ. (가)~(마) 중, 가장 큰 운동에너지가 나타난 시점은?
ㄴ. (가)~(마) 중, 가장 큰 변형에너지가 나타난 시점은?
ㄷ. (가)-(나)에서 F_{BOARD}가 다이빙 선수에게 수행한 일의 형태는?
ㄹ. (라)-(마)에서 F_{WATER}가 다이빙 선수에게 수행한 일의 형태는?

	ㄱ	ㄴ	ㄷ	ㄹ
①	(나)	(가)	양의 일	음의 일
②	(나)	(가)	양의 일	양의 일
③	(나)	(마)	음의 일	양의 일
④	(라)	(가)	양의 일	양의 일
⑤	(라)	(가)	양의 일	음의 일

Talus Biomechanics

[32~33] 그래프는 수직 점프 시, 시간에 따른 발목의 족저굴곡 각도, 각속도, 각가속도의 변화를 나타낸 것이다. [단, 여기서 양의 값은 족저굴곡(plantarflexion)을, 음의 값은 배측굴곡(dorsiflexion)을 의미함]

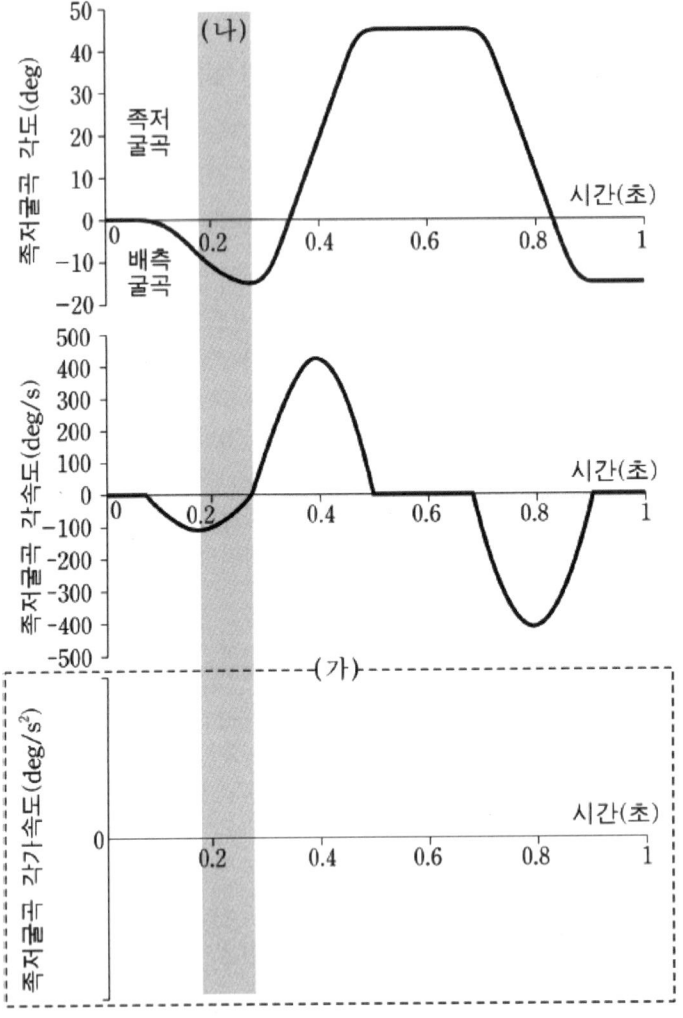

32 점선 상자 (가) 안에 들어갈 그래프로 옳은 것은? (단, 각가속도의 변화 양상만을 추정함)

[1.5점]

①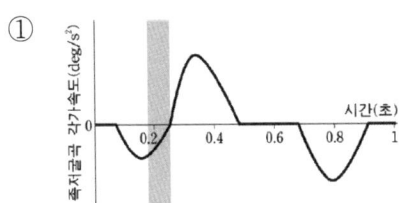

②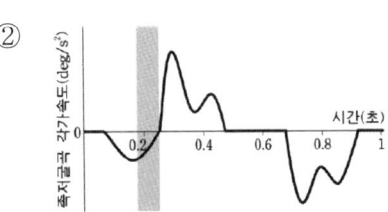

③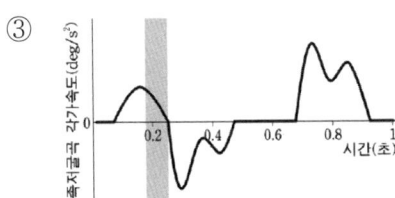

④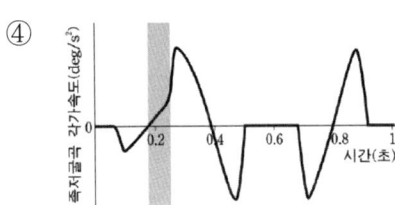

⑤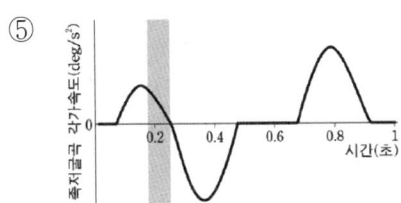

33 그래프의 그림 상자 (나)에 대한 〈보기〉의 설명에서 ㄱ~ㄷ에 들어갈 말로 옳은 것은?

보기
• (나) 구간은 동작의 [ㄱ] 국면이다.
• (나) 구간에서 [ㄱ] 동작을 생성하는 근육은 [ㄴ] 이다.
• (나) 구간에서 [ㄴ]의 수축 형태는 [ㄷ] 수축이다.

	ㄱ	ㄴ	ㄷ
①	제동(braking)	족저굴곡근	신장성(eccentric)
②	제동(braking)	배측굴곡근	단축성(concentric)
③	추진(propulsive)	배측굴곡근	단축성(concentric)
④	추진(propulsive)	배측굴곡근	신장성(eccentric)
⑤	추진(propulsive)	족저굴곡근	단축성(concentric)

35 다음은 피겨 스케이팅 회전 동작을 나타내는 설명이다. 〈보기〉의 내용 중 옳은 것만을 있는 대로 고른 것은?

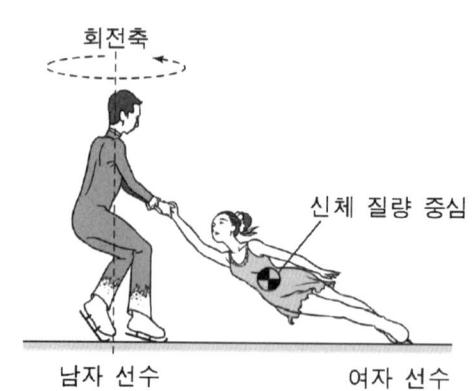

※ 그림은 남자 선수를 회전축으로 하여 여자 선수가 회전축과 자신의 신체 질량 중심의 거리를 일정하게 유지하며 회전하는 것을 나타낸다(단, 두 선수 모두 반시계 방향으로 회전하지만, 각가속도는 시계 방향이다).

┤보기├
ㄱ. 회전할수록 여자 선수의 각속도는 감소한다.
ㄴ. 회전할수록 여자 선수의 신체 질량 중심의 구심(radial)가속도는 감소한다.
ㄷ. 만약 각속도가 같다면, 여자 선수의 신체 질량 중심이 회전축으로부터 멀어질수록, 구심가속도는 감소하게 된다.
ㄹ. 여자 선수 신체 질량 중심의 접선(tangential)가속도는 신체 질량 중심의 선속도와 반대 방향으로 작용한다.

① ㄱ, ㄴ
② ㄴ, ㄷ
③ ㄱ, ㄴ, ㄷ
④ ㄱ, ㄴ, ㄹ
⑤ ㄱ, ㄷ, ㄹ

36 그래프는 축구 킥 동작 시, 무릎 관절의 신전 토크와 관절 파워를 나타낸 것이다. <보기>의 내용 중 옳은 것을 고른 것은? [2.5점]

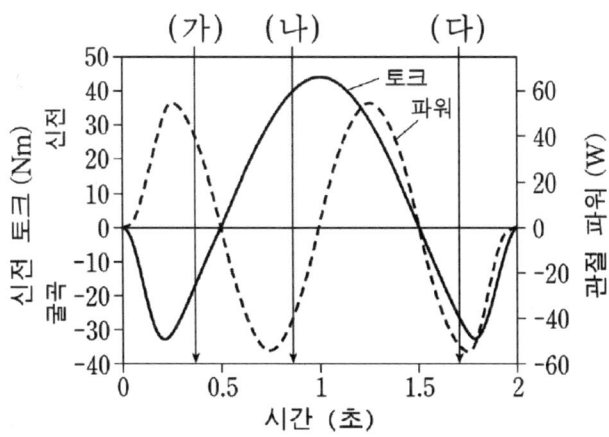

┤ 보기 ├
ㄱ. 시점 (가)에서 주된 활동을 하는 근육은 무릎의 굴곡근이다.
ㄴ. 시점 (나)에서 주된 활동을 하는 무릎의 근육은 신장성 수축을 한다.
ㄷ. 시점 (나)에서 무릎 관절은 신전한다.
ㄹ. 시점 (다)에서 무릎 관절은 굴곡한다.

① ㄱ, ㄴ ② ㄱ, ㄷ
③ ㄴ, ㄷ ④ ㄴ, ㄹ
⑤ ㄷ, ㄹ

02 다음은 스포츠과학의 원리를 적용한 던지기 동작 지도 자료의 일부이다.

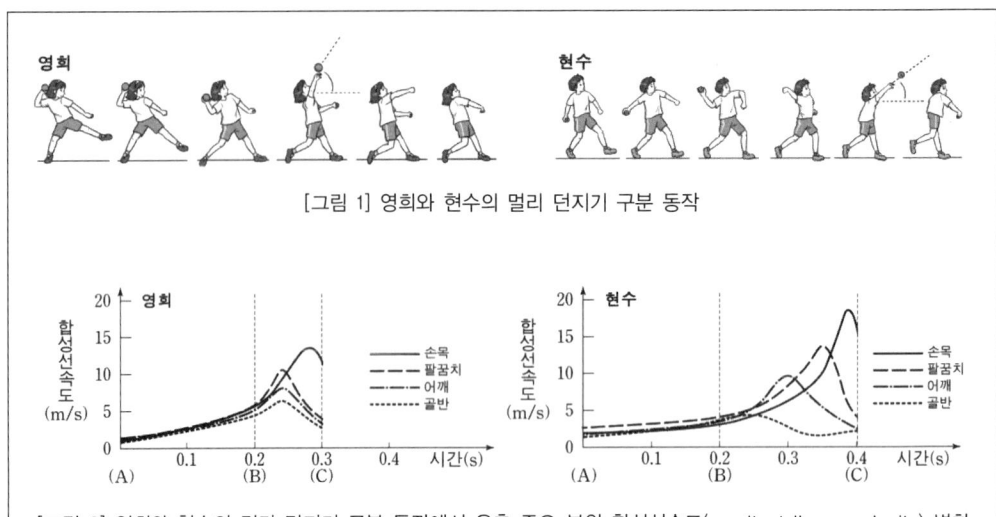

[그림 1] 영희와 현수의 멀리 던지기 구분 동작

[그림 2] 영희와 현수의 멀리 던지기 구분 동작에서 우측 주요 부위 합성선속도(resultant linear velocity) 변화

[그림 1]은 영희와 현수의 멀리 던지기 동작을 0.1초 간격으로 구분한 것으로 (A)는 분석 시작점, (B)는 왼발 착지 시점, (C)는 릴리스(release) 시점이다. [그림 2]는 두 학생의 멀리 던지기 동작에서 나온 우측 주요 부위(골반, 어깨, 팔꿈치, 손목)의 3차원 선속도를 합성한 값을 시간에 따라 표시한 것이다.

[그림 1]과 [그림 2]에 근거하여 두 학생의 동작에 공통적으로 고려해야 할 역학적 중요성을 (A)-(B) 국면, (B)-(C) 국면, (C) 시점에서 각각 설명한 후, 각 국면과 (C) 시점에서 두 학생의 생체 역학적 차이점을 비교하시오.

04 다음은 학생건강체력검사(PAPS) 중 스텝검사(step test)를 이용하여 측정한 두 학생의 검사 자료이다.

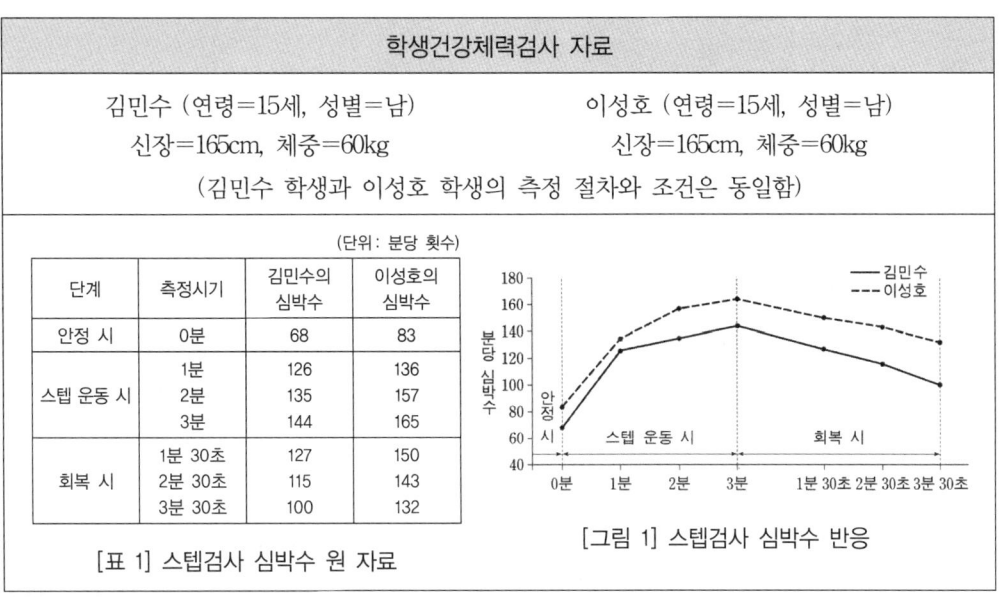

[그림 2]는 김민수 학생의 스텝-다운(step-down) 동작을 나타낸 것이고, (A)와 (D) 시점은 정지 상태이다. (A)-(B) 국면에서 역학적 에너지 변화 여부와 그 근거를 설명하고, (C)-(D) 국면에서 지면으로부터 받는 충격량을 공식과 계산 과정을 포함하여 제시하시오(단, 착지 시점인 (C)에서 양발지지 국면이 없고 수직속도는 −1.5m/s).

[그림 2] 김민수 학생의 스텝-다운(step-down) 구분 동작

2014년 기출문제

12 다음은 ○○고등학교 스포츠과학 수업 시간에 이○○ 선수의 신문 기사 사진을 보고 나눈 대화 내용이다. (   )안에 들어갈 용어를 쓰시오(단, 공기 저항은 무시하고 빙판은 수평이라고 가정함. 또한 무게중심의 수직가속도는 0m/s²임). [2점]

민   수: 선생님, 곡선 주로에서 왜 속력을 많이 낼 수 없나요?
김 교사: 속도의 크기가 커지면 원심력이 커지기 때문이지.
민   수: 원심력이 커지면 어떤 일이 발생하나요?
김 교사: 원심력이 빙면의 최대마찰력보다 크면 바깥으로 미끄러지지.
민   수: 혹시 순간 구심가속도만 알아도 선수가 바깥으로 미끄러지는지 알 수 있나요?
김 교사: 그럼. 순간 구심가속도 크기가 빙면 마찰계수와 (   )의 곱보다 크면 선수가 바깥으로 미끄러지지.
민   수: 아! 그래서, 곡선 주로에서 선수들이 속력을 마음껏 낼 수 없군요.

13 다음은 대퇴사두근(quadriceps femoris)과 햄스트링(hamstring)을 주동근으로 하는 레그 프레스(leg press) 운동에 대한 설명이다. 괄호 안의 ㉠에 해당하는 그림의 기호와 ㉡에 해당하는 관절명을 차례대로 쓰시오(단, 그림 A와 B는 동일인이며, 원판의 무게(W)와 높이는 같음). [2점]

동일 근육군이라도 자세에 따라 근부하(muscle load) 정도가 달라진다. 원판을 수직으로 밀어 올릴 때, 그림 A와 B 중에서 (㉠)의 자세는 (㉡)관절의 회전축에서 무게(W) 작용선에 이르는 모멘트암(moment arm)이 더 길기 때문에 햄스트링에 더 많은 근부하를 줄 수 있다.

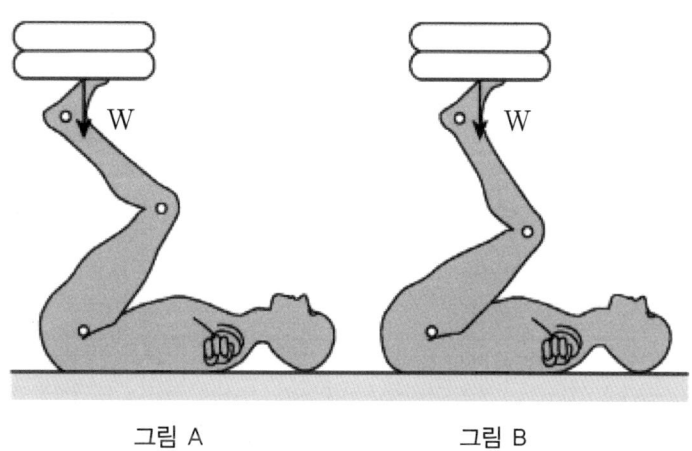

그림 A   그림 B

02 다음은 최 교사가 김○○ 학생의 '다리 벌려 뛰기' 동작을 평가한 보고서이다. 〈표 2〉의 분석 내용에서 틀린 문장 3가지를 찾아 각각 바르게 고치시오(단, 공기 저항을 무시하고, 반시계 방향을 양(+)의 방향으로 함. 그리고 발구름 직후 각운동량은 −20kg·m²/s이고, 뜀틀 반력에 의한 각충격량은 25kg·m²/s임). [5점]

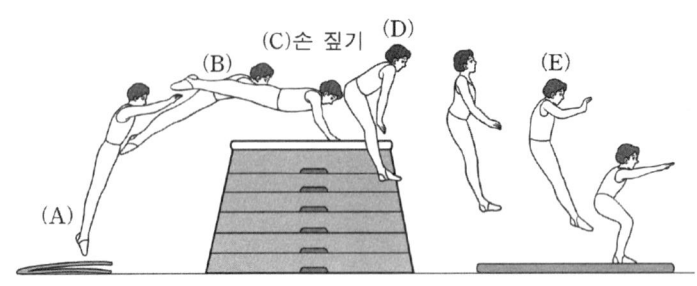

〈분석 보고서〉

〈표 1〉 학생 정보

항목	내용
성명 / 연령	김○○ / 15세
키	150cm
몸무게	40kg중

〈표 2〉 운동 역학적 분석

구분	분석 내용
(A) ~ (B) 공중 구간	○ 중력은 편심력(이심력)으로 작용하고, 각운동량과 선운동량이 모두 보존됨 ○ 무게중심의 수평속도는 (A)와 (B)시점에서 동일함 ○ 중력을 제외한 외력이 작용하지 않음
(C)	○ 팔꿈치를 펴는 것이 충격력 증가에 도움이 됨 ○ 무게중심은 뜀틀 반력 작용선보다 진행 방향의 앞쪽에 있음
(D) ~ (E) 공중 구간	○ (D)에서 순간 각속도는 4.5rad/s임 ※ 단, (D) 시점에서 자이레이션 반경(radius of gyration)은 0.5m로 가정함

2015년 기출문제

08 다음은 농구 수업 중에 김 교사가 지민이와 나눈 대화 내용이다. 괄호 안의 ⊙에 해당하는 용어를 쓰고 ⓒ에 해당하는 값을 쓰시오(단, 소수점 둘째 자리에서 반올림함). [2점]

> 지　민 : 선생님, 드리블을 하는데 농구공이 생각보다 훨씬 높게 튀는 것 같아요. 농구공에 얼굴을 맞을 뻔 했어요. 티볼공은 농구공처럼 이렇게 높게 튀어 오르지 않았는데요.
>
> 김 교사 : 그 이유는 지면에 대한 두 물체의 반발계수가 다르기 때문이지. 지면에 대한 농구공의 반발계수가 티볼공의 반발계수보다 크기 때문에 더 높게 튀어 오른단다. 충돌하는 두 물체의 반발계수는 충돌 전후 (　⊙　)의 비율의 절대값으로 결정되지.
>
> 지　민 : 이 방법으로 반발계수를 알아내기는 좀 어려울 것 같아요. 다른 방법으로 알아낼 수는 없나요?
>
> 김 교사 : 지면에 대한 충돌 전후의 높이를 이용하는 방법이 있지. 농구공을 1m 높이에서 수직으로 낙하시켜 보자. 지면과 충돌한 후에 튀어 오른 공의 최고 높이를 측정해 보고 선생님한테 알려주렴.
>
> …(중략)…
>
> 지　민 : 농구공이 튀어 오른 최고 높이가 64cm이었어요.
>
> 김 교사 : 그렇다면 지면에 대한 농구공의 반발계수는 (　ⓒ　)(이)란다. 그 이유는……

09 (가)는 체조 선수의 앞 공중 돌기 동영상이다. (나)는 박 교사와 재석이가 동영상을 보면서 나눈 대화내용이다. 괄호 안의 ㉠, ㉡, ㉢에 해당하는 용어를 순서대로 쓰시오. [2점]

(가) 앞 공중 돌기 동영상

(나) 박 교사와 재석이의 대화

재 석: 체조 선수가 앞 공중 돌기 착지 동작에서 시계 방향으로 많이 회전하면서 균형을 잡지 못하고 넘어질 뻔 했어요. 선수가 착지를 좀 더 안정적으로 하려면 어떻게 하는 것이 좋을까요?

박 교사: 몇 가지 방법이 있단다. 우선 착지하기 전에 몸의 회전(회선) 반경을 크게 하여 (㉠)을/를 증가시키면 (㉡)이/가 감소되기 때문에 보다 안정적으로 착지할 수 있단다. 또는 한 발을 내딛어 기저면을 넓혀도 안정성을 증가시킬 수 있지.

재 석: 그렇군요. 다른 방법도 있나요?

박 교사: 팔을 이용하는 방법도 있단다. 동영상을 보면 선수가 균형을 잃었을 때 팔을 (㉢) 방향으로 회전시키는데, 이런 동작은 몸 전체가 시계 방향으로 회전되는 것을 감소시키기 때문에 균형을 회복하는 데 도움이 되지.

03 다음은 ○○고등학교 학생이 스포츠 과학 수업 시간에 수직 점프 동작에 대해 발표한 내용의 일부이다. 밑줄 친 ㉠~㉣ 중 **잘못된** 것을 모두 골라 바르게 고쳐 쓰시오. [5점]

수직 점프 동작의 역학적 이해

○학년 ○반 김○○

(가) A에서 B까지의 충격량 = 140Ns
(나) A에서 신체 무게중심의 속도 = 0m/s
(다) 신체 질량 = 70kg
(라) 신체 무게중심은 수직 방향으로만 움직임
(마) 중력가속도 = −10m/s², 공기 저항은 무시함

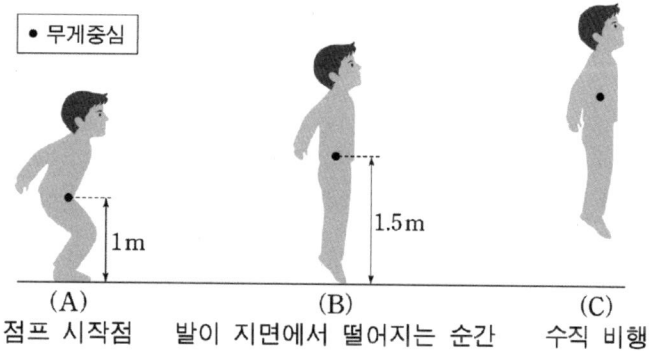

(A) 점프 시작점   (B) 발이 지면에서 떨어지는 순간   (C) 수직 비행

<발표 내용>

1. 무릎 관절의 신전근인 대퇴사두근(quadriceps)은 A에서 B까지 ㉠<u>원심성</u> 수축을 하였다.
2. A에서 B까지 지면반력이 신체에 한 일(work)은 ㉡<u>위치에너지의 변화량</u>과 같다.
3. B에서 신체 무게중심의 속도는 ㉢<u>3m/s</u>이다.
4. A에서 B까지 지면반력의 평균값(충격력)은 ㉣<u>780N</u>이다.

…(하략)…

2016년 기출문제

06 다음은 축구 수업 중에 교사와 학생이 나눈 대화 내용이다. 괄호 안의 ㉠, ㉡에 해당하는 값을 순서대로 쓰시오. [2점]

학생: 선생님, 공을 드리블하며 앞에 있는 수비수를 제치려면 어떻게 해야 하죠?
교사: 드리블하다가 급격히 방향과 속도를 바꾸는 커팅(cutting) 동작을 하면 수비수는 관성 때문에 수비하기가 어려워진단다.
학생: 커팅 동작에 대해 더 자세히 알려주세요.
교사: 가속도와 그 가속도를 만드는 힘에 대해 이해해야 한단다. 그림과 같이 공격수가 골대를 향해 12시 방향으로 1m/s의 속도로 달려가다가, 수비수를 따돌리기 위해 속도를 0.1초 만에 10시 방향으로 2m/s의 크기로 바꾸는 커팅 동작을 할 경우, 이 선수의 가속도는 (㉠)시 방향으로 17.3m/s²이 된단다. 이러한 가속도는 (㉡)시 방향의 지면반력(ground reaction force)을 통해 만들어 진단다.

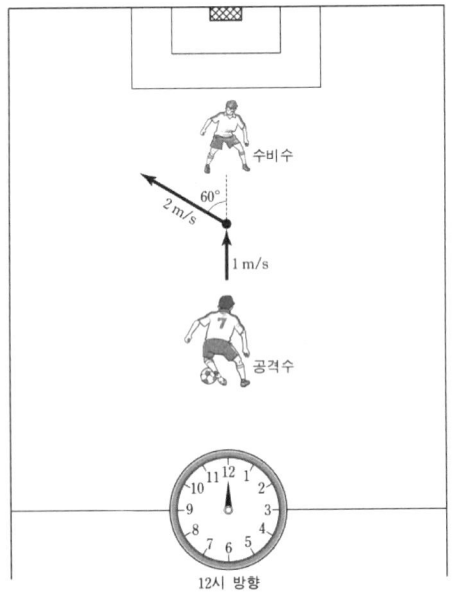

13 다음은 100m 달리기 수업을 준비하는 과정에서 교사들이 나눈 대화이다. ㉠에 해당하는 두 주자의 출발점의 위치 차이와 ㉡의 상황에서 두 주자의 구심력 차이를 단위와 함께 순서대로 쓰고, ㉢의 이유를 역학적으로 설명하시오(단, 소수점 둘째 자리에서 반올림함).

[4점]

김 교사: 그림처럼 점선의 곡선 주로 반지름을 20m와 22m로 하고 곡선 주로가 끝나는 지점에서 20m 거리에 결승선이 있는 100m 트랙을 만들었는데, 안쪽 레인과 바깥쪽 레인의 거리를 같게 하려고 ㉠주자 A보다 주자 B의 출발점을 앞에 위치시켰습니다.

이 교사: 트랙 만드시느라 수고 많으셨네요. 두 레인의 거리(점선의 길이)는 같지만, 반경이 다른 곡선 주로를 달리기 때문에 조건이 조금 다를 수도 있겠네요. ㉡질량이 44kg인 두 주자가 점선의 곡선 주로를 10m/s으로 달린다고 가정한다면, 안쪽 레인의 주자 A가 바깥쪽 레인의 주자 B보다 구심력이 크기 때문에 불리합니다. 그리고 ㉢곡선 주로를 빠르게 달리려면 구심력을 만들기 위해 몸을 레인 안쪽 방향으로 기울인 자세로 달려야 합니다.

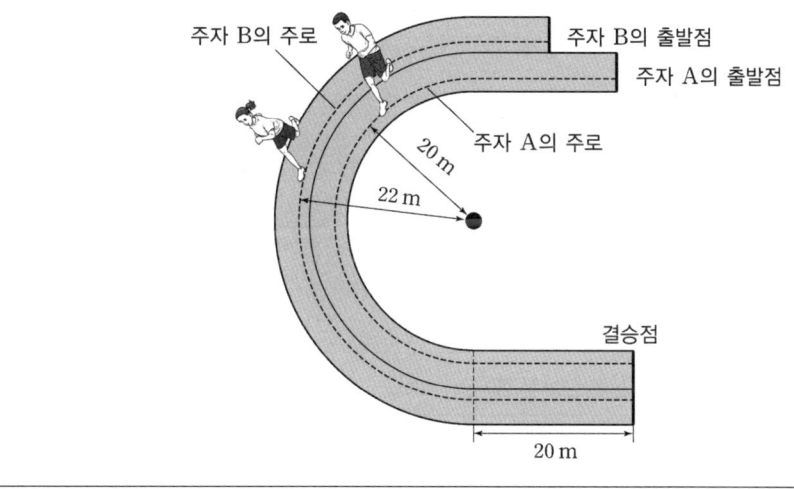

03 다음은 김 교사가 학생들에게 효율적인 달리기 자세를 운동 역학적으로 설명하기 위해 준비한 자료이다. ㉠, ㉡을 계산하여 순서대로 쓰고, 자세 B가 자세 A보다 유리한 이유를 각운동량 개념을 이용해 설명하시오. [4점]

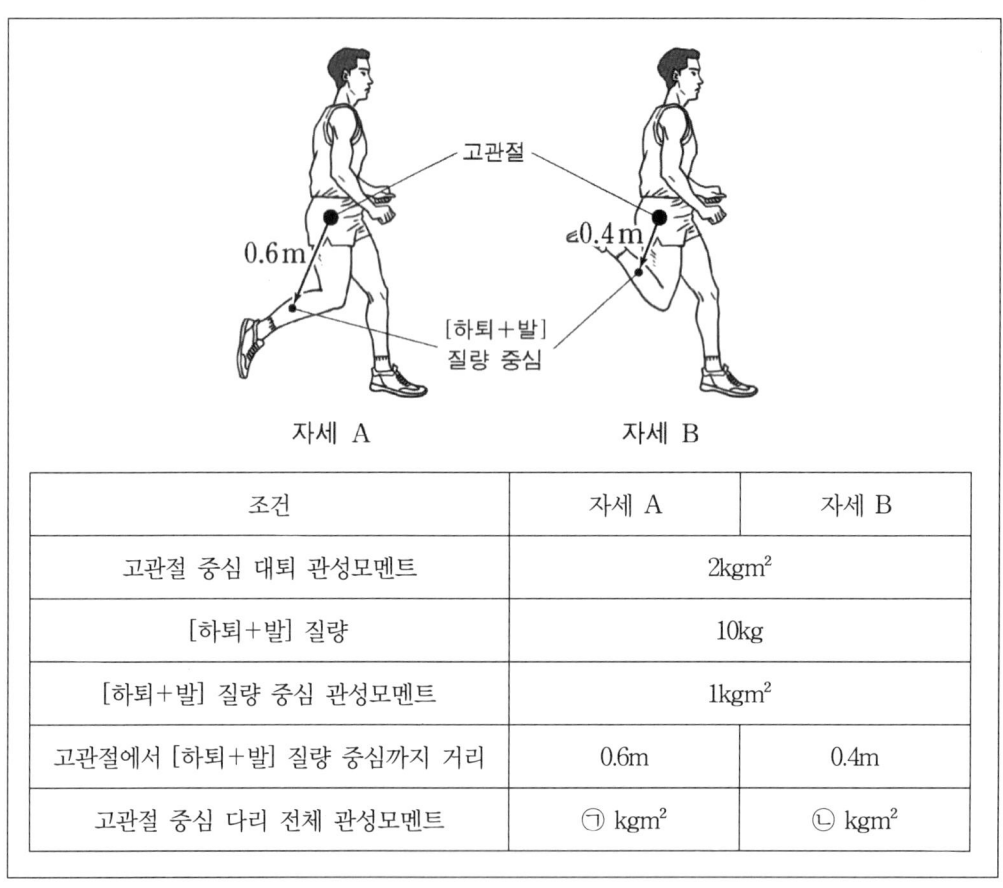

조건	자세 A	자세 B
고관절 중심 대퇴 관성모멘트	2kgm²	
[하퇴+발] 질량	10kg	
[하퇴+발] 질량 중심 관성모멘트	1kgm²	
고관절에서 [하퇴+발] 질량 중심까지 거리	0.6m	0.4m
고관절 중심 다리 전체 관성모멘트	㉠ kgm²	㉡ kgm²

2017년 기출문제

05 다음의 (가)는 직선 트랙을 달리는 육상 선수가 한 발을 딛는 동안 작용한 전후 방향의 수평 지면반력을 나타낸 그래프이고, (나)는 이와 관련한 달리기 동작의 분석 결과이다. 괄호 안의 ㉠에 해당하는 값과 괄호 안에 ㉡에 해당하는 방향을 순서대로 쓰시오(단, 공기 저항은 무시하고 진행 방향을 양(+)의 방향으로 함). [2점]

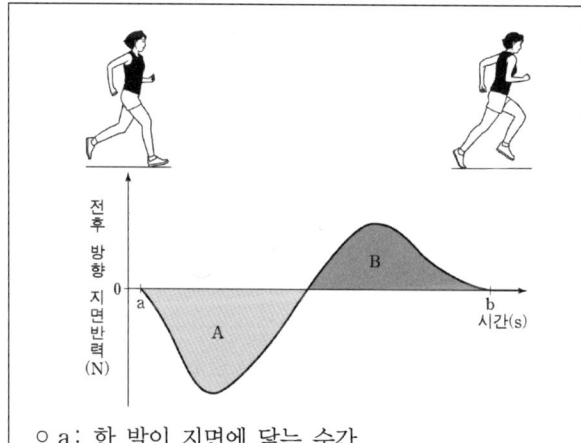

(가) 달리기 동작에 작용한 지면반력

- a: 한 발이 지면에 닿는 순간
- b: 지면에 닿았던 발이 지면에서 떨어지는 순간

(나) 달리기 동작의 분석 결과

- 선수의 질량: 50kg
- a 시점에서 선수의 전후 방향 수평 속도: 5m/s
- A 영역의 면적: −40N·s
- B 영역의 면적: 30N·s
- b 시점에서 선수의 전후 방향 수평 속도: (㉠)m/s
- 전체 구간(a−b)의 평균 가속도의 방향: (㉡)

11 다음은 배드민턴 스트로크 동작의 과학적 원리에 대한 수업 장면이다. 〈작성 방법〉에 따라 순서대로 서술하시오. [4점]

> 학생: 저는 라켓을 힘껏 휘두르는데도 셔틀콕이 멀리 날아가지 않아요.
> 교사: 스트로크의 강도는 여러 가지 요인에 의해 결정되지만, 특히 임팩트 순간 라켓의 (㉠)이/가 큰 영향을 미친단다. (㉠)은/는 질량과 선속도의 곱으로 결정되는데, 무거운 라켓을 사용하면 질량을 높일 수 있지만 선속도가 감소할 수 있다는 점을 고려해야 해.
> 학생: 그럼 선속도를 높이기 위해서는 어떻게 해야 하나요?
> 교사: 회전운동하는 물체의 선속도는 회전 속도(각속도)와 (㉡)이/가 클수록 증가하지. 배드민턴 스트로크의 경우 포워드 스윙 구간의 초기에 ㉢ 회전 속도를 증가시키고, 임팩트 순간에 가까워질 때 (㉡)을/를 최대한 증가시키는 것이 임팩트 순간의 선속도를 높일 수 있는 효과적인 방법이야.
>
> - 교사의 시범과 설명 -
>
> 교사: 그리고 체중을 앞으로 이동하며 신체 중심의 전진 속도를 이용하는 것도 선속도를 높이는 데 큰 도움이 된단다.
>
> - 교사의 시범과 설명 -

┤ 작성 방법 ├
○ 괄호 안의 ㉠에 공통으로 들어갈 용어와 괄호 안의 ㉡에 공통으로 들어갈 용어를 순서대로 쓸 것
○ 밑줄 친 ㉢을 위한 동작 방법을 쓰고, 역학적 이유를 제시할 것(단, 동작 방법은 팔, 손, 라켓의 움직임에 한정하여 제시하고, 라켓의 길이와 라켓을 잡는 위치는 동일하다고 가정함)

03 다음은 수상 안전 교육에서 누워 뜨기를 배우면서 체육 교사와 학생이 나눈 대화이다. 〈작성 방법〉에 따라 순서대로 서술하시오. [4점]

> 교사: 우리 몸을 떠받쳐 주는 부력을 잘 이용하면 힘들이지 않고 오랫동안 물에 떠 있을 수 있어. 우선 누워 뜨기를 배워 보자. 힘을 빼고 편안히 누워 봐.
> 학생: (양팔을 몸통에 붙인 자세로 누워 뜨기를 하다가 일어서며) 선생님, 다리 쪽이 내려가면서 몸 전체가 회전하네요.
>
>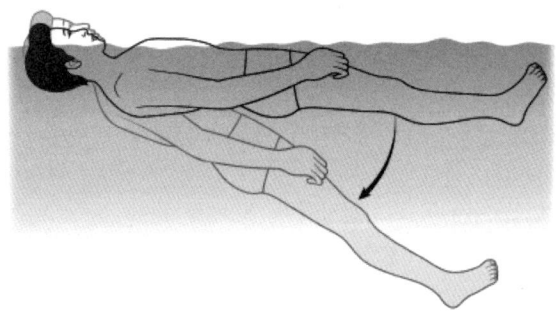
>
> 교사: 그건 ㉠몸에 회전력이 작용하기 때문인데, ㉡팔다리의 자세를 바꾸면 그러한 현상을 해결할 수 있어. 그럼 몸이 회전하지 않고 균형을 유지하면서 누워 뜨기 자세를 유지할 수 있을 거야.
> 학생: (교사의 자세 교정 설명을 따라 하면서) 아 정말 그러네요. 하지만 물도 차갑고 긴장이 되어서 그런지 몸이 굳는 것 같아요.
> 교사: 그럼 호흡을 깊고 느리게 하며 천장의 한 지점을 바라보면서 집중해 보자. 어때? 물에 닿는 몸의 차가운 느낌이 사라지고 긴장이 좀 풀리지?

┤ 작성 방법 ├
○ 그림을 참고하여 밑줄 친 ㉠의 역학적 이유를 인체에 작용하는 힘의 측면에서 제시할 것
○ 밑줄 친 ㉡에 해당하는 방법을 1가지 제시할 것

05 다음의 (가)는 축구 수업 중 교사와 주훈이가 나눈 대화이다. 〈작성 방법〉에 따라 순서대로 서술하시오. [4점]

(가) 축구 수업 중 교사와 주훈이의 대화

주훈: 어제 축구 중계에서 프리킥을 한 공이 휘어지며 골인되는 장면은 정말 환상적이었어요. 공의 궤적이 왜 휘어지나요?
교사: 축구공 회전하며 날아갈 때, 공 주위에 압력 차이가 발생해 '마그누스(Magnus) 힘'이라고 하는 (㉠) 이/가 작용하기 때문이야.
주훈: 그럼, 공이 날아가면서 휘어지게 하려면 어떻게 차야 하나요?
교사: 공의 측면을 차서 공을 회전시켜야 해. 예를 들어 인프런트 킥으로 공의 중심 오른쪽을 강하게 차면 〈그림〉처럼 ㉡공은 날아가면서 왼쪽으로 휘어지게 되지.
주훈: 멋진 프리킥 골을 위해 열심히 연습해야겠어요.

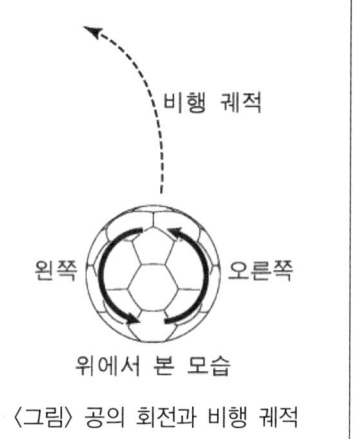

〈그림〉 공의 회전과 비행 궤적

┤ 작성 방법 ├

○ 괄호 안의 ㉠에 들어갈 용어를 쓸 것
○ 〈그림〉을 참고하여 밑줄 친 ㉡의 이유를 공의 오른쪽과 왼쪽의 공기 흐름의 속력과 압력을 비교하여 제시할 것

2018년 기출문제

06 다음은 특수체육 활동 중 휠체어 보행의 운동 역학적 원리를 설명하는 자료의 일부이다. 밑줄 친 ㉠에 해당하는 운동의 형태를 쓰고, 밑줄 친 ㉡, ㉢을 나타내는 공통 용어를 쓰시오.
[2점]

〈휠체어 보행의 운동 역학적 원리〉

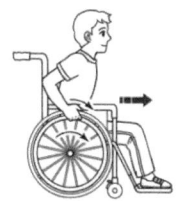

○ 휠체어를 앞으로 이동시키려면 손으로 바퀴를 힘차게 밀어야 한다. 그러면 바퀴는 ㉠<u>구르면서 나아간다.</u>

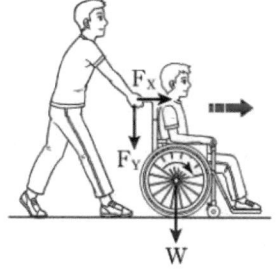   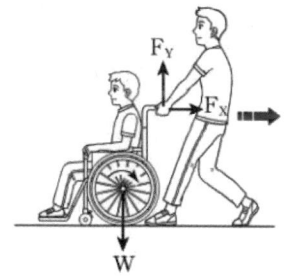

W = 휠체어와 앉은 사람의 무게
F_X = 밀거나 당기는 팔의 수평력
F_Y = 밀거나 당기는 팔의 수직력

○ 휠체어를 앞으로 밀며 나아갈 때 ㉡<u>수직으로 W와 F_Y를 합한 힘</u>이 휠체어 접촉면에 작용한다.
○ 휠체어를 뒤로 당기며 나아갈 때 ㉢<u>수직으로 W에서 F_Y를 뺀 힘</u>이 휠체어 접촉면에 작용한다.

…(하략)…

14 다음은 볼링 기술에 대하여 교사와 철수가 나눈 대화이다. 〈작성 방법〉에 따라 순서대로 서술하시오(단, 철수와 현수는 오른손잡이이고, 공의 각속도는 수직축 방향만 존재함). [4점]

철수: 선생님. 저는 12시 방향으로만 공을 보내는데, 현수는 회전을 걸어서 10시나 11시 방향으로 공을 굴러가게 해요. 현수와 저의 공이 동일한 크기의 선속도로 핀에 부딪치는데 현수 공이 더 힘차게 핀을 넘어뜨려요. 왜 그런거죠?

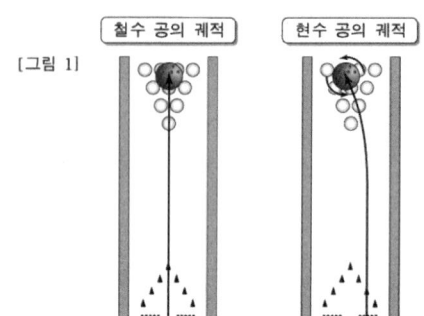

교사: 그것은 ㉠현수가 굴린 공의 운동에너지가 더 크기 때문이지. …(중략)…
철수: 아, 그렇구나. 듣고 보니 이해가 되네요. 질문이 하나 더 있어요. ㉡물리량에는 스칼라와 벡터라는 것이 있다던데 운동에너지는 어디에 속하나요? 항상 궁금했어요.
교사: 좋은 질문이구나. 운동에너지는 …(중략)…
철수: 이해했어요. 선생님, 그렇다면 현수처럼 공에 회전을 걸려면 손목을 이렇게 돌리면 되나요? (왼손으로 오른쪽 상완을 고정한 채 오른쪽 전완만 돌림)

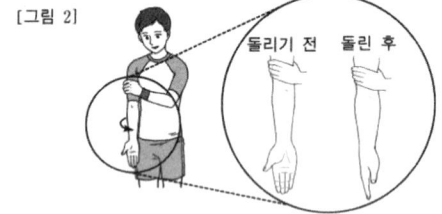

교사: 네가 보인 것은 손목관절 회전이 아니고 팔꿈치 부위에 있는 2가지 관절 중에서 ㉢노자관절(요척관절)의 움직임이야. 그렇게 하면 오른손잡이의 공은 대체로 레인의 왼쪽 방향으로 구르게 된단다.

| 작성 방법 |

○ 밑줄 친 ㉠의 이유를 운동 형태에 따른 운동에너지 차원에서 서술할 것
○ 밑줄 친 ㉡에 대한 답을 쓰고, 그 이유를 서술할 것
○ [그림 2]를 보고 밑줄 친 ㉢에 해당하는 해부학적 용어를 제시할 것(신·구 용어 모두 허용함)

04 다음은 K 학생의 태권도 앞차기와 돌려차기 동작을 분석한 자료의 일부이다. 〈작성 방법〉에 따라 순서대로 서술하시오. [4점]

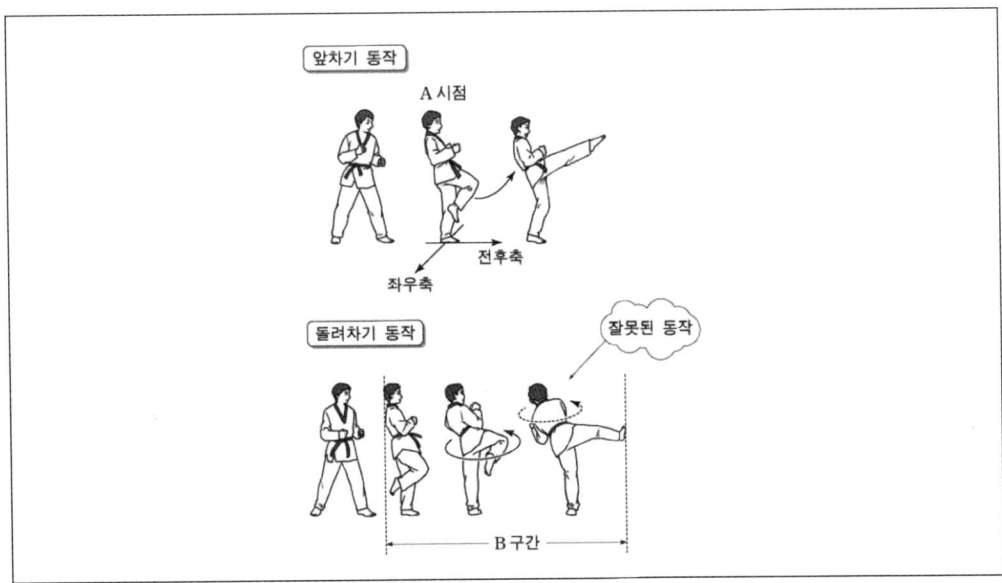

항목	앞차기	돌려차기
차는 다리의 주요 운동면	전후면	수평면 (또는 대각선면)
차는 다리의 하지 관절 운동	준비자세로부터 • 엉덩관절(고관절): 굽힘 • 무릎관절(슬관절): 굽힘 후 폄	준비자세로부터 • 엉덩관절(고관절): 굽힘과 벌림 • 무릎관절(슬관절): 굽힘 후 폄
잘못된 동작	(생략)	㉠ 몸의 균형을 잡지 못하고 상체와 하체가 차는 방향으로 과도하게 돌아감

┤ 작성 방법 ├
○ 정적인 상태에서 관성모멘트와 회전 안정성의 관계를 서술할 것
○ 앞차기 동작의 A 시점에서 전후축(관성면)과 좌우축(전후면)의 회전 안정성에 가장 큰 영향을 미치는 요인을 제시할 것(단, 무게중심선이 발 중심을 통과함)
○ 밑줄 친 ㉠을 해결하기 위한 팔 동작과 몸통 동작을 각각 1가지씩 서술할 것(단, 돌려차기의 B 구간 차기는 수평면상에서 이루어짐)

2019년 기출문제

05 다음은 고등학교 역도 선수 A, B의 인상 동작에 대한 운동(역)학적 분석을 실시한 결과이다. 괄호 안에 ㉠에 해당하는 수치와 ㉡에 해당하는 용어를 순서대로 쓰시오. [2점]

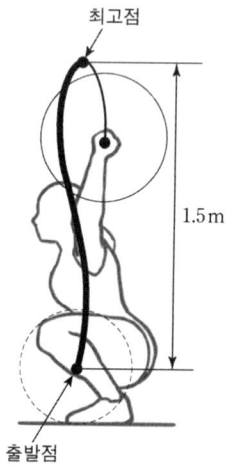

A, B 선수의 인상 동작 운동(역)학적 자료

- 바벨 무게 : 100kg
- 출발점에서 바벨이 최고점에 있을 때까지 바벨의 수직이동 거리 : 1.5m(두 선수가 같음)
- 바벨을 출발점에서 최고점까지 들어 올릴 때 소요된 시간
   : A 선수 = 0.5초, B 선수 = 0.75초
   (단, 중력가속도는 $10m/s^2$이라고 가정함, 두 선수의 체중은 동일함)

- 파워 비교
   A, B 선수가 인상 동작 시 수행한 파워(power, 일률)의 차이는 (㉠)와트(watt)임
- 파워 향상을 위한 훈련 방향
   파워가 낮은 선수가 파워를 향상시키기 위해서는 다음과 같은 훈련이 필요함
   • 힘을 증가시키는 훈련
   • (㉡)을/를 증가(향상)시키는 훈련
   • 힘과 (㉡)을/를 증가(향상)시키는 훈련(단, ㉡은 물리량임)

14 (가), (나)는 100m 달리기 전력 질주 구간의 운동 역학적 요인과 지면반력 측정 결과 자료이다. 〈작성 방법〉에 따라 순서대로 서술하시오. [4점]

(가) 100m 달리기 전력 질주 구간의 운동 역학적 요인

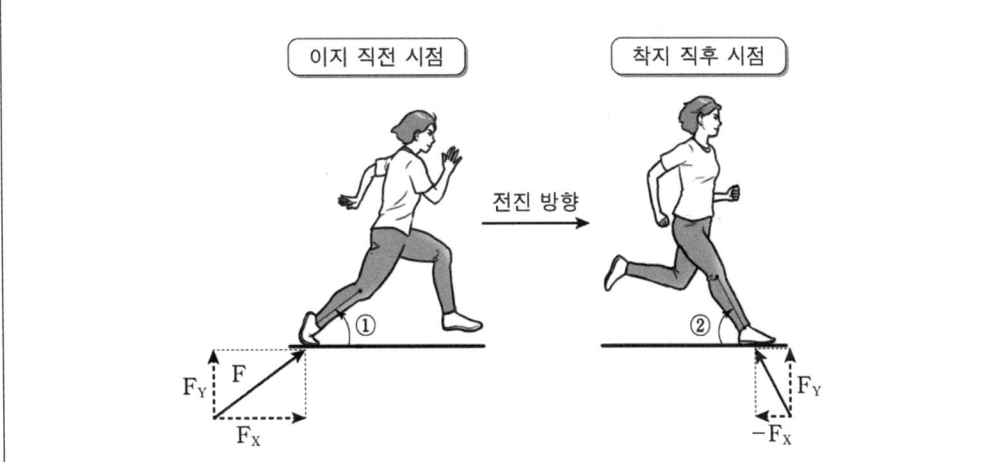

- 이지 직전의 추진 동작
  - 지면반력의 이해
    빠른 단거리 달리기를 할 때, ㉠ 지면을 차고 나가는 동작을 통해 추진력이 생성되고, 지면을 차고 나가는 힘의 크기나 적용 방향이 추진력과 밀접한 관계가 있다는 것을 이해해야 한다.
  - 추진력 발생을 위한 중요 요인
    빠른 단거리 달리기를 수행하기 위해서는 ①의 각도를 최대한 작게 하여 (㉡)방향으로 지면을 세게 밀어야 한다.
- 착지 시 제동 동작
  - 제동력 감소를 위한 중요 요인
    ㉢ 각도 ②를 최대한 증가시켜 착지하는 기술이 필요하다.

(나) 지면반력의 수평성분 충격력에 대한 결과표

다음은 A, B 학생이 이지 직전의 추진 동작, 착지 시 제동 동작을 수행하면서 나타난 지면반력의 수평성분 충격력에 대한 분석 결과표이다.

학생 \ 충격력	이지 직전의 추진력(N)	착지 시 제동력(N)
A	1,250	1,000
B	1,500	1,350

(단, 두 학생의 체중은 같고, 추진 및 제동 관련 충격량은 결과표의 충격력과 비례함)

┤ 작성 방법 ├

○ 밑줄 친 ㉠에 해당하는 뉴턴(I. Newton)의 3번째 법칙을 쓰고, 괄호 안의 ㉡에 해당하는 단어를 쓸 것
○ 밑줄 친 ㉢에 의해 나타나는 효과를 충격력 측면에서 서술할 것 (단, 전력 질주 구간에서 제동과 관련하여 충격력은 충격량과 비례함)
○ 100m 달리기 전체 구간에서, A 학생이 B 학생보다 더 빨리 달렸다고 가정했을 때, (나)를 근거로 그 이유를 기술할 것

04 (가)는 학생과 체육교사가 스키 점프 경기장에서 나눈 대화이고, (나)는 A 선수 스키 점프 결과 분석표이다. 〈작성 방법〉에 따라 순서대로 서술하시오. [4점]

(가) 스키 점프 경기장에서 나눈 대화 내용

> 학   생: 선생님! 스키 점프에서 경기력에 가장 크게 영향을 미치는 구간은 어느 곳인가요?
> 체육교사: 그 구간은 공중 동작을 취하는 구간이고, 경기력 결정에 큰 영향을 미치게 됩니다.
> 학   생: 공중 동작 구간에서 특별히 중요한 기술이 있나요?
> 체육교사: 스키 선수가 도약 후 더 멀리 날아가기 위해서는 양력을 적절하게 만들어 낼 수 있어야 합니다. 인체의 주축과 공기의 흐름 방향 사이에서 이루는 각인 (㉠)을/를 변화시켜 양력을 증가시킬 수 있는 기술이 중요합니다. 이것은 ㉡유체 속에서 양력이 발생되는 원리를 적용하는 기술이지요.

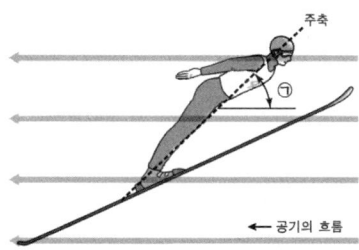

(나) A 선수 스키 점프 결과 분석표

차시	(㉠)(도)	양력(N)	항력(N)	양력/항력
1차	40	45	20	2.25
2차	42	100	42	2.30
3차	46	120	47	2.55
4차	48	130	50	2.60
5차	49	131	60	2.18

(단, 항력, 양력을 제외한 모든 조건은 동일함)

┤ 작성 방법 ├

○ 괄호 안의 ㉠에 해당하는 용어를 쓸 것
○ 밑줄 친 ㉡과 관련된 원리의 명칭을 제시하고, 개념을 서술할 것
○ (나)를 근거로 A 선수가 최고의 동작수행을 한 차시를 제시하고, 그 이유를 서술할 것

2020년 기출문제

08 다음은 휠체어 추진 동작의 원리를 알아 본 교사의 탐구 자료이다. 〈작성 방법〉에 따라 순서로 서술하시오. [4점]

휠체어 추진 동작의 원리

휠체어 육상 선수가 손바닥과 휠체어 손잡이(hand rim) 표면 사이의 마찰력을 이용해 질주하고 있을 때 작용하고 있는 힘과 동작의 원리를 알아보면 다음과 같다.

○ 휠체어 제원
  - 손잡이 반지름(바퀴의 회전축에서 손잡이 표면까지의 거리) : 0.5m
  - 바퀴 반지름(바퀴의 회전축에서 바퀴 표면까지의 거리) : 0.7m
○ 손바닥과 손잡이 표면 사이의 마찰계수
  - 정지마찰계수(coefficient of static friction) : 0.5
  - 운동마찰계수(coefficient of kinetic friction) : 0.4
○ 손잡이와 함께 회전하는 손의 속도와 가속도
  - 휠체어 바퀴가 10rad/s의 각속도로 회전하는 순간, 손바닥이 손잡이와 접촉하고 있다면 손의 접선속도(tangential velocity)의 크기는 (㉠)m/s이고, 구심가속도(radial acceleration)의 크기는 (㉡)m/s²임(단, 손잡이 표면과 손의 질량 중심 사이의 거리는 0으로 가정)

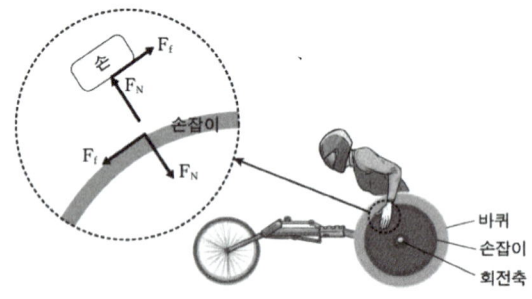

┤작성 방법├

○ 손바닥이 손잡이에서 미끄러지지 않은 상태를 유지하면서 100N의 마찰력(F_f)을 발생시키기 위해 선수의 손이 손잡이에 가해야 할 최소한의 수직항력(F_N) 크기를 풀이 과정과 함께 제시할 것
○ 괄호 안의 ㉠, ㉡에 해당하는 값을 순서대로 쓸 것

02 다음은 교사가 고속으로 동영상을 촬영할 수 있는 스마트폰을 이용하여 수직 점프 시 신체질량중심(Center of Mass, COM)의 수직 속도를 측정한 내용이다. 괄호 안의 ㉠, ㉡에 해당하는 값을 순서대로 쓰시오. [2점]

스마트폰을 이용한 수직 점프 분석

- 학생의 질량: 50kg
- 이륙하는 순간 COM의 수직 속도: 2m/s
- 이륙하는 순간 COM의 수직 높이: 1m

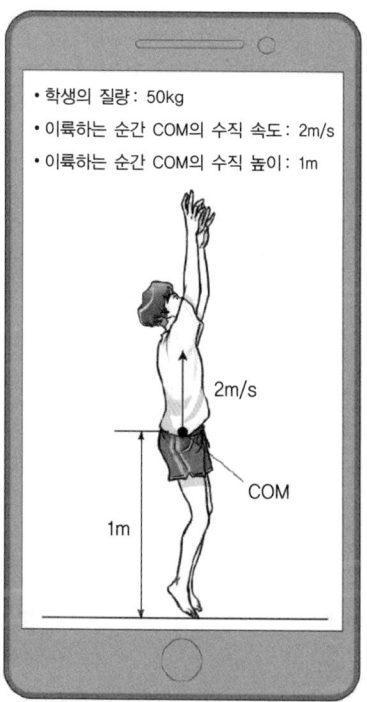

수직 점프를 하는 동안 이 학생의 신체질량중심의 최고 높이는 지면으로부터 (㉠)m이고, 최대 운동에지는 (㉡)J이다(단, 이륙 시 신체질량중심 높이는 지면으로부터 1m, 중력가속도의 크기는 $10m/s^2$, 이륙 후에는 중력 이외에 작용하는 모든 외력은 무시한다).

11 다음은 농구공 패스 동작을 운동 역학적으로 분석하는 과정이다. 〈작성 방법〉에 따라 순서대로 서술하시오. [4점]

그림과 같이 철수는 정면에 있는 영희로부터 받은 공을 연속 동작으로 다시 영희에게 패스하고 있다. 질량이 0.5kg인 농구공이 철수의 손에 닿는 순간의 수평 선속도는 −10m/s였고(A), 잠시 정지했다가(B), 철수의 손에서 떠났다(C). A에서 C까지의 소요 시간은 0.2초, 이 기간 동안 철수의 손이 공에 가한 평균 수평 힘의 크기는 50N, 방향은 그림의 v_{ball}과 같다.

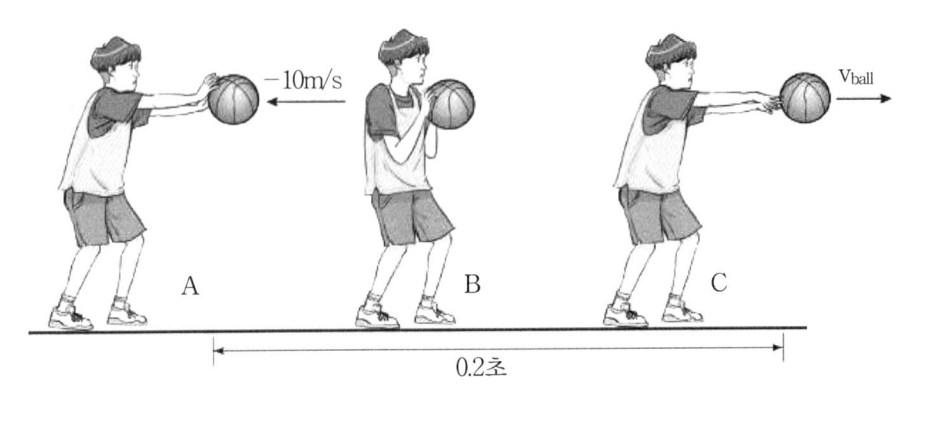

┤ 작성 방법 ├

○ 공이 손에 닿아 있는 동안 철수의 손이 공에 가한 수평 선충격량(linear impulse) 크기를 풀이 과정과 함께 제시할 것
○ 위에서 계산한 수평 선충격량을 이용해 철수의 손에서 공이 떠날 때의 수평 선속도(v_{ball}) 크기를 풀이 과정과 함께 제시할 것

2021년 기출문제

09 다음은 ○○고등학교 장애학생 선수의 근기능 검사에 대해 교사와 학생이 나눈 대화 내용이다. 〈작성 방법〉에 따라 순서대로 서술하시오. [4점]

교사: 〈그림 1〉과 같은 등속성 운동 장비(isokinetic machine)로 근기능 수준을 알 수 있는 (㉠)을/를 측정할 수 있어요.
학생: 그럼, 〈그림 2〉에서 무엇을 알 수 있나요?
교사: 각속도와 (㉠)의 관계를 알 수 있지요. 그리고 각속도와 (㉠)을/를 알면 (㉡)을/를 계산할 수 있어요. 예를 들면, 각속도가 $90°/s$ 일 때, 180W를 얻었어요. 이때, (㉡)의 값은 $\dfrac{(\text{㉢})}{\pi}$ 이고 단위는 (㉣)이지요(단, π는 원주율).

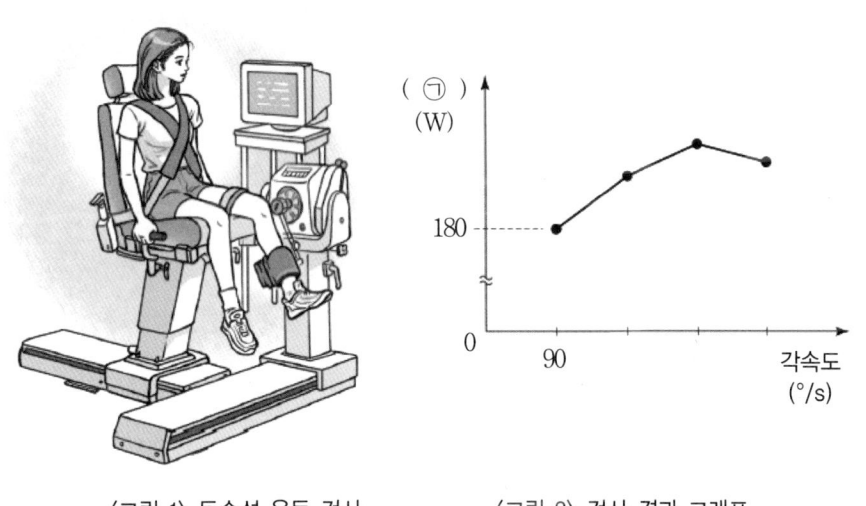

〈그림 1〉 등속성 운동 검사   〈그림 2〉 검사 결과 그래프

┤ 작성 방법 ├
○ 괄호 안의 ㉠에 해당하는 용어를 쓸 것
○ 〈그림 2〉를 해석하여 각속도와 ㉠의 관계를 정성적으로 서술할 것
○ 괄호 안의 ㉡에 해당하는 용어를 쓰고, 괄호 안의 ㉢에 해당하는 수치와 괄호 안의 ㉣에 해당하는 단위를 순서대로 쓸 것

02 다음은 체육 교과 협의회에서 유도의 기술 분석에 대해 교사들이 나눈 대화 내용이다. 괄호 안의 ㉠, ㉡에 해당하는 용어를 순서대로 쓰시오. [2점]

이 교사: 유도의 밭다리 기술을 운동 역학적으로 분석하려면 어떤 과정을 거쳐야 하나요?

〈유도의 밭다리 기술〉

김 교사: 우선 분석하려는 물체를 주변과 분리해 놓고, 그 물체에 작용하는 모든 외력과 토크를 간략히 표현한 그림인 (㉠)을/를 그립니다.

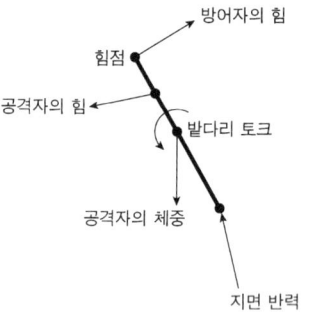

…(중략)…

이 교사: 공격자가 쓰는 힘과 토크에 맞서서 잘 방어하려면, 방어자는 어느 방향으로 힘을 주어야 하나요?

김 교사: 방어자는 토크를 최대로 발휘하는 방향으로 힘을 주어야 합니다. 그 방향으로 힘을 주면 (㉡)이/가 가장 커지기 때문에 토크는 최대가 됩니다(단, 힘의 크기는 동일함).

11 다음은 학교스포츠클럽 대회 이후 김 교사가 작성한 축구 기술 분석 일지이다. 〈작성 방법〉에 따라 순서대로 서술하시오. [4점]

○ A 상황 - 코너킥

민수가 오른쪽 코너킥 상황에서 공을 오른발로 감아 찼다. 평면으로 볼 때 공은 골 에어리어로 휘어져 날아갔고, 골대 정면을 향해 달려가는 현수의 이마 전면에 수직으로 부딪혔다. 현수는 정면으로 헤딩하였으나 공은 왼쪽 골대를 살짝 벗어났다.

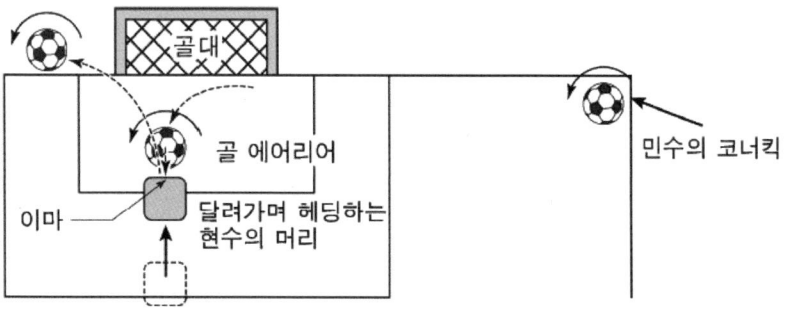

〈코너킥과 헤딩 상황의 2차원 평면도〉

○ 헤딩(충돌) 순간의 운동 역학적 상세 분석

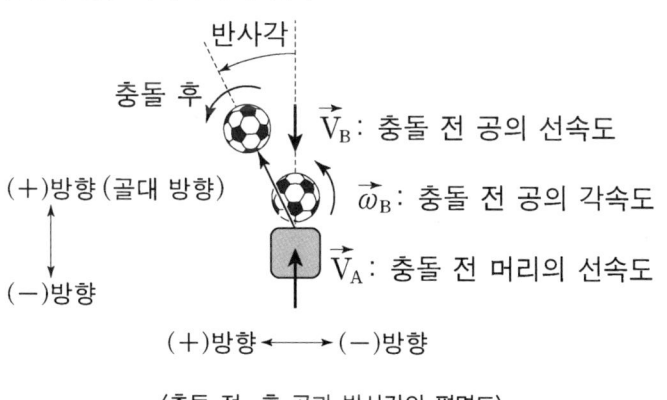

$\vec{V}_B$: 충돌 전 공의 선속도
$\vec{\omega}_B$: 충돌 전 공의 각속도
$\vec{V}_A$: 충돌 전 머리의 선속도

〈충돌 전·후 공과 반사각의 평면도〉

※ 반사각: 충돌 후 이마에서 공이 되튀는 각도임. 충돌 면의 수직선에서 반시계 방향으로 정의되며, 충돌 후 충돌 면(이마의 면)에 대한 공의 수직과 수평 속도 성분에 영향을 받음

┤ 가정 ├

* 모든 움직임은 2차원 평면 운동이고, 완전 탄성 충돌임
* 현수의 머리와 몸은 하나의 물체로, 그 질량은 공의 질량보다 매우 커서 머리의 회전과 수평 방향의 움직임은 무시함
* 현수의 머리는 정사각형 모양의 평면임
* 충돌 과정에서 접촉 시간은 매우 짧고, 이후 공의 미끄러짐은 없음

다음 시합을 대비하여 미리 몇 가지 질문을 적어 보았다.

(가) A 상황에서 충돌 전에 현수의 머리 선속도($\vec{V_A}$)만 빨라졌다면, 머리를 기준으로 충돌 전에 머리로 날아오는 공의 상대속도 크기는 어떻게 달라졌을까? (단, 다른 조건들은 동일함)

(나) (가)에서 충돌 후 반사각은 어떻게 달라졌을까?

(다) A 상황에서 충돌 전에 머리로 날아오는 공의 각속도($\vec{\omega_B}$)만 빨라졌다면, 충돌 후 공의 수평 속도는 어떻게 달라졌을까? (단, 다른 조건들은 동일함)

┤ 작성 방법 ├

○ (가)에서 상대속도를 벡터식으로 표현하고, (가)의 질문에 대한 답을 서술할 것
○ (나)의 질문에 대한 답을 서술할 것
○ (다)의 질문에 대한 답을 서술할 것

2022년 기출문제

12 다음은 '자전거와 스포츠 과학'에 대해 교사들이 나눈 대화 내용이다. 〈작성 방법〉에 따라 순서대로 서술하시오. [4점]

> 장 교사: 사이클 벨로드롬 경기장에서 트랙에 경사가 있는 이유가 무엇일까요?
> 나 교사: 안정적인 주행을 위한 것입니다. 그림은 평지에서 곡선 주로를 주행하는 정면 모습입니다. 자전거가 지면을 누르는 힘(F)에 대한 반작용력의 수평 성분력이 ㉠마찰력입니다. 이때 마찰력의 크기가 최대 정지 마찰력보다 작아야 자전거가 경기장 바깥쪽 방향으로 미끄러지지 않고 곡선 주로를 주행할 수 있습니다. 만약 벨로드롬과 같은 경사면에서 곡선 주로를 주행한다면, 이 마찰력의 크기가 작아져 평지보다 더 안정적인 주행이 됩니다.
> 장 교사: 그렇군요! 곡선 주로를 주행할 때 경기장 안쪽으로 몸을 기울이는 이유는 무엇인가요?
> 나 교사: 그림과 같이 지면과 닿아 있는 지점을 축으로 ㉡원심력에 의해 발생하는 ㉢토크를 상쇄시키기 위해서입니다.

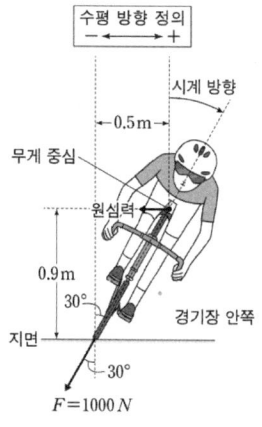

〈평지 곡선 주로를 주행하는 정면 모습〉

┤ 작성 방법 ├

○ 밑줄 친 ㉠에 해당하는 값을 방향과 단위를 포함해서 쓸 것
   (단, sin30° = 0.5, cos30° = 0.9로 가정함)
○ 밑줄 친 ㉡에 해당하는 값을 방향과 단위를 포함해서 쓸 것
   (단, sin30° = 0.5, cos30° = 0.9로 가정함)
○ 밑줄 친 ㉢에 해당하는 값과 풀이 과정을 방향과 단위를 포함해서 서술할 것
   (단, sin30° = 0.5, cos30° = 0.9로 가정함)

02 다음은 부채를 들고 평균대운동을 하는 모습이다. 괄호 안의 ㉠에 해당하는 값을 단위와 함께 쓰고, 괄호 안의 ㉡에 해당하는 방향을 쓰시오. [2점]

[부채의 회전 안정성을 이용한 균형 잡기]

○ 원리: 부채를 회전축으로부터 최대한 멀리 위치시키면 관성모멘트가 증가해 회전 안정성이 높아진다.
○ 부채 질량: 0.25kg
○ 부채 질량 중심(A)을 지나는 전후축에 대한 부채 관성모멘트: $0.01 kg \cdot m^2$
○ 그림에서 몸의 회전 중심(C)을 지나는 전후축에 대한 부채 관성모멘트는 (㉠)이다.

[부채의 공기 저항을 이용한 균형 잡기]

○ 원리: 몸이 기울어질 때 부채로 항력을 발생시켜 균형을 잡는다.
○ 그림과 같이 몸이 시계 방향으로 쓰러지는 것을 보상하기 위해 부채를 든 팔은 (㉡) 방향으로 회전해야 한다[단, 부채를 든 팔은 팔의 회전 중심(B)을 지나는 전후축에 대한 회전운동만 한다고 가정함].

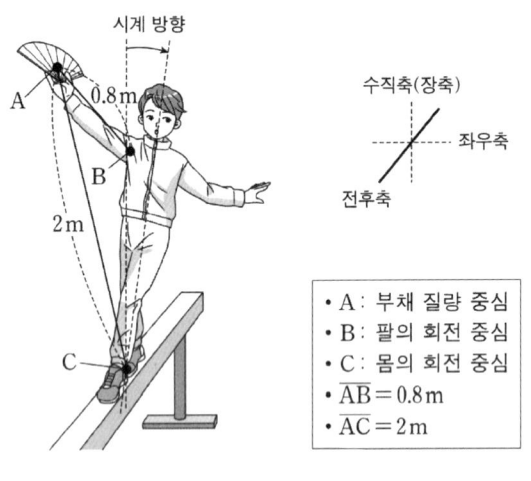

⟨부채를 이용한 균형 잡기⟩

11 다음은 '던지기의 과학적 원리'에 대한 설명이다. 〈작성 방법〉에 따라 순서대로 서술하시오.

[4점]

○ 투사체는 45°로 던질 때 가장 멀리 날아간다. 이때 다음 2가지 조건을 모두 만족해야 한다. 첫 번째는 공기 저항이 없어야 하며, 두 번째는 (㉠). 그런데 실제로 창, 포환, 해머, 원반 등을 던질 때는 앞서 이야기한 2가지 조건이 성립하지 않기 때문에 45°보다 작은 각도로 던져야 멀리 날아간다.

○ 투사체의 비행궤적에 영향을 미치는 수평 방향 바람은 다음 5가지 상황으로 구분하여 생각할 수 있다.

상황	바람 방향	바람 크기	
①	+	$|\vec{v}_{수평}|$와 같음	
②	+	$|\vec{v}_{수평}|$보다 작음	(가)
③	+	$|\vec{v}_{수평}|$보다 큼	
④	0	0m/s	
⑤	−	0m/s보다 큼	

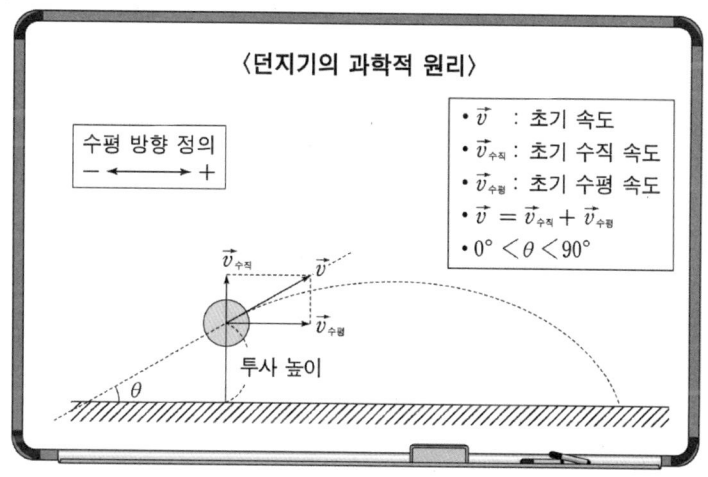

〈던지기의 과학적 원리〉

- $\vec{v}$: 초기 속도
- $\vec{v}_{수직}$: 초기 수직 속도
- $\vec{v}_{수평}$: 초기 수평 속도
- $\vec{v} = \vec{v}_{수직} + \vec{v}_{수평}$
- $0° < \theta < 90°$

―┤ 작성 방법 ├―

○ 괄호 안의 ㉠에 해당하는 조건을 서술할 것
○ (가)의 5가지 상황(①~⑤) 중에서 투사체가 '+' 방향으로 가장 멀리 나가는 상황부터 순서대로 쓸 것 (단, 수평 방향 바람 속도 이외에 모든 조건이 동일함)
○ (가)의 ③ 상황에서 '투사체에 대한 바람의 수평 방향 상대속도'의 방향과 '투사체에 작용하는 수평 방향 항력'의 방향을 순서대로 서술할 것 (단, 수평 방향 바람 속도 이외에 모든 조건이 동일함)

2023년 기출문제

02 다음은 배구 서브의 과학적 원리에 대한 설명이다. 괄호 안의 ㉠에 해당하는 양력 방향과 괄호 안의 ㉡에 해당하는 명칭을 순서대로 쓰시오. [2점]

> ○ 배구에서 서브를 강하게 넣을 경우 공이 상대 코트 뒤로 나갈 가능성이 높아진다. 하지만 공에 톱스핀(top spin)을 걸면 마그누스 효과(magnus effect)로 인해 코트 안으로 들어갈 가능성이 높아진다.
> ○ 아래 그림은 톱스핀 서브를 한 공이 네트를 넘어간 이후 상황이다. 그림과 같이 톱스핀이 걸린 공이 4시 방향으로 이동 중일 때 양력은 (㉠)시 방향으로 작용한다.
>
>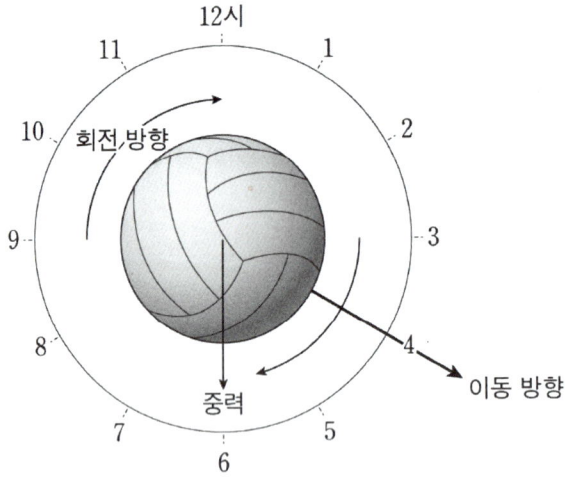
>
> ○ 유체 속을 빠르게 이동하는 배구공에는 일반적으로 이동 방향의 반대편에 유체 흐름의 한 종류인 (㉡)이/가 발생한다. 이때 (㉡)에 의해 압력이 낮은 지역이 생성되어 공의 속도가 감소하게 되는 것이다.

11 다음은 하체 근력 향상을 위한 학습 활동 계획안의 일부이다. 〈작성 방법〉에 따라 순서대로 서술하시오. [4점]

○ 수업 주제: 다양한 스쾃(squat)을 통한 하체 근력 향상 훈련
○ 과제 활동: 3가지 스쾃을 수준에 맞게 수행한다.

과제	수행 내용
점프 스쾃	• 체중 이용 • 동작 '시작'부터 '이지 순간(점프 시 발이 지면에서 떨어지는 순간)'까지 인체 질량 중심 수직 이동 거리: 0.5m • 동작 '시작'부터 '끝'까지 인체 질량 중심 수직 이동 거리: (㉠)m • 동작 '시작'부터 '이지 순간'까지 소요 시간: 1초 • '이지 순간'부터 인체 질량 중심 수직 속도: +1m/s
중량 스쾃	• 체중과 배낭 무게 이용 • 동작 '시작'부터 '끝'까지 인체(배낭 포함) 질량 중심점 수직 이동 거리: 0.5m • 동작 '시작'부터 '끝'까지 소요 시간: 1초
프리 스쾃	• 체중 이용 • 동작 '시작'부터 '끝'까지 인체 질량 중심점 수직 이동 거리: 0.5m • 동작 '시작'부터 '끝'까지 소요 시간: 1초

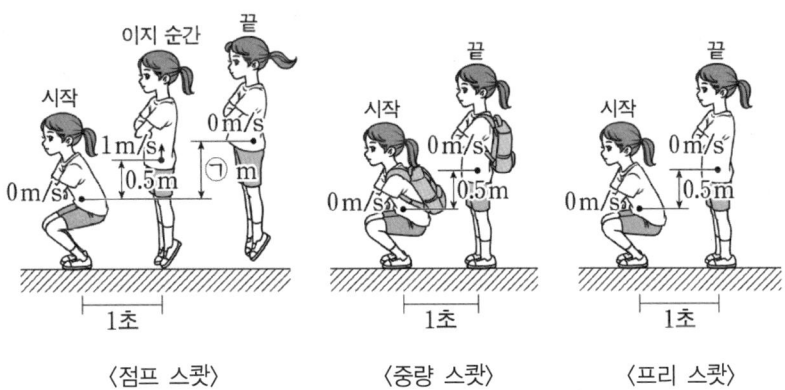

〈점프 스쾃〉　　〈중량 스쾃〉　　〈프리 스쾃〉

- 인체 질량: 40kg
- 배낭 질량: 5kg
- 중력가속도: -10m/s^2
- 공기 저항은 무시하고, 중력 반대 방향을 양(+)의 방향으로 함

―| 작성 방법 |―――

  ○ 괄호 안의 ㉠에 해당하는 값을 쓸 것
  ○ 프리 스쾃을 할 때 평균수직지면반력 크기를 단위와 함께 쓸 것
  ○ 중량 스쾃을 할 때 사람이 한 일(work)의 양을 단위와 함께 쓰고, 3가지 스쾃 과제를 초기
    1초 동안 사람이 한 일률(power)이 가장 높은 과제부터 가장 낮은 과제까지 순서대로 서술할 것

12 다음은 고등학교 체육탐구 수업 시간에 교사와 학생들이 나눈 대화 내용이다. 〈작성 방법〉에 따라 순서대로 서술하시오.

교 사: 지금까지 배운 지레 원리를 스포츠 상황에 적용해 보겠습니다. 아래 그림은 조정 싱글 스컬 종목입니다. 노 젓기 동작은 몇 종 지레에 해당할까요?
A 학생: 물에 잠긴 '노 물갈퀴(blade)' 부분을 축으로 보면, '노 손잡이'는 '힘점', '배와 노의 연결 부위'가 작용점(저항점)이기 때문에 저는 (㉠) 지레라고 생각합니다.
B 학생: 저는 (㉡) 지레라고 생각합니다. '배와 노의 연결 부위'가 축이고, 사람이 '노 손잡이'를 당기거나 미는 힘에 의해 물에 잠긴 '노 물갈퀴'에 저항이 발생한다고 생각합니다.
교 사: 두 학생 모두 지레 원리에 대해 잘 이해했군요.

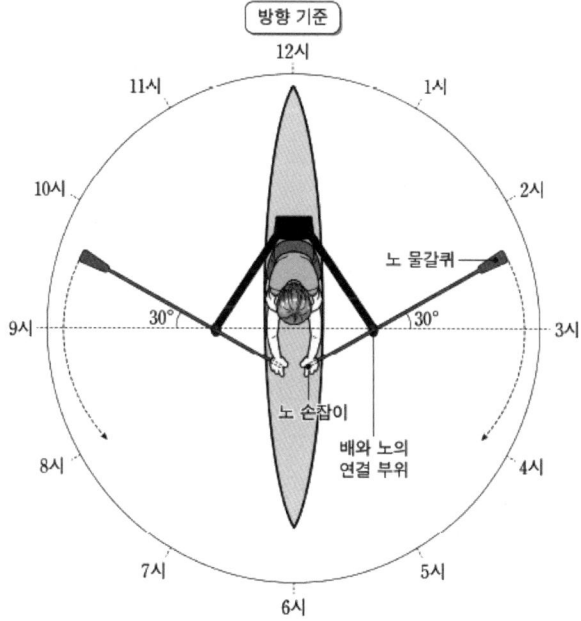

※ 물의 흐름과 방향키는 고려하지 않음
※ 양쪽 노는 '배와 노의 연결 부위'를 축으로 대칭으로 움직이며, 모든 조건(노를 당기거나 미는 힘과 타이밍, 노의 형태와 질량 등)이 동일함

┤ 작성 방법 ├

○ 괄호 안의 ㉠에 해당하는 지레의 종류를 쓰고, 해당 지레의 특성을 힘과 거리의 측면에서 서술할 것
○ 괄호 안의 ㉡에 해당하는 지레의 종류를 쓰고, 해당 지레에서 사람이 '노 손잡이'를 당길 때 물이 양쪽 '노 물갈퀴'에 작용하는 두 작용력(저항력)의 합력 방향과 배의 이동 방향을 순서대로 서술할 것 (단, 방향은 위 그림의 '방향 기준'에 근거할 것)

2024년 기출문제

03 다음은 웨어러블 기기의 스포츠 적용에 대해 체육 교사가 발표한 자료이다. 괄호 안의 ㉠에 해당하는 운동학 용어를 쓰고, 밑줄 친 ㉡과 ㉢에 해당하는 번호를 그림 (나)에서 찾아 순서대로 쓰시오. [2점]

〈GPS 기기를 활용한 위치 추적〉

- 축구 경기에서 선수들이 착용하여 주목을 받음
- GPS센서를 착용하여 인공위성의 도움으로 실시간 위치 추적이 가능함
- 주어진 시간 동안에 이동한 (㉠)을/를 측정하여 계산하면 움직인 속력을 알 수 있음

GPS센서

〈스마트워치의 보빈도 산출(시계는 오른 손목에 사용)〉

- 시계에 탑재된 가속도 측정 센서를 활용함
- 그림 (가)에서 오른팔 흔들기의 1주기(period)는 보행의 2보(steps)임
- 그림 (나)는 보행 시 손목의 연속적인 전후 방향과 가속도 패턴임
- 그림 (가)에서 팔 흔들기 ㉡주기의 시작과 ㉢주기의 끝 시점은 그림 (나)에서 반복되는 시간 구간임
  ※ 시작 시점의 오른 손목은 전후 방향 움직임에서 가장 뒤쪽에 위치함
- 가속도 패턴에서 주기의 횟수를 알면 보빈도의 산출이 가능함

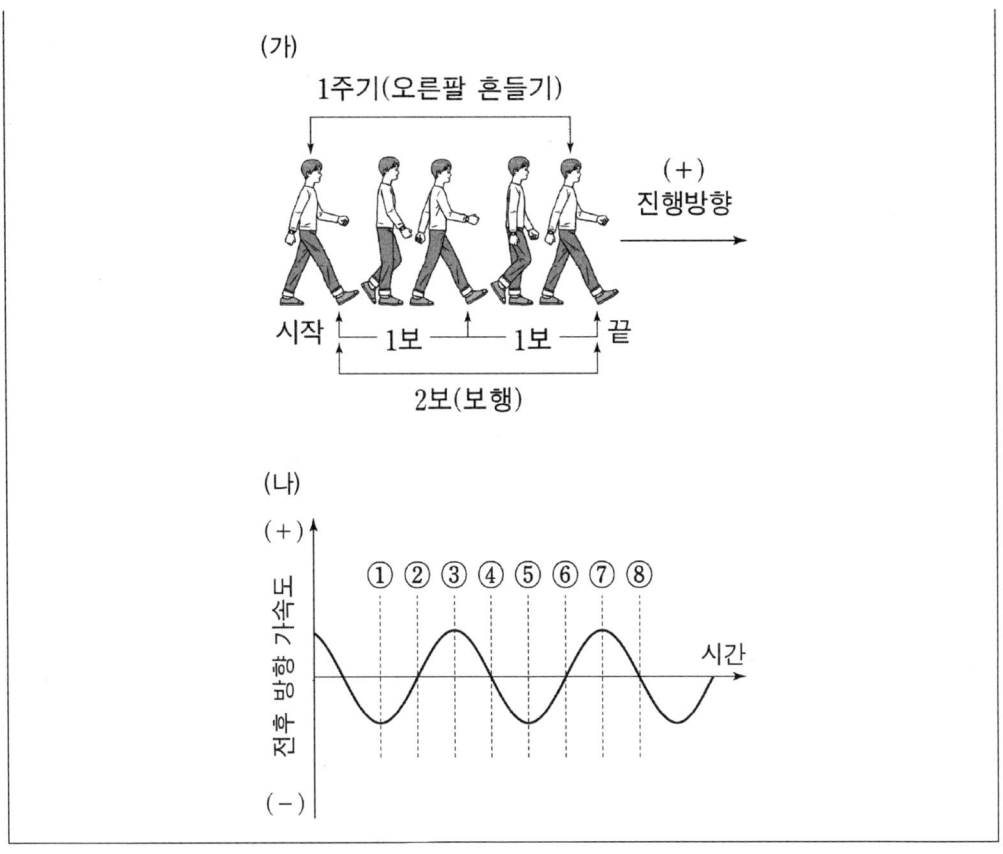

05 다음은 체육 교사가 준비한 교사 연수 자료이다. 〈작성 방법〉에 따라 순서대로 쓰시오. [4점]

○ 제목: 팔 동작의 변화로 수직 스쾃 점프 수행력 향상하기
○ 과제: 수직 스쾃 점프
    동일한 학생에게 3가지 팔 동작 조건에서 최대한 높이 뛰도록 요구함
  * 수직 스쾃 점프(vertical squat jump): 스쾃 자세에서 반동(counter-movement) 없이 위로 뛰는 점프

(가) 3가지 다른 점프의 시작과 이륙 시점에서의 자세 비교

[A] 손을 허리에 고정한 상태로 점프
[B] 아래에서 팔을 위로 회전하는 (반시계 방향 회전) 점프
[C] 위에서 팔을 아래로 회전하는 (시계 방향 회전) 점프

※ 단, 팔꿈치 각도는 고정된 것으로 가정하고, 팔 자세를 제외한 모든 자세는 3가지 점프에서 동일함. 이륙 시점은 발이 지면에서 떨어지는 시점임

(나) 점프의 시작과 함께 팔 회전이 가속되는 동안의 변화
○ [B]에서 ㉠<u>팔 회전은 몸통에 시계 방향의 토크를 발생시키고</u>, [C]에서는 몸통에 반시계 방향의 토크를 발생시킴
○ 팔 회전으로 발생한 몸통 토크는 ㉡<u>수직 지면반력</u>과 하지 ㉢<u>주동근의 수축 속도</u>에 순간적으로 영향을 미침

…(하략)…

┤ 작성 방법 ├
○ 그림 (가)의 [A]~[C] 중 이륙 시점의 무게중심이 지면에서 가장 높은 것부터 순서대로 쓸 것
○ (나)에서 밑줄 친 ㉠에 해당하는 뉴턴의 운동법칙을 쓸 것
○ 그림 (가)의 [B]와 [C]의 차이를 (나)의 밑줄 친 ㉡과 ㉢ 측면에서 각각 서술할 것

07 다음은 교사가 작성한 동작 분석 자료이다. 〈작성 방법〉에 따라 순서대로 서술하시오.

[4점]

○ 주제: 손 짚고 물구나무서기의 이륙 자세 분석
○ 목적: 물구나무서기 실패의 원인을 찾고 개선함

(가) 교정 후 자세 변화

진단
이륙 시 지지다리의 무릎이 굽혀짐. 유연성 부족으로 의심됨

검사
- 엉덩관절과 어깨관절의 유연성을 동시에 측정하는 (㉠)을/를 실시함
- 측정 결과 유연성이 매우 낮은 수준임

처치
- 4주간 ㉡ 넙다리뒤근육군(햄스트링 근육군)을 이완시키는 훈련을 실시함
- 4주간 파이크*자세가 나오도록 유연성 훈련을 실시함
* 파이크(pike): 엉덩관절을 중심으로 상체와 하체를 접는 동작

효과
무릎이 펴진 파이크 자세의 완성도가 높아짐

(나) 지지다리가 이륙할 때 무게중심 위치의 차이

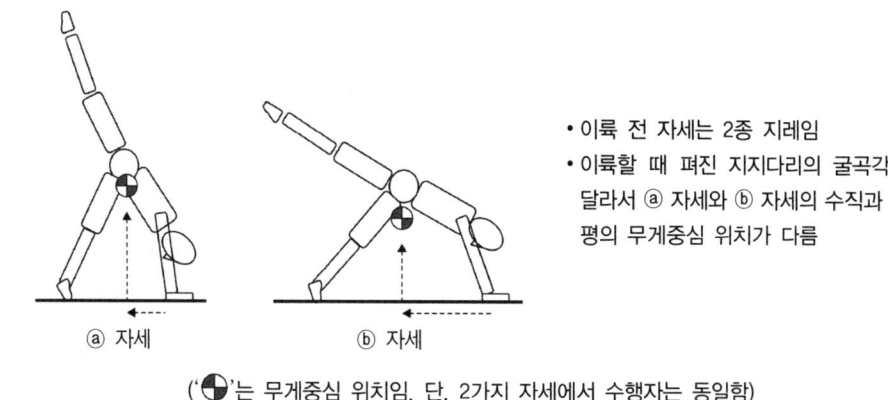

- 이륙 전 자세는 2종 지레임
- 이륙할 때 펴진 지지다리의 굴곡각이 달라서 ⓐ 자세와 ⓑ 자세의 수직과 수평의 무게중심 위치가 다름

ⓐ 자세   ⓑ 자세

('◉'는 무게중심 위치임. 단, 2가지 자세에서 수행자는 동일함)

(다) 성공과 실패 동작의 차이

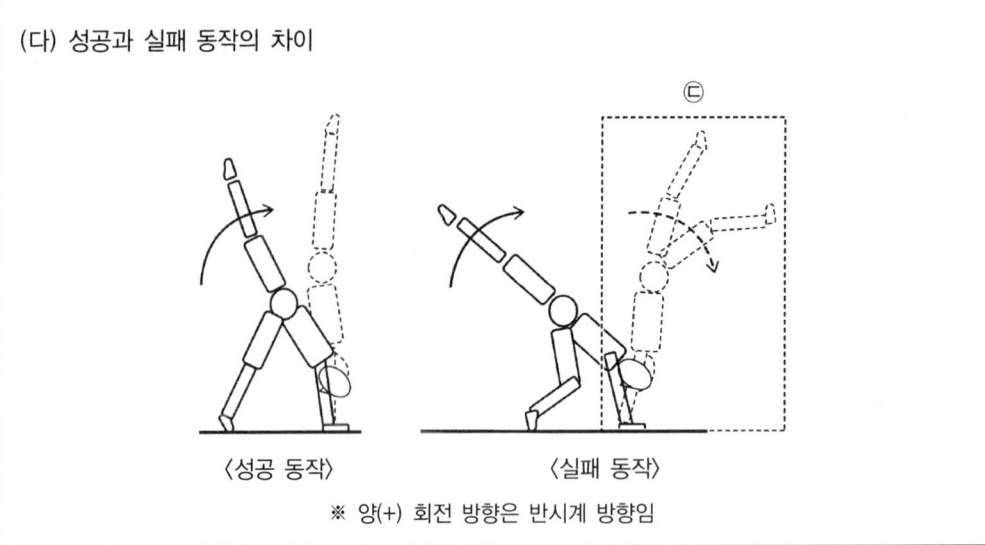

〈성공 동작〉　　　　〈실패 동작〉

※ 양(+) 회전 방향은 반시계 방향임

┤ 작성 방법 ├

○ (가)에서 괄호 안의 ㉠에 해당하는 '학생건강체력평가시스템(PAPS)'의 필수 검사 항목 1가지를 쓸 것
○ (가)에서 밑줄 친 ㉡의 수축으로 발생하는 엉덩관절과 무릎관절의 움직임을 각각 순서대로 쓸 것
○ (나)에서 ⓑ 자세의 저항력 모멘트암을 ⓐ 자세와 비교하여 쓰고, (다)의 그림 ㉢에서 토크의 합(알짜 토크)을 서술할 것

MEMO

운동 역학의 공식 정리

❶ 선운동 공식

	$\vec{d}$ $[m]$	$\vec{v}$ $[m/s]$	$\vec{a}$ $[m/s^2]$
m $[kg]$	.	$m\vec{v}$ $[kgm/s]$	$m\vec{a}$ $[N]$
$\vec{F}$ $[N]$	$\vec{F}\vec{d}$ $[J]$	$\vec{F}\vec{v}$ $[W]$	.

❷ 각운동 공식

	$\vec{\theta}$ $[rad]$	$\vec{\omega}$ $[rad/s]$	$\vec{\alpha}$ $[rad/s^2]$
I $[kgm^2]$	.	$I\vec{\omega}$ $[kgm^2/s]$	$I\vec{\alpha}$ $[Nm]$
$\vec{T}$ $[Nm]$	$\vec{T}\vec{\theta}$ $[J]$	$\vec{T}\vec{\omega}$ $[W]$	.

❸ 운동량과 충격량의 관계

- $F = ma$, $a = \dfrac{v_f - v_0}{t}$

- $F = \dfrac{m(v_f - v_0)}{t} = \dfrac{mv_f - mv_0}{t}$

$$Ft = mv_f - mv_0 = \Delta mv \; (\text{충격량} = \text{운동량의 변화})$$

❹ 선운동과 각운동과의 관계

선변위와 각변위의 관계	$d = r\theta$
선속도와 각속도의 관계	$v = rw$
선가속도와 각가속도의 관계	$a = r\alpha$

※ 선운동과 각운동에서 사용되는 물리량

물리량	선운동	각운동
변위	(선)변위(d) [m]	각변위(θ) [rad]
속도	(선)속도 $v = \dfrac{d}{t}$ [m/s]	각속도 $\omega = \dfrac{\theta}{t}$ [rad/s]
가속도	(선)가속도 $a = \dfrac{v_f - v_0}{t}$ [m/s^2]	각가속도 $\alpha = \dfrac{\omega_f - \omega_0}{t}$ [rad/s^2]
관성	질량(m) [kg]	관성모멘트(I) [kgm^2]
운동공식	힘 $F = ma$ [$kgm/s^2, N$]	토크 $T = I\alpha$ [$kgm^2/s^2, Nm$]
일	Fd [Nm, J]	$T\theta$ [Nm, J]
운동에너지	$\dfrac{1}{2}mv^2$ [Nm, J]	$\dfrac{1}{2}I\omega^2$ [Nm, J]
파워(일률)	Fv [$Nm/s, J/s, W$]	$T\omega$ [$Nm/s, J/s, W$]
운동량	(선)운동량 $P = mv$ [$kgm/s, Ns$]	각운동량 $H = I\omega$ [$kgm^2/s, Nms$]
충격량	(선)충격량 $I = Ft$ [$Ns, kgm/s$]	각충격량 $A \cdot I = Tt$ [$Nms, kgm^2/s$]

❺ 운동방정식

① $v_f = v_i + at$

② $d = v_i t + \dfrac{1}{2}at^2$

③ $v_f^2 - v_i^2 = 2ad$

운동 역학의 공식 정리

❻ 투사체운동

투사높이와 착지높이가 같은 경우	투사높이가 착지높이보다 높은 경우
① 최고 높이 도달 시간 $$t_{up} = \frac{v_0 \sin\theta}{g}$$	① 최고 높이 도달 시간, 하강 시간 $$t_{up} = \frac{v_0 \sin\theta}{g},\ t_{down} = \frac{\sqrt{(v_0\sin\theta)^2 + 2gh}}{g}$$
② 정점의 높이 $$\frac{(v_0\sin\theta)^2}{2g}$$	② 정점의 높이 $$\frac{(v_0\sin\theta)^2}{2g} + h$$
③ 체공 시간 $$T = \frac{2v_0\sin\theta}{g}$$	③ 체공 시간 $$\frac{v_0\sin\theta + \sqrt{(v_0\sin\theta)^2 + 2gh}}{g}$$
④ 최대 수평 변위 $$\frac{v_0^2 \sin 2\theta}{g}$$	④ 최대 수평 변위 $$\frac{v_0^2 \sin\theta\cos\theta + v_0\cos\theta\sqrt{(v_0\sin\theta)^2 + 2gh}}{g}$$

❼ 일, 에너지, 일률

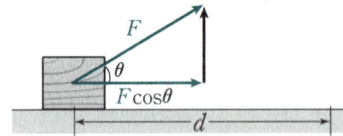

- 일 = 힘 × 변위 ($W = \vec{F}\vec{d}\cos\theta$) 일은 벡터의 내적이므로 스칼라가 된다.
- $v_f^2 - v_i^2 = 2as$ 에서 ($a = \frac{F}{m}$)
- $v_f^2 - v_i^2 = 2\frac{Fd}{m}$

$$W = \frac{1}{2}mv_f^2 - \frac{1}{2}mv_i^2 + \frac{1}{2}I\omega_f^2 - \frac{1}{2}I\omega_i^2 \text{ (일은 운동에너지의 변화량이다.)}$$
$$E_p = mgh$$
$$\text{역학적 에너지} = \frac{1}{2}mv^2 + \frac{1}{2}I\omega^2 + mgh$$

$$일률 = 일 / 시간 = 힘 \times 속도 \ (P = \frac{\vec{F} \vec{d}}{t} = \vec{F} \vec{V} \ [\text{W}])$$

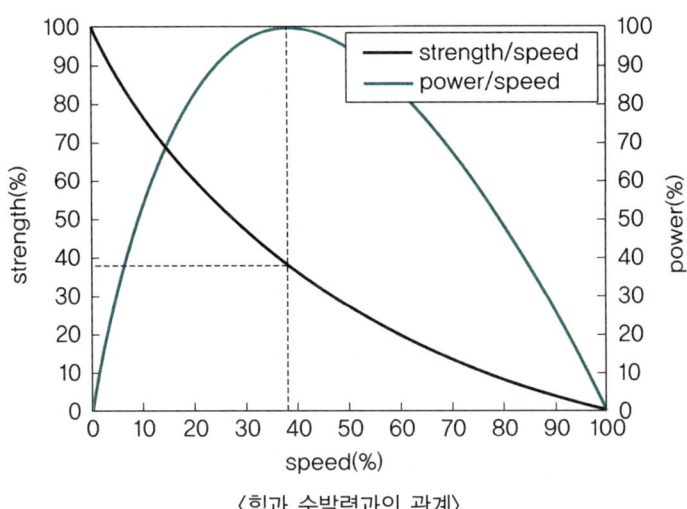

〈힘과 순발력과의 관계〉

근육의 일과 수축 : 단축성 수축은 (+), 신장성 수축은 (−), 덤벨 컬 운동 시, 상완 이두근 수축 시에는 양의 일, 상완 이두근 이완 시에는 음의 일이 된다.

❽ 관성모멘트

- 질량 ⇨ 관성
- 관성모멘트 ⇨ 회전 관성
- 관성모멘트(I) = 질량(m) × 회전반경^2(r^2)

$$I = \sum_{i=1}^{\infty} m_i r_i^2 = Mk^2$$

※ 회전 안정성에 영향을 주는 요인(정지 상태)
  ① 기저면   ② 무게중심의 높이   ③ 무게중심선의 위치
  ④ 질량   ⑤ 마찰력   ⑥ 시각정보

※ 회전 안정성에 영향을 주는 요인(동적 상태)
  각운동량 [① 질량   ② 회전반경(질량분포)   ③ 각속도]

운동 역학의 공식 정리

❾ 평행축 정리

어떤 물체의 중심축에 대한 관성모멘트($I_{c.m}$)를 알 때 그와 평행한 다른 축에 대한 관성모멘트(I_N)를 산출하는 방법

$$I_N = I_{c.m} + md^2$$

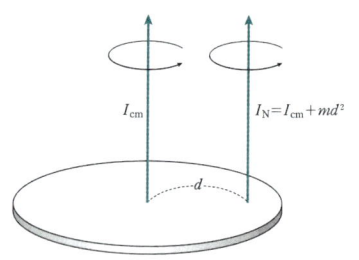

❿ 구심가속도

- 등속원운동 시에는 구심가속도만 작용함

$$a_r = \frac{v^2}{r} = r\omega^2$$

- 비등속원운동 시에는 구심가속도와 접선가속도 발생

$$a_r = \frac{v^2}{r} = r\omega^2, \ a_t = r\alpha$$

⓫ 마찰력

$$F_s = \mu_s N \quad F_k = \mu_k N \quad (\mu_s > \mu_k)$$

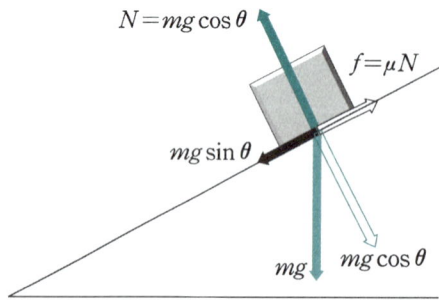
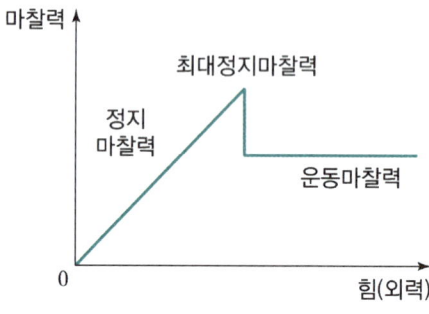

⓬ 내측 기울임 각도

곡선운동 시 인체의 내측 기울임 각도

$$\tan\theta = \frac{v^2}{rg}$$

Reference
참고문헌

1급 생활체육지도자 연수교재(2011), 대한미디어.

김창국(2003), 생체역학, 대경북스.

문병용(2004), 알기 쉬운 운동 역학, 대경북스.

박성순 외(2010), 운동 역학, 대경북스.

예종이(1999), 생체역학, 태근문화사.

이성철(2014), 운동역학, 대경북스.

임영태 외 5인(2020), 응용 생체역학 2판 개념과 연관분야, 라이프사이언스.

정철수, 신인식(2005), 운동 역학총론, 대한미디어.

주명덕, 이기청(2002), 운동 역학, 대한미디어.

진성태(2015), 원리중점 운동 역학, 대경북스.

한국운동역학회(2015), 운동 역학 2급 스포츠지도사, 대한미디어.

TALUS
운동 역학

초판발행 2024년 1월 10일   **2쇄발행** 2025년 12월 26일
편저자 Talus   **발행인** 박 용   **발행처** (주)박문각출판
표지디자인 박문각 디자인팀
등록 2015. 4. 29. 제2015-000104호
주소 06654 서울시 서초구 효령로 283 서경 B/D
팩스 (02)584-2927
전화 교재 주문 (02)6466-7202 동영상 문의 (02)6466-7201

이 책의 무단 전재 또는 복제 행위는 저작권법 제136조에 의거, 5년 이하의 징역 또는 5,000만 원 이하의 벌금에 처하거나 이를 병과할 수 있습니다.

정 가 20,000원
ISBN 979-11-6987-643-8

저자와의
협의하에
인지생략